20世纪中国图书馆学文库·52

图书情报学
方法论

王崇德　编著
王松益　审定

圙 國家圖書館出版社

本书据科学技术文献出版社 1988 年 2 月第 1 版排印

目　录

独辟蹊径　有所创新(代序)

　　图书情报学的研究对象与内容,不仅涉及自然科学、技术科学,而且涉及哲学、语言学、语文学、逻辑学、信息论、控制论、系统工程以及管理科学等等。可见,图书情报学正是在多种学科交叉的结点上产生的。科学学的创始人贝尔纳(J. D. Bernal)说过:"科学上的一般发展模式是相当明确的,与其说它像一棵树,不如说它更像网。直接与问题或应用有关的科学工作的内容可以比作网孔,网线的交叉意味着经验和思想的汇集,并且是产生各种技术和学科的焦点。"在这种焦点上所形成的图书情报学还很年轻,如果从五十年代初算起,迄今不过三十余年。它与相关学科表现出复杂的相关性,它的学术体系与边界尚未划分清楚,有些理论问题尚待探索和完善,与经典学科相比,尚未成为精密学科。

　　自七十年代以来,我国情报学术界开展了理论、方法的研究,进展较快,成果也多。有关情报学理论问题的论文、专著等大量涌现,其中不乏有独到见解者。然而从方法论角度系统地加以阐述并写成专著者,则颇为少见。《图书情报学方法论》一书,恰恰在这一方面独辟蹊径:既荟萃情报学中有关方法论的精华,又有作者本人经过多年探索后所形成的观点和创见。因此,这本书是我国情报学术著作中具有独特风格的一本专著。

　　方法论是关于认识世界和改造世界的根本方法。方法论同世界观是统一的。用世界观去指导认识世界和改造世界就是方法

1

论。各门学科都有自身的方法论。方法论是系统化了的理性认识，是客观事物的本质的、规律性的正确反映，它的重要作用就在于指导实践。《图书情报学方法论》正是在这种意义上，既具有学术价值，又富有指导实践的意义。

这本著作对情报学各种科学研究方法的介绍与评价是客观的、实事求是的。作者在介绍各种科学研究方法时，都首先肯定了它们在图书情报学研究中的地位、作用、应用范围及其效果；同时也指出了它们的局限性、不足之处乃至某些方法的不准确性。在此，作者在阐明数学方法应用于图书情报学研究中，一方面肯定了数学方法不仅可以进行量的分析、描述、推导和计算，从其发展变化中得到规律性的认识；另一方面，也明确指出，数学方法不是万能的，情报行为受人的意志的影响较大，导致了情报学运用数学方法的复杂性，当然也影响了它在情报学研究中的不准确性，限制了它的应用范围。这种具有明确的辩证观点的阐述，有助于开拓读者的视野，启迪读者的思路，深刻理解各种科学研究方法的本质，从而可以在情报学研究中沿着正确的途径前进。

《图书情报学方法论》一书，对情报学自身的某些理论问题虽然有所阐述，然而着墨不多，重点突出在方法论的讨论方面。书中在介绍文献计量学方法、引文分析方法、控制论方法、系统方法……时，都能结合图书情报工作的实际，介绍了各种方法的运用对象、范围、途径及实例。阐述清晰，翔实具体，深入浅出，实用性强。因此，本书可作为高校图书情报专业教材；同时对于广大科技情报人员及情报学研究人员也有助益。

王松益
一九八六年春节于北京

第一章 绪 论

"方法"的原词起源于希腊文 μετα(沿着)和 οδοз(道路),其原意是"沿着正确的道路运动"。从字面上理解方法论就是有关方法的学说和理论,但这种解释和认识还是比较表浅的。方法作为一个整体是多层次、多侧面,多矢量的。自然有新与旧、先进与落后、正确与错误之分,所以每一种方法都有其自身的性格和价值。方法无论从宏观与微观来看又都是动态而不断发展的,在其发展过程中都表观地或隐含地呈现出某些规律。因此,从这个意义上说,方法论是有关方法的区分、评价、开发以及规律性的知识体系。

本书的书名中出现了"图书情报学"。这个称谓在国内外虽然已在应用,但由于没有经过严谨地学术论证,其中尚有严重的争议。这个称谓对应的英文等效词是"Litrary and Information science",欧美情报学家也承认这个名称有含糊不清之处;对应的日文等效词是"图书馆情报学"。日本对这个词流行着三种解释:其一,"吸收了情报学观点的图书馆学";其二,"图书馆学和情报学";其三,"从图书馆学角度进行探讨的情报学"。而本书采取了非本质主义态度——沿用,读者是能领会并且不至于误解的。图书情报学方法论就是讨论适用于图书情报学科学研究诸方法的品质、形式、性能、应用和规律的学问与知识。

人们重视研究方法,追求完备而高效的方法是由来已久的了。

可以说科学劳动出现之始，就是科学研究方法开发之初。在图书情报学这一较新的领域中，方法固然重要，但是长期以来一直处于"自在"的状态。图书情报学家们虽然在不停地开展各自的研究工作，不间断地实施合作的研究活动，大都未能自觉地认真总结研究方法。方法长期流于经验的层次上，不能迅速地上升到理论的高度，自然某些通行的方法本身也是笨拙甚至有一定的弊病。阿瑟顿（Atherton）曾指出：图书情报学方法论的贫困[1]。他调查了四种图书情报学期刊某两年间所登载的论文，发现其中一半的研究论文缺乏严密的研究方法。这当然有损于这些论文的学术价值，自然其成果的水平也一定受到影响。

由于图书情报学本身急需加强理论建设，图书馆、情报中心或机构急待提高业务水平，因此，开展图书情报学领域内来自理论与实践的科学研究，就成为满足这些迫切需要的根本途径。与之有关的研究方法的建立、健全，亦不可避免地成为图书情报学领域中刻不容缓的任务之一。图书情报战线上的广大工作者积极地谋求研究方法的多样化和有效性，一些新颖的方法特别是被称之为现代方法的开发利用，已成为图书情报学中令人瞩目的重要方向。国外有关的专著已经问世[2]。

第一节　图书情报学科学研究的特点

为了讨论图书情报学的方法论，应先探讨一下与此有关的背景，那就是图书情报学科学研究的特点。

众所周知，目前图书情报学中的论著，理论力量匮乏，学术水平不高，缺乏足够的"范式"。综观迄今为止全部的研究成果，虽然杰出的成果也是有的，但一般给人的印象却是泛泛的议论多于严谨的理论思维，一般的描述甚于精确的分析。因此也需要从方法论入手,来改善科学研究的现状。只有实现方法的先进,才能保证成果的先进。有了先进而又有效的研究方法,才能更好地促进图书情报学科学研究的深入发展,推动图书馆、情报中心或机构日常业务的科学管理,以迎接新产业革命的挑战[3]。

那么,图书情报学的科学研究有哪些特点呢?

一、战线长,头绪多

目前图书情报学至少还不是精密学科,它既含有浓厚的经验色彩,又带有明显的描述特征。同时科研战线跨度很大,有基本原理和概念的探讨与建立,有当代最新科学技术成果的应用和移植,有日常具体业务科学管理的研究。这样,它的科学研究就必然既要有基础研究,又有应用研究,更有开发研究。譬如,情报的本质、情报量、情报检索机制的研究,无疑是基础研究;图书情报学领域对其它学科新理论和先进技术的引用和移植,可能又都是应用研究;情报系统的设计、运行管理可以认为是开发研究。基础、应用、开发三个不同层次的研究出现是正常的,问题是这三个不同层次的研究缺乏合理的搭配,不是大体上按着一定比例有节奏地进行,致使这一领域的科学研究似乎缺乏常规可循,同时也令人有零乱支离之感,难以把握住规律和进行必要的预测。显然,这与方法的平庸而单调不无关系。目前渴望研究方法能推陈出新,希冀不断地革故鼎新。

特别值得注意的是,图书情报学的基础理论研究更是一个薄弱的环节。其原因当然是多方面的,但是研究方法的固宥也是一个勿容忽视的因素。如果方法不能有所创新或者有效地突破,那么指望图书情报学理论上有所突破,也是难以企及的。不唯如此,这一领域的应用研究和开发研究之间虽有一定的依赖关系,但两者似乎不太严格要求必须以基础理论研究为前提,当然也看不到明显的依赖关系。当人们谋求图书馆和情报机构手段现代化时,并没有因为基础理论的薄弱而有所牵制。图书情报学领域内科学研究的零乱无序而又相互脱节的状态,势必使现行的研究方法难以适从。因此要求方法具有前所未有的新颖性、适用性、有效性。

二、多学科综合研究比重大

图书情报学的背景学科是颇为复杂的,它具有对多学科的依赖性和兼容性,它是在一个庞大学科群的基础上集成而生长的。伽利(Cary)和派利(Perry)曾罗列了与图书情报学相关的学科[4]。它们是:数学、语言学、心理学、社会学、工程学、逻辑学、计算机科学、复制技术、控制论、人体工程学、经济学。阿瑟顿也用图1-1(本书略作改动)来示意图书情报学与其它领域的相关性[5]。

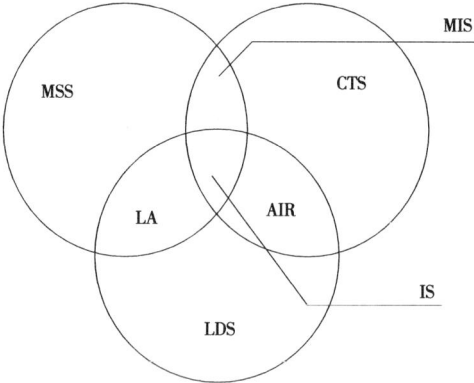

图 1-1

其中,
IS:图书情报学
LDS:图书馆学及文献科学
MSS:管理和系统科学,以及两者综合的派生学科

CTS：计算机与无线电通讯科学

LA：图书馆经营管理

MIS：经营情报系统

AIR：机械化情报检索

图书情报学这种对其它相关学科或领域的多重依赖和兼容，表明它是开放而不是固封的知识综合体系，它善于吸收其它学科的知识内容，建立自己的综合知识结构。这种多学科重组集成色彩，反映在科学研究上也必然严重地带有多学科综合研究的特征。多学科综合研究既要求综合运用各学科知识，也要求依各学科的特点选择适用的研究方法。如果没有现成好用的方法，那就要重新建立新的方法。这就是说科学研究的多学科综合性，必然要导致要求研究方法上的综合性。

三、强烈的人文因素

在图书情报学的研究对象中，人文因素绝对不能忽略。研究对象很可能是人本身（如读者、用户、标引人员……），若不然就是人工制品——文献，或者是人工编制再给人使用的制品诸如词表、情报系统等。如果把处理与人的意志毫无关系的物理量的方法，不经修正或不经变通地照搬过来，那将是很不得要领的。譬如说，物理学统计微观世界的分子，完全可以将分子一视同仁，认为它们之间毫无二致，只考虑它们的共性就行了。相反，图书情报学中统计具体的图书，其个性就不能完全忽略了，至少用物理世界中形成的观念和方法来对待图书是不充分的。10台同一型号的电动机可以毫无条件的互换，但是由不同的人撰写的，哪怕是同一内容、同一标题的科学论文，差别也是不难发现的。人的意志直接或间接地存在和影响，使图书情报学的科学研究大有与众不同的个性，科学研究变得多因素和多侧面了。因而反映在方法论上也必须有独特之处，起码要求在方法上要折衷变通，要把物质因素与精神因素结合起来考虑。所采用的研究方法即便不能做到研究全过程始终考虑到研究对象的人文因素,也要在结论时采取一定的校验措施。

在这一领域科研中,有些研究对象就是情报用户。譬如说,开展用户情报需求的研究,这一课题与心理、情绪、习惯等多种个人因素相关,如果抹杀这些人为因素,不是宏观地寻求主流和倾向,而是得出绝对性的截然结论,那将是不足取信于人的。所以,由于研究对象中强烈的人文因素,迫使研究方法不落窠臼才行。

四、哲学方法可以直接得出结论

哲学研究方法是一个既适用于自然科学,又适用于社会科学的普通方法,它决定着任何一个学科科学研究的基本途径和方法的本质,因而对任何一个学科都有特别重要的意义。一般而言,哲学方法并非用以解决某一学科的具体内容,它是用以研究另一种特殊形式的社会意识——哲学对象的。甚至,当讨论到各个学科的哲学问题时,譬如说是物理学、化学、语言学等学科的哲学问题时,我们所碰到的也不是这些学科本身的具体内容,而是处于这些学科与哲学之间的边缘上的东西。这就是说,哲学方法用于其它学科时,并非直接涉及该学科的具体内容,哲学研究方法的采用其实是在哲学高度上研究问题。但是,图书情报学这一领域就不然了。从图书情报学中的、作为普遍存在的一个社会现象——情报来说,其属性之一就是知识性。知识一向是认识论的主题,所以研究情报的属性,有时正是从哲学命题入手的,采用的研究方法自然就是哲学方法。用这种方法得出的结论直接就是图书情报的基本概念——两者具有同样的意境。哲学方法用之于其它学科是间接的,一般不直接回答该学科的具体问题,只是居高临下的启迪与指导。

图书情报学中的哲学方法的运用,不仅是通过哲学原理剖明从理论上认识对象方法的运用,也可以"代替"自然科学中实验室里进行实验般的认识方法。这就是说,甚至可以索性把哲学方法视为图书情报学的特殊研究方法。这是图书情报学研究活动中一个十分重要的特征。恩格斯的名言"不管自然科学家采取什么样的态度,他们还是得受哲学的支配"。① 对于广大图书情报学工作者来说,是更应加以深入领会的。

第二节 图书情报学方法论的研究对象

一、图书情报学方法论的研究对象与主要内容

讨论图书情报学方法论所研究的对象,不能不与人类认识自然与社会的总体方法相联系。按其普遍性的程度可以把方法论分成三个层次。首先是各门学科中的一些特殊方法。例如:生物学中的示综原子法,物理学中的 X 射线摄影法,语言学中的比较法,生理学中的条件反射等。其次是各个学科中的一般研究方法。例如:观察、实验、科学抽象、数学方法等。再一个层次就是哲学方法,它不仅适用于自然科学,也适用于社会科学和思维科学。如把方法论的所有研究对象,拿来律之于图书情报学方法论就失之过广了。图书情报学方法论的研究对象可以概括为以下三点:

1. 建立特殊的研究方法

恩格斯指出,各门科学都有"自己的科学形式"。因此图书情报学的方法论不能不把建立具有独特性能的本领域特殊方法列为研究对象,而且应当列为重点对象。如前所述,图书情报学目前理论水平不高,学科不尽成熟,这与方法的欠缺关系很大。因此,应

---

① 《马克思恩格斯全集》中文版,第 20 卷,第 552 页。

当致力于建立本领域的特殊的、最好是有特异功能的研究方法。条件还是具备的,前途也是乐观的。日益发展的文献计量学方法就是令人瞩目的,业已取得显著成效的引文分析法也是深受赞誉的。它们就极有可能或者现在就可以说是其特殊方法,问题是有待于继续完善和发展。作为特殊方法,它们既可以解决图书情报学中的一些问题,也会被其它学科作为研究方法广泛地移植。

2. 科学地移植一般研究方法

图书情报学方法论把一般研究方法列为自己的研究对象,但这不是去重复自然辩证法所开展的方法论研究,而是科学地、富有成效地在移植这些方法方面开展工作。由于自然界是一个整体,现代科学技术的一个重要特点又是相互转移和渗透,因此各个学科特殊研究方法之共性,一定必然寓含着共同的东西。这个共性就是自然规律或社会规律所具有的普遍性,以及人类对这些认识的普遍性。也就是说,某些基本原理和思维技巧,是大多数类型的科学研究所共同使用的。德国著名物理学家劳厄(Mar Von Laue)就说过:"总而言之,按照我自己的认识,我的工作就是朴素地一贯地应用验证不爽的理论方法,这种方法只需稍加修正就可以适用于各种目的"。① 由此看来,把一般的研究方法科学地、合理地、创造性地加以移植,是完全可能与可行的。仔细分析一下现在流行的许多方法正是这样。譬如图书情报学科学研究运用得最多,也是最为成功的研究方法——社会调查法,就是按着图书情报学科研工作特点加以变通的,这就是研究方法科学地移植。

图书情报学方法论移植一般研究方法的基本点是,将图书情报学科研工作的特殊性与一般方法的普遍性相结合。这本身当然也不失为创造,如果生搬硬套,肯定也是不得而终的。坚持把一般研究方法图书情报学"化",这也许就是建立新方法的开始。列宁

---

① M. V. 劳厄:《物理学史》,商务印书馆,1978 年 3 月版,第 134 页。

指出，……谁不预先解决一般问题而着手解决特殊问题，谁就将不可避免地处处"碰到"这些问题。所以从一般到特殊的顺序，也是形成新的研究方法的程序。许多某一学科的特殊研究方法的确"发源"于一般研究方法，只是经过反复应用和校正才逐渐演化成特殊方法。例如，比较是一个常用的一般逻辑方法，它的客观基础是事物之间的差异性和同一性，因为在空间上同时并存的事物之间，以及在时间上先后相随的事物之间，都存在着差异性和同一性。比较法自然也泛属于一般研究方法。语言学的比较法就是源于斯处，但是经过本质上的反复加工，终于形成了独树一帜的语言学中的特殊研究方法。图书情报学的方法论也应当朝着这个方向努力。所以，科学地移植一般研究方法是图书情报学方法论一个不容忽视的研究对象。

3.各种研究方法的具体应用形式

如前所述，图书情报学方法论的研究对象，与自然辩证法方法论研究对象是有所区别的。这里所讲的方法论是研究方法的应用形式与效果，也就是说要研究方法在实际科研中是怎样被应用的，或者也可以说是怎样依循一定的路线，来解决理论课题和实际业务问题。作为图书情报学方法论一定要把方法的实际应用，列为其研究对象之一。各种方法如何被具体应用，这既是理论问题，也是实际问题，如果不结合实际来谈方法的具体应用，那一定会不着边际，甚至解决不了什么问题。把方法的实际应用作为方法论的研究对象，不仅是必须的，同时也增强了方法论的实用性。

当我们明确了方法论的研究对象后，我们将讨论方法论的主要内容。它们是：

1.各种研究方法的品质、性能、特点以及应用范围。

2.各种研究方法的具体应用步骤、注意事项，以及主要的优缺点。

3.列举事例，以期通过实例能展示被应用方法的整体特征和应用情况。

从以上我们叙述的研究对象及主要内容来看,本书很可能不够系统性,但期望突出实用性。因此,本书将着重描述图书情报学应用诸方法的具体应用情况,以利于读者不是"形仿"而是"神似"。

二、方法的分类及选择原则

原则上讲,现在通行的各种研究方法,只要是一般方法基本上就可以应用于图书情报学的科研实践中。本书出于陈述的需要,以及意在突出重点,只择其主要的方法加以介绍。下面的分类自然不是方法论整体结构的反映,而是为了陈述表达的一种权宜的划分。

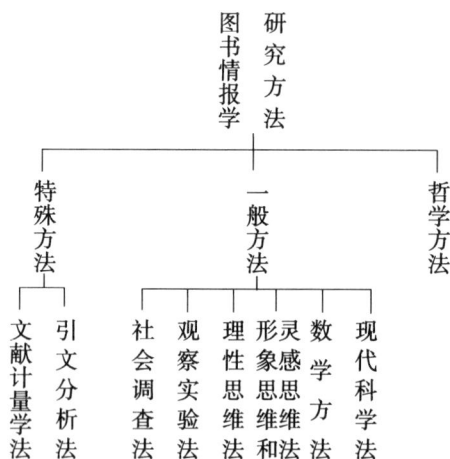

```
                    图书情报学研究方法
          ┌──────────────┼──────────────┐
        特殊方法        一般方法        哲学方法
        ┌───┴───┐   ┌──┬──┬──┬──┬──┬──┬──┐
      文献  引文  社会 观察 理性 形象 灵感 数学 现代
      计量  分析  调查 实验 思维 思维 思维 方法 科学
      学法  法    法   法   法   法   和法      法
```

各种方法的选择,主要根据方法本身性能和科研任务的具体要求来综合考虑。有时一种方法的选择很容易断定,有时几种方法的挑选要通过论证,甚至靠实际应用才能作出决定。选择方法应注意以下几个原则：

1. 研究课题的要求与方法性能要吻合

研究课题本身总是明显或内在地对方法有一定的要求，这种要求是受课题的展开以至要达到的最终目的所决定的。方法本身也有其相对的优势和短处。人们运用方法时，不言而喻地要扬长避短，尽其发挥优势，以致充分显示出方法的活力并产生积极的效果。如果研究课题的要求与方法性能能协调起来，那就会相得益彰。如果方法被运用得恰到好处，这很可能就是研究获得成功的前奏。例如，打算研究科学家与工程师的情报行为和要求。首先，这一课题要考查的对象应有足够代表性，人们的情报行为和要求是多种多样的。采用观察实验方法是否能完成任务呢？观察实验法的性能是，以收集客观事实，获得感性认识为基础，主要用以形成、发展和检验未知的科学观点、学说以及知识体系。因而课题的要求与方法是很不和谐的。采用社会调查法如何呢？社会调查法由于能充分地反映个人的意志和要求，同时又可以获悉个别的反映，汇集某些倾向或趋势。这对于查明科学家和工程师的情报行为和要求是适宜的，所以综观研究课题和方法性能，采用社会调查法是比较得体的。

2. 方法决定于课题

方法唯其是方法，它是被动的、从属的。方法只能体现在具体的科研项目展开之中。当研究课题确定后，才能着手方法的选择，总不能是为了运用哪一种方法，再后发地决定开展什么课题的研究。例如，数学方法是对客观对象进行定量研究的普遍方法，由于一切现象都有量的规定性，所以数学方法原则上可以适用于一切对象的研究中去。如果企图研究"国家或地区情报活动的政策"这类课题，必须先从一个国家或地区情报活动的历史考察起，进而分析现在的社会情报意识、情报能力以及人才状况，还要不可避免地了解这个国家或地区的政治、经济、文化、教育等相关情况，还要尽可能地展望与预测一下远景。这样看来采用数学方法是不适宜的，必须以逻辑思维方法为主，采取比较、分类、归纳、演绎、分析与综合等思维方法。通过对这一研究对象的各个侧面和所有主要因素加以充分研究，最终将会制定出一个切实可行的情报政策。如果采用数学方法，虽然不能说毫无建树，但也不会有多大起色。总之，方法的选择应服从研究课题的需要，不能滥用方法，也不能以爱好、兴趣乃至自己所长来确定方法。

3. 研究成果质量与方法关系极大

诚然，方法是被动的又决定于课题，但是方法的当否对科研成果的质量有重要的影响，这是在选择方法时尤应注意到的。

科学研究是一种高度复杂而又难以卜见前途的特殊劳动。虽然不能说方法观念淡薄的人，绝然不能得到良好的成果，但是要想获得高质量、高水平的科研成果，在其它条件都具备时，没有理想而又有效的研究方法，也可能不能取得预期的效果。这就是说优良或拙劣的科研方法，将严重地影响着科学研究的命运和结果。如前面已经讨论的"国家或地区情报活动政策"的课题，选择逻辑思维方法进行严格的分析、论证是无可非议的。但是，如果采用系统方法进行研究，其成果质量会更高。所谓系统方法就是从全局出发，对系统内外各种联系及其规律性加以辨证的分析，找出合乎目标的最佳方案，据此判定并指导人们行动的方针和计划。一个国家或地区的情报政策之类的研究课题，相关因素多而且又有错综复杂的关系，如果选择系统方法来展开科学研究，无疑会更好。从中我们可以看出方法对科学研究的反作用。

以上我们提及的原则只是从实用角度而言的，没有过多地考虑其全面性和内在的联系。如果能兼顾以上的原则，并且能灵活地掌握，选择方法时就可以减少失误，使每个研究方法也会在使用中求得各得其所，扬长避短地充分发挥出功效来。

第三节 学习图书情报学方法论的意义

做任何事情都应讲求方法,方法对头就有事半功倍之利,这是自不待言的。我们学习方法论有哪些实际意义呢?

一、可以帮助图书情报工作者自觉地掌握正确的思想和工作方法

在现代的科学研究活动中,精密仪器和先进实验手段日新月异,并且起着重要的作用。但是仍然必须承认知识与人才的作用是最基本的、最重要的。我们纵然下功夫、花力气地培养出知识丰富的人才,假如忽略了人才如何使用这些知识——亦即如何灵活而又充分地开动有才能的头脑——也就是研究方法的掌握,那么这些知识丰富的人才也会因此暂时乃至永久的"受挫"或"贬值"。在世界上首先发现肝脏的产糖功能和血管运动神经的、十九世纪法国大生理学家贝尔纳说:"良好的方法使我们更好地发挥运用天赋的才能,而拙劣的方法则可能阻难才能的发挥。因此,科学中难能可贵的创造性才华,由于方法拙劣可能削弱,甚至被扼杀;而良好的方法则会增长、促进这种才能。"尽管优良的方法不能完全保证研究工作取得成功,但是这一点是无可怀疑的,那就是好的方法肯定比拙劣的方法更能促进研究工作取得成功。图书情报学这个领域无论从理论到实践,都有许多争议的课题,以及学术空白或偏颇之处。在人才培养上除了理论知识和业务技术之外,通过方法论的学习,树立起勤于思考,善于思考,讲究思考的好作风,学会正确的思维方法是完全必要的。也将促进和推动学科的尽快成熟和发展。

二、可以培养青年图书情报工作者的科研能力,迅速走上科学研究的前沿

通过方法论的学习,可以促进和推动广大图书情报工作者,特别是青年图书情报人员,提高科学素养,增长实际本领和才干,增强科学鉴识能力,认清图书情报学发展的主流、趋势和远景,走上科研前沿,独立地开展研究工作。科学研究的实践告诉我们,选择有实际意义和价值的研究课题,制定可行的科研路线,如果再采用正确而有效的研究方法,那就可以说有了良好的开端。而良好的开端常常被认为是成功的一半。特别是图书情报学这一特定的领域,经验多于理论,偏见、陈规急待革除,如果没有足以提供高超鉴识力和判断力的科研方法,哪怕是有渊博的知识,也不一定会取得预期的成果。正如恩格斯所说:"……循着错误的、弯曲的、不可靠的途径行进,往往当真理碰到鼻尖上的时候,还是没有得到真理"。①

学习方法论对加速青年人的成长,促进其早日成才,早日出成果,就更有直接意义了。对于青年图书情报工作者,如能及早地给以科学研究方法的指导,比任其听凭个人实践,从头摸索,逐渐积累方法的知识和经验,然后再走上科研的前沿,实施科学研究,无疑有利得多。一个人的科研最佳年龄区间是一个常数,如果从中扣除或减少方法的摸索时间,那无异将增大了从事科学研究的最佳年龄区间。英国剑桥大学动物病理学教授贝弗里奇对此有过精彩的论述:"人们普遍认为:多数人的创造能力很早就开始衰退。对于一个科学家来说,姑且假定他迟早会懂得怎样最好地进行工作,但如果完全靠自己摸索,到他学会这种方法时,他最富有创造力的年华或许已经逝去。因此,如果在实践中有可能通过研究方

---

① 恩格斯:《自然辩证法》,《马克思恩格斯选集》(第 3 卷),第 555 页。

法的指导来缩短科学工作者不出成果的学习阶段,那么,不仅可以节省训练的时间,而且科学家做出的成果也会比一个用较慢方法培养出的科学家所能做的多。这只是一种推测,但其可能具有的重要意义是值得考虑的。另一种考虑是:为未来的研究工作者所需要的正规教育日益增长,这就有可能会缩短最富有创造性的年华。也许这两种不良后果都可能因为我们所建议的指导方法而有所缓解"。[6]这对于年轻的图书情报学这一领域的年青人来说,就更为重要了。

三、适应信息化社会的需要

信息化社会的知识分布将大体上是一个双峰曲线结构,即社会成员被划分:占有大量知识的创造性集团,另一部分为服务性集团。[7]通过方法论的学习,使更多的人知道如何运用这些知识进行创造性科学劳动,也是不可或缺的。当然通过个人在实践中摸索研究方法,那也不能说完全不可以。但是,向他人学习方法,接受先进的方法论指导,就可以减少盲目性,减少难免发生的个人"自误"。正像常言所说:智者求教于他人,愚者只相信自己。

四、有助于树立唯物论和辩证法观点

马克思主义认为科学方法论就是,研究整个科学知识发展规律的马克思主义认识论。所以通过方法论的学习,有助于人们客观地、辩证地观察客观世界,学会用实践来检验科学真理。正如斯蒂芬·梅森指出那样:"比起任何特殊的科学理论来,对人类的价值观影响最大的恐怕还是科学的方法论。科学方法依靠理性论证而不诉诸情感,它提出在不同观点中进行抉择时必须尊重经验的证明,这种做法现在比起一百年前好像更广泛地被运用到处理人与人的关系方面来了"。[8]受方法论的影响,人们在考虑问题和处理问题时,将越来越多地采取理性主义和客观主义的观点。图书

情报学有着强烈的、直接的哲学内容,由于通过方法论的学习,树立起唯物论和辩证法的观点,所以反过来会更容易、更深入地理解图书情报学的哲学内容。

参考文献

〔1〕Atherton,P.,《Research in information science》,NATO Advanced study Institute in Information Science,1973,P.665—683.

〔2〕例如:Martyn,J. J. Lancaster,F. W.,《Investigatative Methods in Library and Information science》,Arlington,Information Resource Press,1981.260P.

〔3〕钱学森,信息情报是第五次产业革命的核心,《情报科学技术》,1985 年,第 2 期,2—3 页。

〔4〕Gray,J;Perry,B.,《Scientific Information》,London,QUR,1975,62P.

〔5〕Atherton,P.,《Handbook of Information Systems and Services》Paris UNESCO,1977.

〔6〕贝弗里奇,W. I. B.,科学研究的艺术,科学出版社,1979 年 2 月,第一版,Xi 页。

〔7〕王崇德,论现代科技情报活动的基本任务,1985 年,第 1 期。

〔8〕斯蒂芬·F·梅森,《自然科学史》,上海人民出版社,1977 年 6 月版,第 565 页。

第二章　文献计量学方法

现代科学技术的一个显著的特点，就是科学知识数学化。在自然科学各学科相竞精密定量化的同时，半个世纪以来，一个英语复合词——metrics（计量学）也在许多社会和思维科学中频繁地出现，形成许多重要的定量化学科学分支，如 Econometrics（经济计量学）、Sociometries（社会计量学）、neurometrics（神经计量学）。在图书情报学领域内，旨在对文献的各种特征进行统计研究，揭示文献的数量规律，也形成了文献计量学（Bibliometries）。普列汉诺夫就曾说过："人类社会的科学能够而且应当变为自然科学同样严密的科学。"

文献计量学有一身二职的两重性。作为科学发展的普遍模式，文献计量学的出现是文献学发展的必然结果。也就是说，所有的科学（尽管在不同时间和不同范围）都在自己的发展中经历着许多阶段。但是，总的看来不外这么二个阶段：搜集与整理事实的描述阶段，逻辑分析阶段，最后则是把定性的与定量的科学认识方法结合起来的阶段。对于文献的某些可数性特征来说，文献计量学是一个主体学科；对于企图透过数量涉及图书情报学某些现象的本质，并拟总结规律的科学研究来说，它又是一种手段和方法。

本章不准备深入讨论文献计量学的具体内容——那将是另外一本专著的任务，而是讨论文献计量学作为一种研究方法的品质和功能。

第一节 文献计量学方法的特点和性能

文献计量学的产生和发展，为图书情报学的理论研究开辟了一个新的方向。由于总结和开发了一些定量描述文献的经验公式和定律，使得无序的文献集合变成了有序的定态结构，自然分布紊乱的文献流转化成有规则的动态系统。同时，也为图书情报学的研究提供了一种新的定量工具和途径，也就是一种研究方法。

一、文献计量学的概况

1969年文献学家普尔查德（Pritchard）提出了文献计量学这一术语，并称它是用数学和统计学的方法，分析图书和其它文字通讯载体的一门边缘科学。

人们试图对文献实施定量化的想法由来已久。1917年文献学家科尔（Cole）和耶尔斯（Eales）首先采用定量的办法，研究了1550年至1860年所发表的比较解剖学文献，其结果是令人满意的。不但系统地查明了比较解剖学在这一时期的研究重点及发展变化，而且也掌握了这一时期文献在世界各国的分布。如果仍然沿用定性分析方法的话，可能不会有这样的收获。1923年图书馆学家霍勒姆（Hulme）对出版物进行统计，提出了书目统计学。同一年，英国专利局的图书馆学家温德哈姆（Wyndham）用定量的方法，对世界各国期刊进行了分析，并根据其分析结果列出了生理学、细菌学、血清学和生物学等四个学科期刊的排序。

与这种探索解决具体问题的同时，许多有识之士开始了定量地总结文献规律的努力。1926年洛特卡（Lotka）提出了反比（例数）平方的著者分布规律，1934年布拉德福（Bradford）提出了文献分散的理论，1948年齐普夫（Zipf）提出词汇分布定律，1960年巴顿(Burton)和开普勒(Kebler)用解析式描述了文献老化现象。1961年普赖斯(Price)提出了文献指数增长规律。这些努力及其成果已成为文献计量学的核心和精华。目前,文献计量学很有吸引力,许多图书情报工作者都一致感到它是提高理论水平和发挥实际效用的重要出路。越来越多的人开展了文献的定量研究,建立起一些新概念和数学模型,为图书情报学的深化和发展作出了贡献。到目前为止,全世界已发表的有关文献计量学的论文已达4000—5000篇。随着检索工具的日益完善和检索手段的现代化,文献计量学已被用于多种学科领域。可以肯定,这一新兴的学科必将和其他新生事物一样,会越来越显示其重要性和强大的生命力。

二、文献计量学方法的特点

从方法论的角度来讨论,其特点是:

1. 以几个经验文献统计规律为中心

在人们谋求文献定量化的进程中,先后出现了如上所述的几个经验规律。尽管它们在出现时还是相当粗糙的,然而是个可贵的开端。文献计量学的先驱们积极地试图应用数学语言来描述他们的初步统计收获,也就是通过数学的抽象,以定律的形式简洁而明确地总结他们自己的统计事实。目前文献计量学基本上是围绕着这几个著名定律展开的[1]。主要方向有两个:其一,检验、修正这些经验规律,使之更加完善,更带有普遍性。有的甚至想彻底地来一番改造。其二,寻找实际应用的途径,使这些统计规律在图书馆、情报机构的文献管理工作中,真正起作用。从这个角度来说,文献计量学方法就是应用这些规律的基本思想,去认识、总结文献情报流的若干现象和规律。

2. 有文献的特殊统计规律

认识与理解文献计量学时,决不能与数学在文献领域上的应用相提并论。文献计量学是在数学、统计学和文献学理论三者基础上综合建立起来的,其中任何一个均是文献计量学的必要条件,却不是充分条件。只有把三者有机地结合在一起,才能显示描述文献数量关系的力量。文献计量学进行大量的统计,确实有与众不同之处。

数理统计是一门以概率论为基础,研究偶然现象规律性的科学,它是在实验室内进行可控试验基础上发展起来的,在自然科学中得到了广泛的应用。文献统计有些是服从一般的统计规律,有的还必须建立自己的特殊形式。这是因为文献计量学涉及的对象是人工制品,如果运用一般的统计学技术——频次分布,也就是把对象内在的个性生硬地代之以类的同一性,抛弃了经验数据或信息,那正如布鲁克斯(Brookes)所说的:"依我看,对于社会统计所提出的问题,如果仍然依靠数字定义类的传统统计学而不改用对个体行为更为逼近的分析方法,是不能得到解决的。"[2]文献的特殊统计形式,就是布拉德福在半个世纪以前发规的,现在被广泛用于社会与思维科学统计方法的等级分布法。显然,涉及到情报范围内的人类行为及其精神产品,因其超出了物理世界的范围,一般的统计规律相形见绌。文献特殊的统计规律——等级分布不仅客观地、充分地揭示出对象的特征,而且可以实现统计分析技术的转换,实现对人类个体行为及特征的微观统计。对采用频次分布统计方法舍弃经验数据或信息的作法,布鲁克斯提出了尖锐的批评。他并且呼吁:"作为情报科学家,我们从职业的角度出发,要向全世界强调指出,不论对什么问题,利用一切可能获取的情报是非常重要的。因此,在全体社会科学工作者当中,我们必须在自身理论的研究工作中做出典范。"[2]

3.测量对象集中

文献计量学作为一种研究方法是离不开测量的。所谓测量就是从被研究对象的某些特征中获取信息资料的一种程序。文献计量学中的测量对象如:文献、人、团体(机构、出版社)。测量往往不是对象本身的全部,而是对象本身所具有的某种特征(标题、字数……)或某些行为(阅读量、著述能力)。换句话说,就是对象由于结构或状态所决定的信息量。另外还要注意到研究对象在所测量特征上的相互联系。虽然,原则上讲文献本身是拥有的可数性的,可量子化的特征均可作为其测量对象,但是目前文献计量学主要的测量对象却很集中,只限于在作者群、杂志量、词汇数等几个分析单元上开展工作。测量对象的集中,就确保了研究方向和范围的不分散,便于调整,也有助于严谨。这在一个学科日臻成熟时期是尤为可贵的。

4. 形成周期长

文献计量学作为一个研究方法,从提出到实用是有一个较长过程的,也就是说到可以应用的周期较长。从数学角度来说,用公式表征一个概念或一个事实,公式中的符号都应是已定义了的(即已知或可以求解的)。这样的公式才能进行计算——实际应用。用来阐述一个机理或趋势的数学形式,可以有未加定义部分。但要实用必须可以计算才行。一般来说,文献计量学方法的建立可分为四个阶段:第一步,收集可数性资料和理论分析;第二步,建立模型;第三步,估计参数;第四步,实际应用。只是在有较好的实际应用效果后,它才具有方法论的意义。

三、文献计量学方法的性能

这里,我们将结合实例来讨论文献计量学作为研究方法的性能,这些性能主要是:

1. 较深刻的描述性能

由于文献计量学长于定量分析,其描述的深刻性是定性分析所无法比拟的。定性分析只是采用自然语言,推理也只是普通的逻辑思维过程。文献计量学采用的是数学语言,其推理的过程除了普通逻辑的思维过程以外,还包含了数理逻辑的思维过程。它对规律的表现往往是数学公式、图形等形式。因而它具有较深刻的描述性能。

譬如,作者曾用文献计量学法研究我国原版期刊订户分布的问题[3]。原版期刊的订户是否存在着规律性呢? 如果采用定性分析的办法,将只会得出:期刊的订阅是很不均匀的,大部分期刊订户是很少的等结论。作者采用了文献计量学的方法,以化学的原版期刊为例,将订购不同期刊数量的订户按等级分布方式统计并排序,形成表2-1。

表2-1 化学期刊订户等级分布统计表

序号	期刊种数(A)	订户数(B)	A 的积累(C)	A×B 的积累和(D)	lgc(E)
1	1	37	1	37	0
2	1	33	2	70	0.301
3	1	27	3	97	0.477
4	1	26	4	123	0.602
5	1	25	5	148	0.699
6	4	24	9	244	0.954
7	2	23	11	290	1.041
8	2	20	13	330	1.114
9	4	19	17	406	1.230
10	5	18	22	496	1.342
11	5	17	27	581	1.431
12	2	16	29	613	1.462
13	5	15	34	688	1.531
14	3	14	37	730	1.568
15	3	13	40	769	1.602
16	7	12	47	853	1.672
17	8	11	55	941	1.740
18	11	10	66	1051	1.820

序号	期刊种数（A）	订户数（B）	A 的积累（C）	A×B 的积累和（D）	lgc（E）
19	13	9	79	1168	1.890
20	16	8	95	1296	1.978
21	24	7	119	1464	2.076
22	39	6	158	1698	2.199
23	41	5	199	1903	2.299
24	41	4	240	2068	2.380
25	39	3	279	2184	2.446
26	35	2	314	2254	2.497
27	30	1	344	2284	2.537

此类期刊共计 344 种。

按表 2-1 数据，描绘出图 2-1（见下页）。从曲线外形来看，是条布拉德福曲线。

进一步确定参数，得出如下公式（具体算法后详）：

AC 部分：

$R(n) = 37n^{0.8256}$　　　　$[1 \leqslant n \leqslant 47]$

CD 部分：

$R(n) = 786\ln(\dfrac{n}{17.33})$　　　　$[47 \leqslant n \leqslant 344]$

可见，由于采用了文献计量学的方法，对原版期刊订购这一课题完成的很好，抓住了问题的关键。结论当然也是定量的：我国目前进口化学原版期刊 344 种，差不多占全世界该领域期刊（本例情况下，求解为 786 种）的 44%。共拥有 2284 家订户次，前十种期刊订户在 37—23 户之间，大都是非常见的期刊，以原版方式发行是妥当的。

2.高度的概括性能

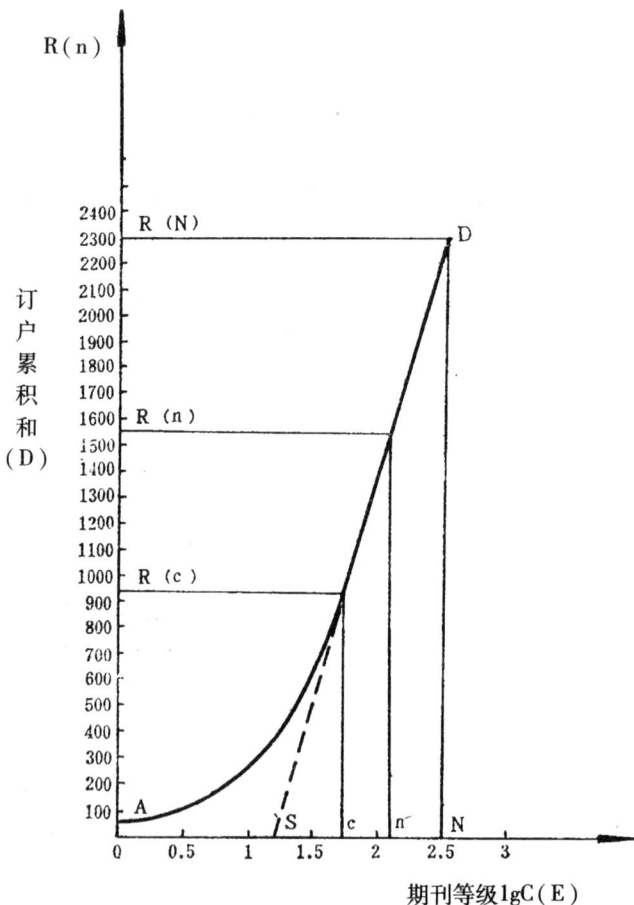

图2-1 化学期刊订户分布曲线

由于文献计量学运用了形式化的数学语言,对问题的陈述、推理的过程,以及定量的计算,都采用简明的数学符号,这就可以大大简化和加速思维的过程,同时也具有高度的概括力。

例如,文献的"老化"现象,这是一个十分重要但又十分复杂

的问题。对于"老化"的本质和机制,还没有普遍可以接受的解释。苏联情报学家马德列夫列举了一些有关的观点和主张[4]:

(1)"老化"是随时间的转移,而读者对文献需求量减少的过程。

(2)"老化"是引用强度的减弱,在一定意义上是受情报内容老化的制约。

(3)"老化"是随着定期出版物的老化,其学术价值也逐渐降低。

(4)科学出版物的老化,在于它们随着"年龄"而失去价值和

表2-2 生物化学逐年引文统计数据*

年份	引文频次	积累引文频次	积累相对比率 (小数)	备注
1980	1,885		0.0236	
1979	8,528	10,413	0.1302	
1978	10,122	20,535	0.2567	
1977	9,245	29,780	0.3722	
1976	7,551	37,331	0.4667	
1975	6,535	43,866	0.5483	
1974	5,669	49,535	0.6191	
1973	4,662	53,997	0.6749	第一个10年
1972	4,042	58,039	0.7254	Y_x
1971	3,254	61,293	0.7661	
1970	2,887	64,180	0.8022	
1969	2,389	66,569	0.8320	
1968	1,748	68,317	0.8539	
1967	1,812	70,129	0.8765	
1966	1,309	71,438	0.8929	
……	……	……	……	

不再被利用。

……

可见用自然语言叙述是殊难平众议的。相比之下,还是数学语言概括的好,也少有歧异。

1960 年美国图书馆工作者巴顿和开普勒,响应了科学学家贝尔纳(Bernal)的观点,用下式表征了"老化"[5]:

$$y_X = 1 - (\frac{a}{e^X} + \frac{b}{e^{2X}}) \quad \cdots\cdots\cdots\cdots\cdots\cdots\cdots\cdots \quad (1)$$

a + b = 1

式中:y_X 为一定时间内,总的引文比率(小数);

　　　　x 是时间(以十年计)

苏联情报学家莫泰列夫(Мотипев)对上式提出了改进性的修正[6]:

$$y_X = 1 - (\frac{a}{e^{X - 0.1}} + \frac{b}{e^{2X - 0.2}}) \quad \cdots\cdots\cdots\cdots\cdots \quad (2)$$

作者在(2)式基础上,进一步推导[7]:

$$a = 3.4596 - 4.1447 y_X \quad \cdots\cdots\cdots\cdots\cdots\cdots\cdots \quad (3)$$

$$b = 4.1447 y_X - 2.4596 \quad \cdots\cdots\cdots\cdots\cdots\cdots\cdots \quad (4)$$

式中:y_X 为实测引文相对比率(小数)

半衰期 $X_{пж}$ 为:

$$X_{пж} = 10 [\ln(a + \sqrt{a^2 + 2^b}) + 0.1] \quad \cdots\cdots\cdots\cdots \quad (5)$$

同时作者又摘引了文献[5]的数据,见表 2－2,计算出生物化学文献老化的半衰期为 5.13 年。

文献计量学方法对此也许没有反映出规律的实质和达到应有的深度。但是与上述的文字叙述相比,它毕竟提供了实际计算的可能,表现出特有的概括性。对客观规律的认识是分阶段的,不能期望认识一次完成。在现阶段来看,上述逐步改进的解析式还是研究文献老化规律目前较好的成果,它以数学式描述了文献老化过程,进而计算出一个量化的半衰期。对文献老化这一过程,作了较为高度的概括。

＊文献〔8〕选择了《J·Biol·Chem》和《Biochemistry—US》，统计了两刊1980年共发表的2,595篇著文的引文，引文量为85，431篇，其中期刊论文为80,005篇，占93.6%。其余为其它类型文献5,426篇。

3.准确的评价性能

文献计量学方法由于提供了数量分析和计算方法，这就较之单纯的定性分析和评价进了一大步，它可以作出定量的评价。通过定量评价来区分事物，来肯定或否定所要评论的对象。它不仅令人容易鉴别对象的同一性和差异性，而且也可以准确地评价是非和优劣。

下面是反映美国科技人员著述能力变化的事例，详见表2－3。

表2－3　美国每位科学家或工程师1965—1985年间发表文章的平均数目[9]

学科领域	65	70	75	77	80	85
物 理 学	0.17	0.17	0.20	0.20	0.19	0.18
数　　学	0.08	0.06	0.07	0.07	0.08	0.07
计算机科学	0.09	0.03	0.03	0.05	0.04	0.04
环境科学	0.20	0.25	0.18	0.19	0.21	0.22
工 程 学	0.02	0.02	0.03	0.03	0.03	0.04
生命科学	0.03	0.03	0.35	0.40	0.42	0.44
心 理 学	0.17	0.12	0.10	0.10	0.10	0.09
社会科学	0.60	0.43	0.20	0.22	0.22	0.20
全部领域	0.11	0.12	0.12	0.14	0.14	0.14

从表2－3我们可以发现25年来，每位科学家发表的论文数目有明显的变化。例如，生命科学比工程学领域，科学家有更多的科学成果。反之，社会科学家们的著述量却一直在下降。这里而是有其科学社会学原因的（从略）。我们所要强调的是它用数据来表征，评价是精准而不含糊的。

4. 良好的预测性能

由于文献计量学常常是在理论分析的基础上,把主要因素分别列为自变量,次要因素用随机误差项表示,把问题作为因变量,进而描绘自变量与因变量之间的关系。根据描绘的图形,按拟合最优的原则,选择相应的函数,建立模型。如果是单一方程模型就已有预测的功能。当然模型亦应经过实践,不断加以修正才行。文献[10]的作者,根据整理出的我国历代出版书籍的统计数(见表 2 - 5),建立了一个单一方程的指数增长模型即:

$$\hat{y} = 1720e^{0.24x}$$

式中:x 是以百年计的时间。

显然上式与普赖斯文献指数增长规律是吻合的。已知明朝(1644)年共有图书 55,104 种,那么清末(1911 年)图书可能达到多少种? 假定我们是十七世纪中叶进行这种预测。根据上式可以作如下计算:

$$\hat{y} = 1720e^{0.24 \times 19.11}$$
$$= 168801$$

亦即 1911 年图书可能达到 168,801 种,实际清朝图书为 126,649 种,总计图书应为 55,104 + 126,649 = 181,753 种。两者相差 12,952 种,误差为 7%。结果是令人满意的,预测也是成功的。举这个例子意在说明文献计量学法的预测性能,至于文献指数增长规律本身预测的质量并不是很好的。

第二节　文献计量学方法的量度

进行文献计量时,选择什么量作为计量数据呢? 这就是要讨论的量度问题。原则上讲,文献的内在、外观及相关的各种特征,均可作为文献计量学的量度。在第一节二—3 中,我们曾指出,测量对象集中在作者群、杂志量、词汇数等几个分析单元上。这里我们将对此作进一步地展开。

一、出版物

这里所指的出版物是公开出版的正规出版物。非正式的出版物由于难以复核，一般不作为量度的对象。其中主要的是：

1. 期刊量

期刊一直是文献计量学重要的研究对象，期刊量自然是一个重要量度。在这方面已开展了许多有益的统计。最早的期刊于1665年1月5日在巴黎问世。这就是法国科学院创办的《科学家周刊》(Journal des Scavans)。至今全世界期刊已近10万种，其中科技期刊约有6万种。文献[12]曾列举了英国外借科技图书馆（BLLD）多年所收集的期刊量。由于BLLD向以收集期刊全面著称，它的数据可视为全世界拥有期刊量的接近数据（见表2-4）。

表2-4　BLLD收集期刊的数量及其变化

年度	收集的期刊量	逐年递增百分比	年度	收集的期刊量	逐年递增百分比
1963	18,180	-	1973	42,934	7
1964	20,780	14	1974	43,576	2
1965	22,620	9	1975	45,169	4
1966	26,280	16	1976	47,122	4
1967	29,690	13	1977	48,479	3
1968	31,904	7	1978	49,281	2
1969	34,300	8	1979	51,500	5
1970	35,824	4	1980	54,000	5
1971	36,980	3	1981	56,000	4
1972	40,192	9			

2. 书籍量

书量也是文献计量学常用的量度，如前所述，早在1917年科尔和耶尔斯就统计了从1550年到1860年的解剖学出版物。中国学者杨家骆于1946年,整理了我国截止清朝的书籍数量,这是根据历代各种目录整理出的我国古代出版书籍的统计数[10],详见表2-5。

表2-5 各代出版书籍的数量

朝　代	相当的公元年代	出版书籍量	累积量
西汉及汉前	25	1,033	1,033
东汉	220	1,100	2,133
三国	280	1,722	3,255
晋	420	2,438	5,693
南北朝	589	7,094	12,787
隋唐	907	10,034	22,821
五代	960	720	23,591
宋	1279	11,519	35,110
西夏、辽、金、元	1368	5,970	41,080
明	1644	14,024	55,104
清	1911	126,649	181,553

3. 文摘量

文摘量即是检索工具(文摘、索引、文献通报)中的描述记录(条目)的数量。由于文献量常常以检索工具为资料来源,所以文摘量是最重要的量度之一。下面是十年来美国《化学文摘》的出版记录[12]。

此外,专利申请量,科技报告量等,也是文献计量学常用的量度。

表 2 - 6　1973—1983 年美国《化学文摘》出版记录

年　　份	卷　　号	文摘条数	页　　数
1974	80,81	333,624	52,984
1975	82,83	392,234	62,969
1976	84,85	390,905	65,591
1977	86,87	410,137	68,496
1978	88,89	428,342	68,638
1979	90,91	436,887	72,890
1980	92,93	475,739	79,064
1981	94,95	450,587	82,822
1982	96,97	457,789	84,636
1983	98,99	451,753	80,572

二、词汇数量

具有特征的词语如:关键词(keyword)、叙词(descriptor)、导引词(catchword)、限定词(identifier)等词汇的数量,也是常用的量度。下面仅介绍两种:

4. 关键词数量

关键词是一个有争议的术语。作者同意文献[13]的观点,所谓关键词系在某一件文献(资料的标题、摘要、正文等处),作为表示该资料主题的主要词汇。由于关键词取词方便,不受词表控制,统计起来既方便又迅速,常常作为计量量度来使用。

作者为了研究中文期刊论文标题信息化程度的趋势[14],便采用文献计量学的研究方法,以关键词为量度。具体做法是,以我国《科学通报》为资料来源,统计了自 1950 年起到 1984 年间 1,450 篇文章标题。找出其中总词数(Y_T)、实用词(即关键词)数(Y_S)、实词比($T_P = Y_S/Y_T$)。区分原则是作者自定的,例如在"关于复合粒子场致理论的若干问题"(对应的英文是 On some problems of Field:Theory of Composite particles)中,选中的关键词有二:复合粒子、场致理论。统计结果如下：

表 2 - 7　关键词数（Y_s）等逐年的统计（以十年平均值计）

序　号	年　　代	Y_T	Y_S	Y_q
1	50	5.27	2.23	0.4326
2	60	5.50	3.75	0.6818
3	70	5.71	4.00	0.7005
4	80	5.83	4.22	0.7238

5. 叙词数量

叙词是由 C. Mooers 首先提倡和使用的术语。它用以表示特定主题分类等级的所属标志、代码的涵意。叙词所具有的意义没有必要一定与辞典中的解释一致，词汇数量被严格地控制起来。它被认为是为了表示著作主题所采用的词汇或标识。叙词是否是以原形出现的每篇文献中，那倒是无关紧要的，它属于另外的记号系列。

作者曾对我国各省级农业科技期刊 1980 年 2,800 篇文章进行研究，依据《汉语主题词表》将其标题标引以主题词，然后统计叙词的频次，频次高的是大米、小麦、棉花以及育种等几个。这些词出现的次数多，与我国农业战线科研选题重点是呼应的[15]。说明叙词的计量有些可以反映科学研究的真实动态。

三、个人与机构的数量

个人与机构常常是反映文献生产、加工、演化与流通受授关系中的主体，自然也是文献计量学的主要量度。

6. 个人著者

个人著者是独立完成文献的人。现在科学劳动的趋势是集体合作。所以单人著者的文章在减少，但是还不能消失[16]。为了研究文献的著者分布规律，作者曾以物理学为例，统计了不同著者的论文数量。发现这种分布是泊松分布。其著者量系取材于《物理

学报》1976—80 年间 357 篇文章,作者数目统计如下[21]:

表 2-8 物理学报若干作者数目统计

作者数量/篇	团体	1	2	3	4	5	6	7	8	9	平均数 $\overline{X}$	标准离差 8
论文数	22	138	76	68	28	13	7	1	3	1	22.4	1.45
作者数	0	138	152	204	112	65	42	7	24	9		
计算频率	0.12	0.26	0.27	0.19	0.09	0.04	0.02					
实例频率	0.07	0.39	0.21	0.19	0.09	0.04	0.02					

计算 f(x) 是按下式计算的:

$$f(x) = \frac{M^X e^{-M}}{X!} \quad (\text{式中 X 为平均数} \overline{X})$$

7. 读者数量

读者数量可以反映出图书馆与情报机构以及它们服务对象的状况。读者数量如果根据登记资料,那是不难统计的。如果统计实际到馆人数又费人费时,可以随机抽取若干时间单元作统计样本,进而推断全体。前者是实际量,后者是统计量。下面是某高等学校的读者构成的数量统计(见表 2-9)。

表 2-9 读者人数与借阅次数

系别	一年级			二年级			三年级			四年级		
	学生数	借阅数	人平均	学生数	借阅数	人平均	学生数	借阅数	人平均	学生数	借阅数	人平均
A	30	350	11.67	32	450	14.06	28	500	17.86	28	650	23.21
B	35	250	7.14	33	330	10.00	32	405	12.66	33	520	15.76
C	30	400	13.33	28	420	15.00	30	480	16.00	32	580	18.12
D	40	520	13.00	38	600	15.79	35	620	17.71	34	650	19.12
E	45	620	14.00	44	500	12.50	41	605	14.75	40	700	17.50
合计	180	2150	11.94	175	2350	13.43	166	2610	15.72	167	3100	19.16

8. 机构数量

机构往往与文献活动有直接与间接的关系。其中作为量度的有：出版社数量、编辑部、图书馆、情报所，单位用户等数量。下面是有关图书馆的统计。

表 2-10　日、美、英图书馆数量

	公共图书馆			大学图书馆		专门图书馆	
	日本	美国	英国	日本	美国	日本	美国
1970	881	12,045	9,791	684	1,896	1,549	4,277
1975	1,048	13,981	8,976	777	1,696	2,006	6,563
1980	1,320	14,653	14,436	851	3,400	2,023	4,645

四、其它

不属于上述作者群、杂志量、词汇数之类的量度，尚有如：引文量、借阅量、文献复制量等，其中引文量我们将在第三章详加讨论。文献[17]就以复制量与借阅量为量度，讨论了三国四种专利的使用年限。其结论是：近十年来专利文献的利用构成均在 70% 左右；日本实用新案，因其较专利发明的技术水平低，保存年度以低于专利发明五年为宜；化工单位利用早期专利文献（指二十年前）占较大的比重。以美国专利说明书为例，详见表 2-11。

表 2-11　美国专利利用构成表

借阅、复制次数	利用件数	百分比	借阅复制专利年期	百分比	累积年度	百分比
1	2535	90.40	77-81	39.4	5	39.4
2	236	8.40	72-76	32.0	10	71.4
3	32	1.10	67-71	11.7	15	83.1
4	2	0.10	62-66	8.0	20	91.1
5	0	0.00	57-61	4.9	25	96.0
6	1	0.03	52-56	4.0	30	100.0
	2806					

究竟选择何者为量度,应当根据需要与可能来综合考虑,特别要注意数据的一致性、代表性和规律性。量度是文献计量学方法讨论、研究对象的特征,以此来体现所建立起规律的实质。

第三节　文献计量学方法的主要应用及使用注意事项

文献计量学作为一种方法,由于具有我们在前面所分析的特点和性能,再加上有许多可以作为量度的特征值,因而它的应用是非常广泛的。出于用其所长、避其所短的原则,该法已有许多成功运用的记录,积累了许多经验。为使读者对这一研究方法有进一步的了解,下面将该法擅长解决的科研课题介绍一下。

一、鉴定与评价核心期刊

当前文献量剧增,同时这种增加又伴随着严重的分散,从而加大了期刊的选择难度。另外,由于订购期刊需要资金、存放空间,以及管理人员的劳动,所以科学地选择期刊变得越来越重要。特别是订刊费用又激涨,京(King D. W.)等调查报告指出:个人订阅科技杂志费用,1960 年平均为 5.27 美元,但是到 1980 年则为 24.07 美元[18]。因此不能也没有必要毫不遗漏地订阅全部期刊,要想研究如何科学地选择期刊这一问题,就可以采用文献计量学法。

文献在期刊中的分布,有一个被称之为"堆加"效应,即少数期刊载文率极高,这些少数期刊就是布拉德福定律中的所谓核心区期刊。而用布拉德福图像分析法,再辅以累积载文取值法,就是常用的鉴定、评价核心期刊的方法。联合国科学联合会理事会文摘部所推荐的几种核心期刊表,就是采用这种方法[19]编成的。文献[20]亦采用此方法鉴定并评价了电气工程领域中的核心区期刊。

以《国外科技资料目录》电力分册为基础,选取 1979—82 年题录(条目)10,453 条,按其来源期刊统计了载文量,按载文量递减地排序。期刊排序后再计算累积载文量 R(n) 及排序 n 的对数 lg(n),还要计算累积载文率(累计载文量 R(n) 除以累计载文总量 R(N))。具体见表 2-12。

表 2 - 12 电力期刊文献统计数据表

期刊顺序 (n)	期刊载文量	累计载文量 R(n)	lg(n)	载文率 R(n)/R(N)
1	881	881	0.000	0.0843
2	419	1300	0.301	0.1244
3	382	1682	0.477	0.1609
4	380	2062	0.602	0.1973
5	375	2437	0.699	0.2331
6	341	2778	0.773	0.2658
7	314	3092	0.845	0.2953
8	301	3392	0.903	0.3246
9	280	3673	0.954	0.3514
10	273	3496	1.000	0.3775
⋮	⋮	⋮	⋮	⋮
15	192	5012	1.176	0.4795
16	179	5191	1.204	0.4966
⋮	⋮	⋮	⋮	⋮
34	96	7438	1.531	0.7116
35	92	7530	1.644	0.7204
⋮	⋮	⋮	⋮	⋮
46	72	8390	1.663	0.8025
⋮	⋮	⋮	⋮	⋮
64	42	9378	1.806	0.8972
⋮	⋮	⋮	⋮	⋮
128	1	10453	2.107	1.0000

依表 2-12 数据为基础,以 lg n 为横坐标,累计载文量 R(n) 为纵坐标作图,得到电力期刊文献布拉德福分布曲线(图 2-2,见 38 页)。如果以 n 为横坐标,累计载文率 R(n)/R(N) 为纵坐标,便可得到图 2-3,见 38 页。图 2-3 是典型的劳林兹曲线。据图 2-2 可知:分布曲线以 a=881 为初始值,按指数值 β=0.64 至 C 点(n=16,R(n)=5191)变为直线,又至 B 点(n=85,R(n)=10014)开始下降,显然这 16 种期刊就是核心期刊,应当首先考虑订购的期刊(见表 2-13)。

表 2-13   电力核心期刊表

顺序	外 文 刊 名	载文率(%)
1	IEEE Trans. on PAS(美)	8.43
2	Электротехника(苏)	4.01
3	Изв. ВУЗ. Энергетика(苏)	3.65
4	Электрические станции(苏)	3.64
5	电气计算(日)	3.50
6	Теплоэнергетика(苏)	3.26
7	Энергетик(苏)	3.00
8	Электричество(苏)	2.88
9	Power Engineering(美)	2.68
10	VGB Kraftwerkstechnik(西德)	2.61
11	电气现场技术(日)	2.24
12	Промышленная энрегетика(苏)	2.23
13	Elektrizitaswirtschaft(西德)	1.99
14	Power(美)	1.90
15	Electra (GIGRE)(法)	1.84
16	OHM 电气杂志(日)	1.74

对图 2-2 进行分析,可知载文率 80%,对应 46 种期刊;90% 对应 64 种期刊。

通过以上的分析,对各期刊依摘储率作了清晰的鉴别和评价

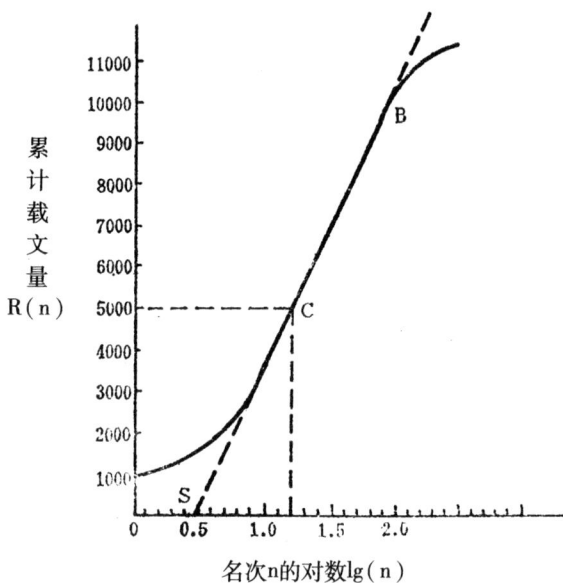

图2-2 电力期刊文献布拉德福分布曲线

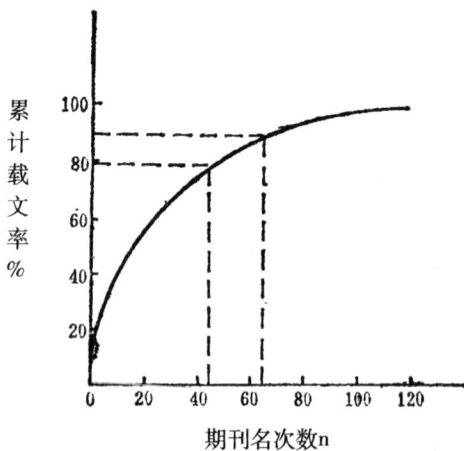

图2-3 期刊名次与累积载文量关系曲线

（排序）。当然这种评价方法也有不尽完善之处,但是文献计量学法鉴别与评价期刊的结论无疑是客观的,不是凭经验去判断,因而具有较高的可靠性。

二、馆藏分析的研究

一个图书馆馆藏的科学管理,一个地区或国家的合理馆藏维护,这类科研课题都可以借助于文献计量学法来开展研究工作。譬如,目前一个普遍的问题是,藏书空间的增加不及印刷型图书量的增加,因此库房紧张是一个带有全球性的问题。其原因是多方面的,主要是,一方面藏书量猛增,另一方面整个图书的流通不均匀,总的流通率低下。因此,世界上许多图书馆都盛行所谓"三线制典藏制度"。这就是把借阅次数作为量度,把图书按流通的频次作等级排序,继之分成三个区:核心区图书为一线——开架阅览;相关区图书为二线——留有余地地闭架借阅;边沿区图书为三线——紧密排架,以此来合理切分图书典藏区,以利于在保证正常流通情况下,缓解库房的压力。

此外,亦可用文献计量学法来研究一个地区乃至国家的书刊入藏情况,从中查找重复入藏和缺藏的书刊。其方法就是,按布拉德福定律开列各个学科的核心区期刊清单和最佳图书目录。以此与该地区和国家现有的对应清单逐一对照,便可发现:用已经编制出来的热带与亚热带农业期刊顺序清单,对照检查尼日利亚国家主要图书馆的馆藏情况。结果发现,未被该国图书馆所收藏的热带与亚热带农业期刊高达37.1%,未被入藏的过刊为65%,所入藏的35%的过刊被分散在10多个图书馆,未被入藏的非英文期刊达到62.7%,未被入藏的西班牙语和葡萄牙语期刊分别为:79.1%和84.21%。从地区上看,未被入藏的南美洲和中美洲的期刊为76.2%,未被入藏的非洲期刊29%,北美洲期刊为13.3%。

通过文献计量学的方法,进行馆藏分析目标明确,结果分明,有利于改善馆藏。问题是什么,怎样解决问题,事实都是很具体的,这就便于决策,便于采取实际步骤。

三、检查文摘的完整性

检索工具是实施文献检索的媒介,手工检索情况下其主体是文摘。按 ISO214—76 规定:文摘是不加解释与评论的,甚至也不指出文摘员,意味着文摘是原始文献简约、正确的再现。文摘对原始文献摘储的完整性是评价文摘质量的重要指标,完整性(当然不是无度的"完整")其实就是对原始文献的吞吐程度。全世界著名的《化学文摘》就号称网罗了全世界化学文献的70%以上。这样良好而又适宜的完整性,是《化学文摘》取得普遍拥戴与赞誉的原因之一。图书情报部门经常要自编(供社会应用)和外购(供自己使用)一些专业的文摘杂志,如何考查自编文摘的完整性,如何检验外购文摘的完整性,均可使用文献计量学法。

有人用此法考查了1970年《热带文摘》的完整性。计算应摘的期刊为643种,应摘及的热带及亚热带农业论文为2,784篇,但实际上只摘及374种期刊和2,284篇论文,漏摘期刊269种,漏摘期刊率达41.8%,漏摘论文500篇,漏摘论文率18%。在一定程度上说,文摘刊物的覆盖率不高。

四、研究出版社出版专著的情况

专著是单一主题的著作,它的学术价值和实用性都很高,是图书馆、情报中心重点订购的书籍,指导订购工作的文件是征订目录(trade bibliography)。沃森(Worthen)曾对1965—1970年以及1971年美国国立医学图书馆(NLM)的《NLM最新目录》中,心血管病等五个主题下的专著及出版家进行统计(见表2–14)。结果发现编入目录的、按出版家排列的专著分布,是符合布拉德福定律的,见表2–15。

就上例而言,研究专著分布规律也就是考查出版专著的能力。采用文献计量学研究方法,可以深刻揭露这一规律的本质,克服订购工作中的盲目性或过分依赖经验。明确哪一个出版家有出版某一类专著的传统和现时的出版趋势,有目地去索取该出版家的详细书目清单。例如,美国医学方面的"Saunders"出版社一直被认为是重要的出版机构,但经等级分布排队,它却遗落在第二区偏低的等级上。反之,"公共服务社"以前一直未被重视,现在却处于核心区。

表 2-14 不同疾病出版家和专著数量

标题	出版家数量	专著数量
心血管疾病	179	255
心脏病	154	220
脑血管病	86	127
脉管炎	78	105
心律不齐	51	63
	548	770

表 2-15 专著的分布

出版家	专著/家
1	41
1	20
1	19
1	17
2	16
1	15
1	14
3	11
3	9
2	8
7	7
9	6

出　版　家	专著/家
8	5
11	4
15	3
44	2
216	1

区	专著	出版家	布拉德福常数
1	113	5	
2	113	10	2.0
3	111	17	1.7
4	111	28	1.6
5	106	50	1.7
6	96	96	1.9
7	120	120	1.3
		平均	1.7

五、词表的编制和文献标引

通过对文献的主题分析,依据各种词表,给一篇文献以词语标识,是现代图书情报部门最基本的文献加工作业。编制词表(主要是叙词表)和标引文献(方向是自动标引)都要以语言文字为基础,可以说语言文字的规范、控制和选用是这种文献加工的先决条件。图书情报学系从实用角度出发来研究语言,其研究方法不能与语言学一样地采用语义学法,而常常采用文献计量学法,也就是依据词汇分布的齐普夫定律来研究。

人们按着齐普夫定律,通过标引实验找到被标引文献与叙词使用频率的分布特征,确定合乎需要的参数值。有些词表就是从文献中选词,这就要统计词汇出现的频率,研究其分布特征,最后决定适当词频区间内的词入选。词表编成后,先行标引实践,不断修改完善,才能使词表进入实用阶段。

目前西方正以很大的热情来研究自动标引,这主要就是运用齐普夫分布来开展研究工作,卢恩(Luhn)就是这样进行的。他认为文章中词汇发生的频率,提供了一种决定有效词的好办法;有效词在句子中的相对位置,提供了一种决定句子效果的优良测定方法。因此,一个句子的有效因素,决定于两种方法的联合基础之上。如果将文献中指定的词按出现的频率递减地排序,便可得到形如双曲线的齐普夫分布,如图 2-4 所示。卢恩作了一个假设,可以在 r 轴上找到两个临界点,这样就可以形成一个临界区间,排除先落在区间以外的高频词和低频词保留下来频率适中的词才是有效词。有效词的分辨力就是词识别文章内容的能力,就是反映文章内容的能力。这种分辨力在 r 轴上的两个临界点的中点位置达到最大值,从降值点向两边减少,在临界点附近达到 0。

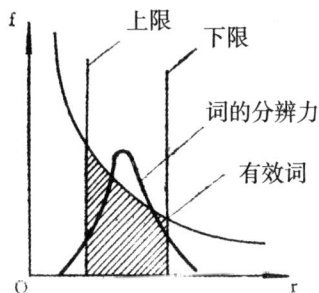

图2-4 卢恩假设

据此,卢恩设计了一种按词的频率自动标引的方法。若文献可以由一个类名表表示,每个名表示一类出现在论文中的词,那么如果一个有效词作为这个类中一个成员发生,文献就被该名标引。这样的系统通常由三个部分组成:排除高频词,去后缀,找出相应的词干。这样处理后得到的一个类名表,可在检索中表示文献,如同索引词或关键词的作用那样。

六、加权标引

有检索功能的词汇,一般叫检索词。琼斯根据齐普夫定律和卢恩假设,研究了提高检索效率的途径,设计了一个很有意义的检索词加权法。检索词加权就是给每一个检索词分配一个与其在文献中出现频率直接相符的权值。把这种方法推广到整个文献集也是可能的。一个文献词表通常服从齐普夫分布,也就是说,如果我们统计每个检索词在多篇文献出现的频率,再按频率的递减顺序排列这些词,我们就能得到齐普夫定律的双曲线图形。如果有 N 篇文献,一个检索词在一次检索中涉及其 n 篇文献,那么给予这一检索词的权值为:

$$\log(N/n) + 1$$

权值的大小,反映检索词重要性不一样,因而就区别了检索词在检索中的不同地位。无疑选择权值高的检索词,便可以得到良好的检索效果。

七、文档的构成

文档的构成与语言文字有很大关系,开展这方面的研究工作可以利用文献计量学法。目前的文档是由一条条记录组成,一条记录就代表着一篇文献,并按文献的不同特征描述分成不同的字段。字段按其属性分为著者字段、篇名字段、主题字段等。无论何种字段都是由词组成的。建立检索系统时,一般都采取倒排挡。一个倒排挡如作者倒排挡的大小,不仅取决于有记录中作者字段内不同作者的数量,也取决于这些作者出现的总次数。也就是说,这不仅取决于入挡项的多少,还要考虑同值词出现的频次。不论哪一种倒排挡,词频都是杂乱无章的,但可以按照齐普夫定律把每一个描述性质的词,依其出现频次递减地排列,形成不同的等级。假定在整个数据库中某一种字段共有 D 个不同的词汇,总出现次

数为 N, 第 r 等级词出现的次数为 n, 那么便有:

$$P_r = \frac{n}{N}$$

$$n = NP_r$$

P_r 是随意从有关文字段中抽取的描述 r 等级属性值的词, 即是 r 等级词的概率。应满足:

$$\sum_{r=1}^{D} P_r = 1$$

通过研究发现, 在一个倒排挡中入挡词出现的频率近似地满足于:

$$P_r = A/r$$

A 值是常数, 近似为 0.1

上述公式与通常的齐普夫定律公式:

$$f_r = c \qquad (c \text{ 为常数})$$

可以说是等价的, 说明文档中的词频特征与齐普夫定律是相同的。通过计算(是很复杂的)可以求出文档所需的存储量。

文献计量学本身在日益发展, 作为一种研究方法, 其应用范围和形式亦在不断地扩大与变化。应用这一方法时, 要注意以下几点:

第一, 文献计量学名为计量的学科, 在"计量"这一概念上应具有科学性。值得注意的是"计量"的科学性不一定全等于精确性。如同欧姆定律一样地认识和理解布拉德福定律, 就可能令人迷惑不解。譬如, 当年布拉德福本人叙述他发规的文献现象时说:"……这时核心区和后继各区中所含的杂志数成 $1 : a : a^2$ 的关系。"是时 a 约等于 5。就以他本人的数据来看:

区	杂志数量	论文数量
1	9	429
2	50	419
3	258	404

可见三区的论文数量并不相等,最大误差为5%;同样,9：50：258＝1：5.5：（5.35）²。所以文献计量学方法的"量"绝然不可能像物理世界因果关系"量"那么精确,只能是近似的。文献计量学是反映文献的某些特征值的,但社会上文献的出没与演化本身就是不确定的,是一种偶然现象,因而文献计量学中量又是随机的。人类的情报过程其实就是人类的大脑对关注事物进行模糊识别与判断过程,表现在文献上也是如此。所以查找文献,判断文献的相关性的过程,除了有主观方面,也有不明确方面,因而文献计量学的量又有其模糊性。

总之,对待文献计量学中量要考虑其近似性、随机性以及模糊性。

第二,如前所述,文献计量学的主体是几个经验规律,这些经验规律的局限性是不言而喻的。因而用作方法时,要讲究需要与可能,不能无条件地照搬。譬如,齐普夫定律在低序词时便失效。如果研究低序而高频词时,就应该使用业经修正、改进的齐普夫第二定律。齐普夫第二定律表明正文长度与常数c无关:

$$I_u / I_n = \frac{\alpha}{n(n+1)}$$

式中：I_n 出现 n 次的词数。

I_1 出现 1 次的词数。

以上情况说明,某些经验规律的局限性需要不断的修正与改进(这当然是文献计量学本身的任务)。作为方法加以应用时,不能勉强,要变通,要注意可行性才好。

第三,要注意时间与空间上的限制。这些经验规律在形成过程中,基本上是样本变量大,时间跨度久远,这是其所以足以得出结论的重要前提。如果不具备类似的空间与时间条件,那么这些定律就要受阻。以洛特卡定律而言,只是物理学领域的奥尔巴赫的数据才符合平方反比关系。因为奥尔巴赫的数据选自1900年以前,物理学领域出现的 1325 位科学家及论著。美国国会图书馆和伊利诺大学图书馆用洛特卡的方法对专著进行统计研究。伊利诺大学的统计数据覆盖了有史以来的所有著作及其论著,而国会图书馆的统计数据只是十几年的书目。前者严格符合洛特卡分布,后者并不严格。如果所研究的对象,由于提供的空间与时间都不尽符合要求,那么有些定律便会失灵不准。譬如,作者在研究我国物理学领域内科学家著作能力时,由于时间短促,样本容量小,即使有也不可能采用洛特卡的方法。结果发现不同作者数量的论文是呈泊松分布的[21]。

为了使文献计量学切实地发挥研究方法的作用,必须核对研究课题,核对已有的资料或估计可能收集到的资料,才能决定是否采用某种方法。

第四,要正确地运用数学工具。文献计量学之所以能叫作"计量",无疑是启用了数学和统计方法之故。但是数学也只能是工具,它只有与一定的文献现象相对应、相联系才会有意义,否则它出现在文献计量学中犹如无源之水,无本之木。这就是说数学在文献计量当中要有所寄托,不能唯数学而数学[22]。应当说数学在图书情报学中的应用是非常广泛的,几乎没有一个学科象情报科学一样,涉及的数学领域这么宽广。数学所以在图书情报学中有如此广泛的应用,除了图书情报学本身具有可定量化的内在属性外,还由于数学本身具有工具性。如果数学不是作为手段——仆人来使用,反而喧宾夺主地成了主人,就会有故弄玄虚之咎了。数学不能发挥出真正的作用,文献计量学也只能是高阁之物。文献计量学的发展除了要有文献理论的推动之外,主要还要看数学的进步。譬如,齐普夫定律直到以夏农(1948 年)为首奠定的研究信息的计量、传递、变换和储存的信息论问世后,有了合适的数学工具,1952 年法国人芒代尔布罗(Mandelbrot)才把齐普夫定律公式修改为:

$$f = c(r-a)^{-s}$$

式中：s 和 a 是两个辅助性常数。a 的目的是要使低频率词规律与公式相符，而指数 s 是要使高频词规律与公式相符。这便很雄辩地证明，只有数学的进步，才能促进文献计量学的进步。

总之，要正确地运用数学，既不要有成见的排除，也不要无所顾忌的滥用。注意数学符号对应的文献意义，要及时引进数学的新成果，以增强文献计量学方法的手段性和实用性。

第四节　综合举例

关于文献计量学法的具体应用，我们在以上的叙述中，间或已经列举一些实例。但是就具体应用来说，那是不完整的，难以令人综览全貌。下面再系统地模拟一次文献计量学应用的实例。

一、课题分析与方法选择

既定的研究课题是，一个情报中心或图书馆的经费有限，只能订购某一专业领域期刊的一部分，需要研究的是该情报中心或图书馆应订购哪些期刊？又有哪些期刊应从中采取复印的办法来解决？

这一课题是今天任何一个图书情报机构都已实际上碰到的问题。问题的实质是如何科学地运用经费，合理地选订期刊，正确地搭配好订购与远距离复制的问题。为此，必须把经济与技术两个因素综合考虑，求得一个最佳平衡方案。

关键是要具体回答出"哪些"，而不能概略地指出某"一部分"。所以用文献计量学的方法进行定量分析最为理想。另外，这一课题的研究对象是期刊出版物，期刊稳定而且容量固定。也正因如此，半个世纪以前，布拉德福才以此为主体来讨论文献的分散规律。本课题的对象也是期刊,就可以直接使用布拉德福分布方法。舍此之外,采取其它方法其结论恐难以定量,即便是定量的也颇为复杂和繁琐。

二、具体展开

首先选择该领域内一个文摘杂志,分别统计各种来源期刊被摘储的条目,然后按它们量的多少排序,并绘制出布拉德福曲线。再计算各个参数,写出可以进行运算的布鲁克斯解析式。

1968 年布鲁克斯(Brookes B. C.)用两个数学公式表现了布拉德福定律:

$R(n) - \alpha n^{\beta}$ $(1 \leq n \leq C)$

$K(n) = K1nn/s$ $(C \leq n \leq N)$

当 $N \to \infty$ 时,$K = N$,故

$R(n) = N1n\ n/s$

N 为最后一种期刊的等级,K 为直线的斜率,$R(n)$ 为 n 级期刊的累计载文量,s 为参数。

以图 2-1 而言,据表 2-12 可知:

第一级期刊——IEEE Trans·on PAS(IEEE 动力装置与系统汇刊)载文量为 881,则 $\alpha = 881$,$R(4) = 2062$,按 $R(4) = 881.4^{\beta}$,求出 $\beta = 0.61$,在直线部取二点:$n = 16$,$R(16) = 5191$,$n = 85$,$R(85) = 10014$,解联立方程,可得出 $K = 2887$,$s = 2.65$,这样布鲁克斯的解析式可写成:

$R(n) = 881n^{0.61}$ $(1 \leq n \leq 16)$

$R(n) = 28871n$ $(n/2.65)$ $(16 \leq n \leq 128)$

假如经费拨款为 1.8 万元,由于 $K = N$,可大致估计到,有关电力科学文献的所有期刊约有 2,900 种左右。如果一份外刊平均定价为 80 元,则订全部期刊为 $2900 \times 80 = 232,000$ 元,即 23.2 万元。而目前拨款只是订全期刊费用的 7.75%,但由于文献在期刊

中的"堆加"效应,虽然 7.75% 的 1.8 万元只能订 18000/80 = 225 种期刊,但 225 种期刊的载文量却很大:

$$R(225) = 28871n(\frac{225}{2.65})$$

$$= 12822(篇)$$

全部文献量为:

$$R(2887) = 28871n(\frac{2887}{2.65})$$

$$= 20189(篇)$$

可见 225 种期刊提供的文献量却为全部文献量的 64%,亦即经费只有 7.75%,可订阅的文献量已达到 64%。

进一步设想,如果在经费不变的情况下,可否再降低订刊量,实行远距离复制,以求经济上可以支付全部文献的收集呢? 如果平均获得一份复制文献为 0.6 元时,则可按下求得适宜的订刊量(n):

$$A \cdot n + B \cdot (N1n\frac{N}{s} - N1n\frac{n}{s}) = f \cdot AN$$

式中:A 为每一种期刊的平均订价,本例为 80 元。

    B 为一份文献的平均复制价,本例为 0.6 元。

    N 为总的期刊量,前面已算出为 2887。

    s 为参数,前面已算出为 2.65。

    f 为经费的比率,本例为 7.7%。

$$80n + 0.6(28871n\frac{2887}{2.65} - 28871n\frac{n}{2.65})$$

$$= 7.7\% \cdot 80 \cdot 2887$$

$$n = 160$$

三、结论

通过以上分析与计算,可以得出以下结论:

1. 当只给定经费 7.7% 时,可以订购 225 种期刊,提供的文献量 12,822 篇,为全部文献量的 64%。

2. 如果企图收集全有关电力科学文献 20,189 篇,那么可以降低订刊量,只订 160 种即可,也就是全部有关电力期刊 5.5% 能提供文献量 11,838 篇,为全部文献量的 58.6%。

3. 订购 160 种期刊需经费 1.28 万元,所余的 0.52 万元,可以用来远距离复制文献 8,000 篇左右。

据此可知,利用文献计量学法选择期刊是较为简便的,只要作一些基础工作,就可以顺利地展开,而且结论也是鲜明而清晰的。

参考文献

〔1〕a. Daniel, O. Connor 等:Empirical Laws, Theory Construction and Bibliometrics, Library Trends, vol. 30. No. 1, 1981, P9—19.

b. M. Carl Drott, Bradford's Law: Theory Empiricism and the Gaps between, 同上, P41—51.

c. Wlliam Gray Petter, Lotka's Law Revisited, 同上, P21–27.

d. Ronald E. Wyuys, Empirical and Thoretical Bases of Zipf's Law, 同上, P53—63.

〔2〕(英) Brookes, B. C. 著,王崇德等译,王勇校,情报学的基础(二):定量的侧面:类与个体的反映,情报科学,1983 年,第 5 期,81—95 页。

〔3〕王崇德,张世华,期刊订户的分布,情报业务研究,1985 年,第 2 卷,第 2 期,97—102 页。

〔4〕(苏)马德列夫,B. M.,科技文献"老化"的定义和过程的实质,国外图书情报工作,1984 年,第 1 期,10—17 页(赫彦生、金恩晖译)

〔5〕Burton, R. E., Kebler, R. W., The halflive of some Scientific and technical literatures, Amer. Docum. , 1960, vol. 11

〔6〕Мотычев, В. М., Сущность показателя полужизнь, научной литера-туры, НТИ, 1982, No. 6.

〔7〕王崇德,科技文献半衰期的计算,图书情报工作,1983 年,第 5 期,7—10 页。

〔8〕龚义台,科技期刊文献的老化——生物化学文献引文分析,图书情报工作,1982 年,第 2 期。

〔9〕King,D. M. ,Scientific journals in the United states,Hutchison Ross Publishing Company,Pennsylvania,1981,P62.

〔10〕邓珞华等,图书情报数学,东北师范大学出版,1983 年,10 月,第 159 页。

〔11〕津田良成,图书馆·情报学概论,劲草书房,1984 年 1 月,第一版,第 48 页。

〔12〕《世界图书》,1985 年,第 3 期,45 页。

〔13〕上田修一,仑田敬子,Keyword、descriptor、non——descriptor、indentifer、freeword,ドクソンテーション研究,35(2),1985 年,90—92 页。

〔14〕王崇德,期刊论文标题信息化动态研究,情报科学技术,1985 年,第 2 期,8—13 页。

〔15〕王崇德等,叙词统计在科研管理上的应用,1985 年(内部资料)。

〔16〕王崇德,单一作者的论文为什么不能消失,陕西科技情报工作,1983 年,第 3 期。

〔17〕白德良,三国四种专利文献利用年度初步分析,情报学刊,1984 年,第 4 期,47—52 页。

〔18〕King,D. W. ,Lancaster,F. W. 等,Statistical Indicators of Scientific and Technical Communication(1960—1980)Vol. 2 a research report,RecIville,Maryland,King Research,1976,P455.

〔19〕UPESCO,Core List Journal in Engineering,PG1/79/WS/13,1979,10.

〔20〕沈关龙,电力期刊文献分布规律初探,情报学刊,1984 年,第 2 期,31—33 页。

〔21〕王崇德,科学论文作者的分布,情报学报,1982 年,第 2 期。

〔22〕王崇德,数学的贡献与危险,情报科学,1982 年,第 6 期。

第三章 引文分析法

同文献计量学方法一样,引文分析(citation analysis)也是图书情报学的一种特殊研究方法。如果说文献计量学方法是以文献本身直接与间接的特征为出发点,那么引文分析方法的出发点只有一个,就是引用与被引用文献——著文和引文。有人把引用文献索性看成既是文献外部又是内部的本质特征。所谓引文分析就是利用图论、弗晰数学、数理统计及其它数学、逻辑思维方法,对科技文献的引证或被引证现象和规律进行分析,以便揭示出它们所蕴含着的研究对象具有的特征或者对象之间的关系。引文分析特别是自本世纪六十年代初以来,由于《科学引文索引》(SCI)的创办,已成为一个有相当深度与广度的情报学分支。在图书情报学领域内它可以说是一种具有特异功能的方法。许多苦于没有适当研究方法的问题,由于采用引文分析方法而圆满地解决了。

第一节 引文分析方法的特点和性能

一、引文分析的概况

科技文献有一个约定俗成的书面表现形式,就是在文章的最后,与正文对应地罗列出引用文献(一般亦称参考文献)。引用文献就是著文援引或涉及已知事实时,标记出构成其来源或出处的那些文献。目前,文献引用制度正日益健全与完善,引用文献已成为科技文献必不可少的组成部分[1]。最早是格罗斯(Gross)等人开始进行引文分析的。1927年他们对《化学教育》杂志刊登文章的引用文献进行了研究,把引用文献所在期刊通过其上的文章被引用频次排序,便得到一个期刊顺序表。由于期刊登载文被引用频次的不同,各种被引用期刊(通过引文体现)对《化学教育》这一主题来说,重要性也就不一样。格罗斯的引文频次分析也叫做一次引文分析法,这是为了区别检索工具摘储文章的二次引文分析法。

真正对引文分析有承上启下贡献的是美国费城科学情报研究所的加菲尔德(Garfield E.)。在他还是一名图书馆助理馆员时,就开始构思一种新颖的检索方法——引文索引法。在1953年召开的一次科学文献机器管理讨论会上,他透露了这一想法,几乎没有引起什么反响。倒是有一位退休的出版商向他介绍了一本法律业务工具书——《谢泼德引文》(Shepard´citation),这对他大有启发,他的构思立即成功地实施了。《谢泼德引文》是以联邦法院和州立法院的案例为条目,在每个条目列出参照此案的案例,显然这是为寻找判案先例而设计的。至于案情如何,那应到报导这一案例的州立法院报告去查阅。这样的编排全然不顾及案件属于哪种类型,而是通过引用和被引用的关系,把案例联结成一个网络[2]。

1955年加菲尔德系统地提出了用引文索引检索科技文献的方法,向传统的分类法和主题法提出了挑战[3]。1961年加菲尔德用计算机列举出自89万篇著文的130余万条引文,编制成《1961年遗传学引文索引》,博得广大科学家的好评。一致认为引文深刻,独特地反映了科学文献脉络,比传统分类法的视野要开阔得多了。1963年包括各种学科的《科学引文索引》(SCI)单卷本终于诞生了。1964年开始出季刊,进而改成双月刊,目前是月刊,全年十三本。1973 年又开始出版《社会科学引文索引》(SSCI),1978 年又出版了《艺术和人文科学引文索引》(A and HCI)。以 1978 年为例,它收集了 41 个国家的 3,956 种出版物,其中期刊 2,572 种,图书、科技报、会议录和专利 1,384 种。较其它检索工具相比,它具有较大的参考价值。譬如,1981 年《SCI》报导有关干扰素(inter—ferun)的文献 653 篇,而美国的《化学文摘》为 504 篇,《生物学文摘》为 528 篇,专门报导医学文献线索的《医学索引》也只有573 篇。此外在《SCI》又增加了按期刊登载文献被引次数多少顺序编排的名称表——《杂志引文报告》(JCR),以及按各种期刊引用与被引用时作出的期刊半衰期。

应当提及的是,著名科学学家和科学史学家普赖斯在引文索引基础上,发展了引文分析技术[4]。

目前作为情报学一个重要分支的引文分析,主要沿着三个方向向前发展:第一,从引文入手,主要用于评价期刊和论文。其次,从引文之间立体网络关系着眼,研究将这种关系用于揭示科学发展沿革、历程和前景。第三,进行引文分析反映主题相似性的研究,主要用以考察科学结构和进行文献检索。作为一个研究方法,它主要追求卓有成效的实际应用,同时积极创建新的分析技术,注意移植图论等技术方法。

二、引文分析方法的特点

作为一种研究方法,引文分析确有一些独到之处,这些特点促成它有良好的方法论性能,研究这些特点使我们能更好地认识、理解和掌握引文分析。

1. 引文是普遍存在的

引文分析的素材是引文与被引文。由于科学劳动中相互借鉴、继承、参考是不可避免的,所以引文也一定比比皆是。以期刊论文来说,全世界范围内约有 90% 以上的科学论文附设了引用文献,平均每一篇文献具有引用文献 15 篇。我国目前 88% 左右的重要科学论文带有引用文献,平均每篇中文科学论文有引用文献 8.9 篇,对部分科学院学部委员的引文统计,他们的论文平均引文量约为 12 篇[5]。约有四分之一的论文未被引用过(指《ＳＣＩ》收录的期刊论文而言),平均每篇文章被引用 1.8—2.0 次[6]。再以图书而论,图书也日渐附书末索引。目前西文图书附书末索引的已达 94%,日本图书达到 90%,我国图书索引的设置尚未引起足够的注意,只有 20% 左右[7]。

引文现象的普遍出现和存在,无疑增加了这一方法的广泛适用性,甚至应用到无所不到的程度,也就是说凡是有引用文献之处,就可见引文分析之功。由于引文分析不要求其它的先决条件和辅助条件,所以也更简便易行。研究的深度、广度可以大小由之,完全可以主观控制。总之,这个方法的使用极少限制,几乎可以无条件的应用。

2. 引文是记录可查的

由于引文都醒目地按在正文中出现的先后顺序记录在文末,所以它具有鲜明直观的效果。它出现的"地域"固定,更增加了这种直观感。所以引用文献容易辨认,便于掌握,整理也不必花大精力。引文一经记录下来,其他人就无法改变,因此对待引文也不能产生主观的分歧。这都使引文分析准确而又易行。

同时,引用文献的记录形式也趋于统一,有相应的国际和国家标准作出了统一规定。引文著录格式的统一与规范,使引用文献反映出的信息深度大体上一致,也给引文分析带来了方便和易于展开。

3. 引文是有丰富内涵的

从形式上看,著文与引文的关系无非是引用与被引用,这种关系既是简单的联系,又是一种特殊的逻辑关系。如果深究一下便会发现,引文与著文之间的亲密关系是有深刻涵义的。这是由于

多种多样引用动机所造成的。加菲尔德曾分析文献被引用原因,不下十五种[8]:

①. 寄先驱者学术成就以敬意。

②. 对已有的成果表示赞赏与褒扬。

③. 核对已经应用过的方法和仪器。

④. 提供著文以外的、更为广泛的阅读资料。

⑤. 对自己以前工作的修正、补充和深化。

⑥. 对他人的工作加以反驳、批判与更正。

⑦. 评论前人工作的成效,优点与缺点,成就与不足。

⑧. 为自己的主张提供文献依据和支持。

⑨. 展望前景。

⑩. 对不良的传播、不适当的引用和该引而未引的文献,进行澄清。

⑪. 鉴定实验数据和理化常数。

⑫. 核对引文中某一个主张或概念,业已被讨论过。

⑬. 核对原始资料中或其它著作中的起因人物的一个概念或一个名词。

⑭. 承认他人的工作或观点。

⑮. 对别人要求优先权提出争议。

可见引文虽然在形式上是一致的,但内在的动机和目的是参差不齐的。这样一个复杂的背景,便可令人们从引文入手,来剖明人类情报行为中各种目的和意愿。引文分析可以帮助我们查清情报活动中人与人之间的细微关系,不过这是费时费力的。

4. 引文是可以反映自我反馈的

一个人、一个小组乃至一个组织的科学劳动是连续的,记录下来的文献就是每个阶段成果的反映,为了表示科学劳动的延续和衔接,在引文行列中常出现引用作者自己的著作,亦即著文与引文的作者一致,这种引用现象叫自引。自引体现着科学技术的自我

57

反馈,这是很独到也很别致的。在引文分析中把著文与引文融为一个主体的自引行为分成两种形式,其一是直接自引,它亦叫做同步自引(synchronos self citation),系著文的自引中直接出现了著文作者本人的著作;其二是间接自引,也叫异步自引(diachronous),系著文的引文中有他人之作,但他人之作又引用了著文作者之文献[9]。细微至个人,扩展到期刊、学科、组织机构、国家都有自引现象。自引现象使我们在考察文献主体涉及自身时,不必通过内容分析来泛泛查证,只要按着著文的正面标注,有的放矢地考核引文即可。自引同时也勾勒了本身前进、发展的足迹,实际上是自身一份里程表和日程表。这种独特形式在其它方法中是看不到的。

总之,引文分析方法至少具有广泛应用,直觉客观,反应个性和自我反馈等特点。

三、引文分析方法的性能

引文分析方法的性能是受其本质所决定的。主要有以下四点:

1. 长于探讨微观科学结构

什么是结构呢? 简言之,就是一个系统的诸因素相对稳定的组织形式。情报科学是一个系统,自然也是有其结构的,科学家贝尔纳在评论科学的一般结构时断言:"科学发展的一般模型……与其说类似于树,倒不如说更近似于网",或者说"像网一样的交织物","而线的交织点、结点则表示各学科的生长点"。在这种情况下,"网处于不断编织的过程之中"。这就是说科学研究每前进一步,都要产生一批重要的论文,这些论文就是贝尔纳所说的交织点,"网处于不断的编织过程之中",即是说,科学的结构越来越复杂。引文分析用以描述这种"结网"过程,也就是探索微观科学结构可以说是无与伦比的。否则那是殊难体查的。

科学论文的引用就是对前人与同代人成果的利用,著文和引文的基本形式就是时间序列,次生形式是聚类,两者的综合是引文网。引文网可以看成是微观科学结构的投影,是微观科学结构的骨架。从引文网着手探讨微观科学结构是一条捷径乃至唯一可行的途径。目前,大都应用图论技术来表现引文网,并且以此来体现微观科学结构。

(1)引用时序网状图。

如果用圆代表"结点"(引用与被引用的论文),按着时间先后编以序位,用联线代表关键问题之间的引文关系,便可以绘出引用时序网状关系图。普赖斯当年曾绘制了"基因代码"时序关联图。引文网与这一领域科学发展实际沿革与历程是完全吻合的。这种图对某一时期科学发展的具体细节,可以描绘出一个清晰的轮廓,同时还可以实现编图计算机化。

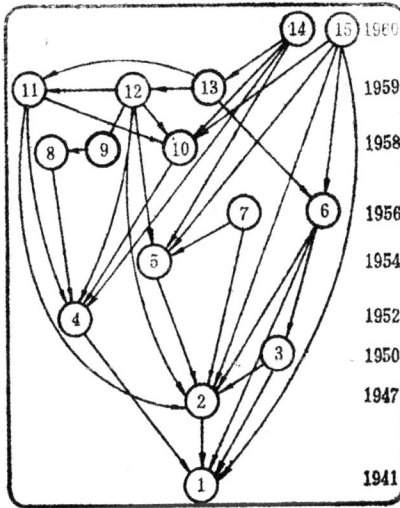

图3-1 核酸引文时序网状图

图3-1是加菲尔德等人根据15篇核酸论文编制引文时序网状图。从中我们可以看出文献②⑩都是处于重要的"结点"位置

上。核酸从 1941 年到 1960 年二十年间的发展脉络,很清楚地表现出来了[10]。

这种描述微观科学结构的方法,完全可以应用于图书情报学研究,以素享盛名的布拉德福理论来说,如果从 1934 年布拉德福本人的"专门领域里的情报源"为起点,半个世纪来已有论文 300 余篇(可能不全面),描绘其时间序列引用关联图,一定可以显现这一理论开发的历程,显现出其微观结构。其中,维科里(Vickery)、布鲁克斯、莱姆库勒(Lmimkukle)、格罗斯(Groos)等人的著作一定处于结点上。

(2)静态引用网状图。

当一个专业的文献,由于同时被引用而得到彼此之间的聚类。如果规定同被引的阈值,就可以把许多看上去关系不大的文章加以聚类。也可以如同图 3-1 那样,把这些聚类之间关系表现出来,只不过因不再是一篇文章,而是同被引的一类文章(有时是系列),这种图就是静态引用网状图。如果考虑图书情报学的背景学科时,就可以建立基于同被引的聚类,再绘制形象化的静态学科引用网状图,便能明显地找到其背景相关学科。

(3)动态引用等高线图。

以点代表文献,点旁的文字为著者及发表的年代。各点之间的距离因它们的同被引强度而定。同被引强度越大,点距离越近,等高线的高度正比于每篇文献的被引用次数。

此外,尚有框图和二维空间图等。

2. 善于综合与归纳文献。

引文分析方法具有良好的综合与归纳文献的能力,这是由这种方法的本质所决定的。当年加菲尔德在构思引文索引时,文献工作的形势是,第二次世界大战后,三十年代中的一些高精尖的科学成就显示出巨大威力和活力,新兴学科纷纷出现,传统的学科也面貌一新。各个学科之间的横向转移,纵向延伸,多向交叉异常活跃,这便向科技情报工作者提出了新课题。譬如说,电子学杂志上登载一篇讨论某种反馈机构的文章,控制论专家和应用数学工作者,都有可能会感兴趣。同样,神经生理学家也会欢迎,哲学家们也可能会注意。但是,这篇文章照传统的观点与方法,只能被有关电子学的检索工具摘储,而其它文献刊物是不会收进的。如果把这种显露或隐含的相关文章都收录,那是这一领域文摘杂志难以承受的。正是这种进退维谷的局面,才一直激励着加菲尔德去开发这种新型的检索工具——引文索引。

引文索引恰是旨在克服上述困难应运而生的,随之产生的引文分析自然也就具备较强的综合、归纳文献的能力。引用回避了其它的关系,唯引用是举。这样就可能使看上去毫不相干的学科文献,因为引用了同一篇文章而相序为伍。这本身即便不是上述那种错综复杂关系的本质写照,也是那种错综复杂关系的某种表面反映。通过引用这一脉络,可以顺藤摸瓜穷尽所有相关的文章,查全率与查准率都是先天就有保证的。正因为如此,引文分析方法可有较大的网罗能力,通过引用这一简单的关系便能多方面的综合文献,控制文献。只要有引用发生,兼收并蓄各方文献就成为可能,这是其它措施远远不及的。

譬如,本书作者曾对 1982 年《哲学研究》等二十种期刊进行调查。来源论文为 266 篇,其中有 48 篇文章都曾引用过波普尔的文章——"没有认识主体的认识论"。这 48 篇文章分属于哲学、政治经济学、自然辩证法、历史、物理学、化学、生物化学、系统工程、图书馆学、情报学,新闻学等十一个学科。这就是一篇文章综合多学科文章的能力体现。如果若有中文引文索引的话,在一篇文章的带动下,所聚集的文献便可一览无余了。

3. 有利于进行由表及里的内容分析。

文献引用是有外表标记的,这种标记除了出示引用这一实例外,还为我们指示了分析相关文献内容联系的部位,人们利用引文现象除了查证文献之间有无联系外,还可以进一步进行实质性分析。由于所分析的范围圈定了,分析的目标明确了,这样便减少了摸索判断的时间与精力,引文关系就有助于由一点而入,实施由近及远由表及里的内容分析。此外,引文又是一个可以连续回溯的途径,即可以从引文查找引文,使这种文献分析既可以纵向加深,又可以径向膨胀,深入而又开阔地进行内容分析。文献[11]引用了文献[12]、[13]、[14]、[15],这是什么原因呢? 它们的内在联系是什么呢? 引文关系肯定了这五篇文献的外表联系,形式与内容应尽量是统一的,也一定有着某种原因的内容关联,这要经过由表及里的分析才能得以解决。文献[11]是讨论布鲁克斯情报学定量方法的文章,布鲁克斯是非常推崇布拉德福的等级分布原理,认为它是人类社会现象统计的基本手段。它所引用的另外四篇文章,是一个原理的不同表述和反映,尽管形式不一样。

例如,等级分布原理被文献[12]说成是"马太效应",文献[13]说成是"成功之成功",文献[14]说是"最小省力法则",文献[15]称之为"付和雷同型"举动。尽管说法各异,通过本质分析,可以发现这些文献所讨论的原理是一个。当然,这也反映出客观世界的和谐。著名学者李政道说,宇宙是一个宇宙,原理是一个原理。由于起于外表上的联系,我们可以提纲挈领地进入内容分析。这样不但效率高,也更容易抓住实质。

4. 适于定量化分析

一般地说,引文分析也从属于文献计量学[16]。这是因为这个方法天然地具有可定量化的有利条件,引文分析可以有时又是必须从量化的形式来体现。它除了采用图论技术外,还采用数理统计方法来表现引用关系,所以目前引文分析基本上离不开"数"与"形"的形式。其原因在于引用关系的各种"量",易于统计也易于加工处理。以《SCI》来说,"数量"与引文几乎是不可分的,只要涉及引文,就一定附有数量。加菲尔德对生命科学 1981—1982 年内被引次数最多的论文 104 篇(均发表于 1981 年)进行分析,"数量"贯彻这一分析的始终。这 104 篇论文两年内平均每篇被引用 68 次,1981 年平均 11 次,1982 年平均 57 次;被引最高者为 156 次,最低者为 48 次。可以说没有数量引文分析也会黯然失色的[6]。

第二节　引文分析方法的测度

随着分析对象的不同,引文测度(citation measure)也有所不同,主要有以下七种:

一、引文率

这是衡量参照、吸收文献能力的一个相对指标,引用率可以用至大到衡量一个国家的引文能力。它的计算都必须从一篇一篇文献累计算起。譬如,对于期刊来说,就是参考文献(reference)除以载文量,即:

$$引文率(1) = \frac{参考文献}{载文量}$$

有时,期刊引文率可以表示平均值,即:

$$引文率(2) = \frac{平均引用的期刊数}{平均每刊的载文量}$$

我们可以根据文献[17]提供的数据来进行计算。文献[17]的作者曾作过建立中文科学引文索引的尝试,他将 1980 年出版的自然科学重要期刊 132 种(554 册),其中数学学科为 7 种(27 册)进行了统计。总计发表文章 7,658 篇,其中数学 334 篇。共有引用文献(即参考文献)58,846 条,其中属于期刊论文 10,405 条,其中数学 339 篇,发表在 755 期刊上。据此:

$$引文率(1) = \frac{58846}{7658} = 7.7$$

引文率(2)计算中所要求的数据尚需整理一下：一种期刊引用的期刊数，平均为755/132 = 5.7，每种期刊平均载文量为7658/132 = 58。

$$引文率(2) = \frac{5.7}{58} = 0.1$$

同理，引文率亦可以扩展到更大范围。譬如利用上面数据可以计算数学学科的引文率：

$$引文率(数学) = \frac{339}{334} = 1.0$$

引文率可以用来比较期刊、学科、机构、国家的引用文献的能力。虽然不能说引文率高就算情报能力强，但是引文率低情报能力低是无可否认的。

二、影响因素

影响因素（impact factor）亦称效果因数，它是用以比较期刊重要性（从引文角度而言）的测度。它同平均引文率有其相同之处，两者出发点都是要消除期刊中，诸如刊期、容量等不可比因素，均按每篇文章计。但是两者区别是，引文率的考虑文献和载文量没有时间限制，影响因素必须在规定的时间范围内。普赖斯认为科学论文发表两年后达到最大值，加菲尔德便把影响因数的时间限制推前两年。现在看这是不无偏颇之处的[18]。一般可以表示为：

$$影响因数 = \frac{指定年度引用某刊前两年文章的总次数}{前两年某刊所发表的文章总数}$$

以1985年为例，影响因数可以表示为：

$$I_{m1985} = \frac{1985\,年引用某刊84\,和83\,年文章总次数}{1984\,年和1983\,年该刊发表文章总次数}$$

影响因数是一个与时间有关的量度，表3-1就是几种重要昆

64

虫学期刊逐年浮动的影响因素[19]。

表 3 - 1　影响因数逐年变化表

刊名	1980 - 1981	1979 - 1980	1978 - 1979	1978 - 1977	1977 - 1976
昆虫学年评	4.75	6.49	5.00	3.11	3.68
生态昆虫学	1.25	1.30	1.30	1.15	0.99
实验与应用	0.67	0.88	1.19	1.08	0.58
环境昆虫学	0.72	0.95	0.91	0.86	0.82
昆虫生物化学	1.48	1.68	1.35	1.18	0.97

三、自引率

自引率(self—citing rate)是本体引证本体的一种量度。本体可以是一个人、一个学科、一种期刊、一个机构乃至一个国家。引文中出现本体著作的比值就是自引率。某一学科的科技文献引用了本学科的文献，就是学科的自引。学科自引率的大小可以用来评价学科稳定与开放程度。我国的实际数据是，数学自引率为52.13%，地学则是71.84%，说明地学的知识来源偏向自给或者排他，亦即不甚开放而有些紧因。期刊的自引就是，刊载在某一种杂志上的论文，引用同一杂志已发表的论文。期刊自引率可以用来分析期刊的报导方向是否恒定，作者队伍的变化情况，用稿和选材是否易于变化……如果期刊自引率高，表明该刊用稿有连续性，前后衔接得频繁，逐渐会形成自己的学术特色，成为报导某一领域科学技术的权威性刊物，机构自引是一个机构署名的文献，又引用本机构的文献。机构自引可用来说明一个机构科研的连续性，选题的稳定性，在哪些领域里坚持开展工作。

四、被自引率

这是一个区分文献被引用现象的一个测度。亦即要反映出被引用中,有多少是被自身引用的。被自引率(Self – Cited Rate)就是一种期刊被本刊引用的次数与该刊被引用的总次数之比。如果根据文献[19]的数据,便可以计算出期刊的被自引率。文献[19]的数据节录于表 3 – 2。

据表 3 – 2,如计算《环境昆虫学》的自引率:
398/1683 = 0.24。

表 3 – 2　几种生物学期刊的有关被自引数据

刊名	被引次数	自引次数	影响因数
经济昆虫学杂志	4,007	764	0.73
昆虫生理学杂志	3,697	488	1.58
美国昆虫学会纪事	2,139	232	0.53
加拿大昆虫学家	1,944	276	0.54
环境昆虫学	1,683	398	0.72
科学	70,867	–	6.81

五、即时指标

即时指标(immediacy index)亦称快指标,是反映期刊文献所引起响应和引用的速度,也就是期刊被引用的快慢程度。表示为某一年期刊发表文章的当年被引用次数除以该刊这一年所发表文章的总数。即:

$$即时指标 = \frac{某一特定年度对该刊当年所发表文章的引用次数}{当年发表文章的总数}$$

六、引文耦合

两篇论文如果同时至少引用一篇相同文章时,便可称它们为引文耦合。两篇文章同引一篇文章称有一个引文偶,同引两篇文章为两个引文偶,引文偶愈多表明两篇文章关系愈紧密。

耦合是发生在两篇著文之间的现象,如果两篇文章在主题上的相关性需要费时、费力才能找出的话,那么耦合在外部形态上就提示了存在着某种联系。这种联系的强弱可用引文偶多少来表征。但是有其局限性。譬如说,A 文有参考文献 10 篇,B 文有参考文献 20 篇,两者共同引用的文献为 4 篇,引文偶为 4。C 文有参考文献 4 篇,D 文有参考文献 10 篇,两者共同引用的文章也为 4 篇,引文偶也为 4。虽然引文偶相同,但是 A 与 B,C 与 D 的亲缘性肯定是不一样的。对 C 文来说,与 D 文耦合度高达 100%,反之对 A 文来说,耦合度只有 4%。所以继开斯勒(Kessler)之后,克列汶登(Chevedon)提出子耦合比例的问题。

引文耦合只是反映论文之间的静态配合。同时即便两篇文章出现了耦合现象,由于引文的动机不一样,因而这种耦合联系也很可能没有什么共同目标。所以引文耦合还是有很多争议的。从方法论的角度,我们还可以把引文耦合再加以推广,还可用之于期刊、学科、机构等相关性的研究上。譬如,两个学科共同引用某一学科文章愈多,说明两者关系愈紧密。根据文献〔17〕数据(见表 3 -3),可以计算学科的引文偶。

表 3-3　各学科(期刊)之间相互引用数据

引 用 学 科 ＼ 被 引 学 科	51	53	54	56	58
数学(51)	208	15	—	3	1
物理力学(53)	12	468	2	7	2
化学(54)	1	4	647	14	12
地质,地理,天文(56)	15	19	21	1867	310
生物(58)	1	1	23	101	1557

数学—化学/物理学的引义偶为 4(以最低引用次数化学为准);数学—生物/物理学的引文偶为 1。

七、同被引

同被引(co-citation)是从文献耦合相反方向来研究文献规律的,同被引是两篇论文一道被其后一篇或多篇文献所引用。引用成对论文文献的数量,被称为同被引频次(co-citation frequency)或称为共被引强度(co-citation sterength)。同被引是使两篇独立的论文,客观地被引用它们的著文作者结成了一对,被引文作者可能尚不知道。它虽然与文献耦合有其相似之处,但两者还是有很大差别的。就已经发表的两篇著文来说,其引文偶合强度已经固定不变了,而同被引强度则随着引文过程的发展,随着引用成对论文文献数量的变化而变化。研究同被引的目的是讨论文献的聚类,也就是利用论文间的同被引关系,来把本来无人为关系的论文"聚"在一起,形成一个"类"。这里,同被引强度是具有共被引关系的论文,可否有资格聚为一类的标准。聚类必须有一个入类标准,也就是要规定同被引的阈值,一般称之聚类级(cluster level)。同被引两篇论文还是最简单的,复杂的是同被引三篇或多篇文章。文献[20]介绍了有人利用《SCI》研究同被引聚类情况。

《SCI》的数据库内共 8,676,000 篇参考文献,被引用于 938,000 篇著文,分散至 2,400 种期刊上,遍及自然科学全部学科。如果把同被引强度分别规定为 3、6、10 时,得到表 3-4(见下页)所示的聚类。

在同被引阈值规定好了时,从表中可知,只两篇文章组成的聚类,聚类数为 71,其被引文章为 71×2=142 篇;同被引 5 篇文章组成的聚类,聚类数为 7,其被引文章为 7×5=35 篇。同理共被引阈值规定为 10 时,两种情况下,聚类数分别为 21 和 3,其被引文章分别为 21×2=42 篇,3×5=15 篇。有 3 篇文章引用了完全相同的 801 文章,亦即 3 篇文章的参考文献中,各自含有相同的801 篇文章。

表 3 - 4　文章聚类分布

聚类所含	聚类数量			被引数量		
文章的数量	3 级	6 级	10 级	3 级	6 级	10 级
2	71	60	21	142	120	42
3	13	17	3	39	51	9
4	9	11	6	36	44	24
5	7	5	3	35	25	15
6	5	2	4	30	12	24
7	1	1	1	7	7	7
8		3			24	
9	2	1		18	9	
10	1	2		10	20	
12	1	1		12	12	
15	1			15		
17		1			17	
26		1			26	
27		1			27	
32	1			32		
41	1			41		
72			1			72
92	1			92		
200		1			200	
801	1			801		
合计	115	107	39	1310	594	193

以上就是引文分析中的主要测度。引文分析的展开其实就是如何运用这些测度,来揭示论证图书情报学的一些规律。

第三节 引文分析方法的主要应用及其注意事项

引文分析本来就是作为一种手段而出现的,它的优势在于检索各种文献。作为一种研究方法也可广泛地用于科学研究之中,哪怕课题是其它学科范围内的,但是其研究本身也不妨可以看成是一种情报过程。引文分析法用于图书情报学领域的科学研究也是很多的,本节将不侧重系统,也不过多地讲究完整,只是扼要地介绍一下引文分析方法的应用,意在说明它的功效,希冀对读者有所启发,以期有举一反三之利。

一、查证科学技术发展趋势

科学研究一直是科学技术发展的主要直接动力,科研前沿的形势是可以给出一个客观的、定量的答案的。为此,就要从科学论文的引用与被引用现象入手,利用科学论文的被引用频次来鉴别。加菲尔德就是采用这种方法,研究 1982 年科研选题与科学技术发展趋势的。1982 年被引用频次最高的 50 篇文献,它们被选自 40 多个国家和地区的 3,000 多种刊物,一百多万(次)著者的 540,000 多篇文献之中。这 50 篇文献发表于 32 种期刊上。详见表 3 - 5。

表 3 - 5　刊载被引用频次文献的期刊[21]

刊名	载文数量	刊名	载文数量	刊名	载文数量
生物化学杂志	9	超微结构杂志	1	生物化学(美)	1
欧洲生物化学杂志	3	酶学方法	1	组织化学和细胞化学杂志	1

刊名	载文数量	刊名	载文数量	刊名	载文数量
自然界	3	免疫化学	1	欧洲免疫学杂志	1
生物化学	2	免疫学杂志	1	美国统计学会杂志	1
结晶学报	2	植物生理学	1	实验设计中的统计原理	1
纽约科学院杂志	2	核酸研究	1	生物统计学	1
美国国家科学院院报	2	加拿大生物化学杂志	1	统计方法	1
细胞生物学杂志	2	斯堪的纳维亚临床与实验研究杂志	1	统计原理	1
分子生物学杂志	2	分析生物化学	1	社会科学统计单元	1
突变研究	1	分析化学	1	行为科学的非参数统计	1
化学物理杂志	1	生物统计学			

从表3－5我们可以看到，索及的有关生命科学期刊17种（占总刊量的53％），文章30篇（占全部文献60％），其中《生物化学杂志》的刊载量最多，共9篇，占18％。被引文文献的生命科学领域论文遥遥领先，说明生命科学是一个带头领域，它是科研前沿最敏感、最有吸引力的学术领域。这与我们常常所说的"信息化时代的重点领域——微电子技术、新能源、新材料、生物工程技术"是十分吻合的。另一个值得注意的迹象是统计学，统计方法的文献被广泛地引用，证明了统计学渗透于多学科的研究之中，以上就

是引文分析以其独特的逻辑方法,雄辩地证明了生命科学是现代化学科中执牛耳者。

作者曾对 1983 年图书情报学的主要论文进行过被引用频次统计。结果发现,图书情报学内被引用频次最多的分支是:情报检索系统,读者需求,一般情报管理等。这就是引文分析方法所查证的结果。

二、考查个人、机构、地区、国家的情报能力

对个人、机构、地区、国家的情报能力的评价标准是多方面的。如果把这种能力概括为两点:一是吸收他人的情报能力;二是自己成果可被他人响应的程度。那么,引文分析完全可以胜任这种考查。通过引用与被引用至少可以从一个角度来评价这种能力——如果不是苛求的话。

加菲尔德对此曾做过大量工作[31]。下面是他评价国家情报能力的实例。他将 1973—1978 年《SCI》的数据,按国别将文献引用与被引用数据加以整理。结果如表 3-6。

表 3-6   主要国家引用与被引用数据

国家	发表文章数(篇) 1973 年	引用数(次)1973－1978 年	平均引用率(%)	被引用文献(篇)	未被引用文章(篇)	被引用百分比(%)
美　国	151939	1047854	6.9	97852	54087	64
英　国	32189	202600	6.3	21387	10802	66
苏　联	24715	40455	1.6	11159	13556	45
联邦德国	20137	93233	4.6	12981	7156	64
法　国	17707	72912	4.1	11069	6638	62
日　本	15569	64160	4.1	10161	5408	65
加拿大	15362	86654	5.6	10688	4676	70
印　度	7888	15515	2.0	4568	3320	58
澳大利亚	6985	38342	5.5	4798	2187	69

国家	发表文章数（篇）1973 年	引用数（次）1973 - 1978 年	平均引用率（%）	被引用文献（篇）	未被引用文章（篇）	被引用百分比（%）
意大利	6012	22276	3.7	3448	2564	57
瑞 典	4989	42078	8.4	3748	1241	75
瑞 士	4483	29078	6.5	2940	1543	66
荷 兰	4114	28415	6.9	2971	1143	72
捷克斯洛伐克	3494	9859	2.8	2207	1290	63
以色列	3199	20788	6.5	2247	925	71
波 兰	2918	7072	2.4	1676	1242	57
比利时	2675	12532	4.7	1772	903	66
丹 麦	2398	18460	7.7	1745	653	73
民主德国	2344	6401	2.7	1463	881	62
匈牙利	2209	5025	2.3	1068	1141	48
挪 威	1850	11200	6.0	1292	558	70
奥地利	1753	5205	3.0	1106	647	63
南 非	1676	5182	3.1	992	684	59
芬 兰	1669	9467	5.7	1162	507	70
阿根廷	1526	4110	2.7	655	871	43

三、分辨学科特征和背景

参考文献就如同人体的分泌物一样，从它可以探视人的肌体，参考文献也可以反映学科特征与背景。假如某一学科界线模糊，背景来源错综复杂，拟加以查清，其方法可能是非引文分析方法莫属。"家政学"一时曾是日本一个颇为引人注目的学科，这一学科依赖于哪些学科呢？在智者见智、仁者见仁的争论中，引文分析方法作出了结论。收集一定量的家政学文章，统计其参考文献的所在学科。根据不同学科参考文献频次来断定，"家政学"的背景学

73

科依次是,社会学、伦理学、神经心理学、民俗学……

在图书情报学领域内,引文分析也有许多成功的应用。图书馆学和情报学是否可以和谐地作为一个整体学科呢?事实表明,如果定性地讨论下去,是可能旷日持久地争论下去的,1980年日本庆应义塾大学的研究小组,开展了图书情报学领域文献构造的研究,提出"从引用文献来看这两个学科杂志的个性",继而追踪到两个学科本身上去[22]。

该小组的方法沿用了纳林(Narin F.)等开发的引用文献数据分析技术[23,24],调查了图书馆学和情报学的引用文献。他们先选定图书情报学的一批文章,然后再统计其参考文献,并把它们按学科加以分类。结论是:

1. JASIS 和 J. Docum 应是情报学中最主要的情报源,Library Journal 应是图书馆学中最主要的情报源。

2. 将情报学的四种杂志(JASIS. IP & M. J D、Aslib)按被引频次由高至低排列时,明显地表现出等级次第;而图书馆学学内的杂志(LJ、CRL、LRTS、LQ、SL、JLA、LT)却是混杂无章的。

3. 图书馆学自引率低,情报学则高。

4. 情报学期刊文章引用期刊文献在60%左右,而图书馆学只有50%以下。

5. 情报学论文40—60%是引用6年内的期刊文献。图书馆学杂志常引用含有多达30%历史性论文的期刊,同时引用含有70—90%最新消息的期刊。

6. 情报学的杂志文献引用图书情报学本身文献不多,而对计算科学、自然科学总论等学科依赖程度较高;图书馆学期刊刚好相反,恰恰严重地依赖于图书情报学的文献。

从两个学科的杂志引文情况可知,两个学科目前还不是十分和谐的,尚各自保存着本学科的性格。

四、评价和选择书刊

图书、期刊的质量评价及选择方法是很多的。如果从它们被引用的情况来评价，至少可以反映出某些书刊令人亲疏的程度，即便不尽全面，但不失为一个方法。

包曼（Bough man）于 1973 年从《社会科学杂志》第 24 卷（1970—1971）和《人文科学索引》中，选出社会学方面的期刊论文 446 篇，它们所拥有的参考文献总数为 11,130 篇，其中有 6,840 种图书。在 6,840 种图书中被引用 2—4 次的有 759 种，被引用 5 次以上的为 99 种。包曼将这 99 种图书称之为社会学最佳图书，因此是每个社会科学图书馆必须购买和入藏的。与此同时，他还发现"格伦科自由出版社"（Free Press of Glencol）是上述最佳图书的主要出版社。该出版社出版了其中的 26 本书，占其总数的 26.16%[16]。

加菲尔德曾把 1979 年出版的《SCI》的 3,722 种期刊，按其被引频次高低，排成了一个顺序表。该表反映出期刊在文献引用方面被响应的程度，但这个期刊表是综合性的，许多学科由于文献量少，被引用频次也存在不可比性，因而不尽合乎选刊需要。譬如，在这个期刊表中，数学、工程学及农业科学期刊序位较低。日本绿川信之等人对上表加以改造，重新组织了数学等六个专业的期刊表[32]。下面列出其评价结果之一的化学期刊顺序表（见表 3－8）。

表 3 - 8　化学期刊顺序表

核心期刊名称 \ 核心期刊发行年份	79	79	53	46	39	39—37	33	26	19	1899
J Am Chem Soc	2	1	1	1	1	3	1		1	4
J Chem Phys	5	2	10	18	4					
J Org Chem	24	3	12	15						
Tetrahedrom Lett	33	4								
J Chem Soc Chem Com	49	5								
Inorg Chem	40	6								
Augew Chem	64	7								
J Chem Soc	51	8	2	3	3	4	3	2	5	5
Chem Ber	65	9	3	2	2	2	2	1	2	1
J Phys Chem	38	10			5		6	6	16	11
Tetrahedron	86	11								
J Organomet Chem	72	12								
Analy Chem	37	13	16							
Can J Chem	83	14								
B Chem Soc Jpn	90	15								
J Chem Soc Dalton	136	16								
Helv Chim Acta	104	17	4	17	15	11	17			
Chem Phys Lett	57	18								
J Chem Soc A	227	19								
Lieb Ann Chem	172	20	6	4	8	6	4	3	3	3
Z Phys Chem			15	13	6	5	5	4	6	7
CR Acad Sci			8	9	4	9	10	5	8	6
B Soc Chim			7			8	16	12	13	14

核心期刊名称 \ 核心期刊发行年份	79	79	53	46	39	39—37	33	26	19	1899
J Biol Chem			5	10			13	8	4	
T Faraday Soc			14	6	9	12	15			
P Roy Soc Lond				20	7	20	12	13		
Monatsch						19	18	16	12	20
自身引用	含	除	含	含	含	含	含	除	含	含
引用累积百分比	3	19.3	43.0	46.7	43.0	37.2	36.0	37.3	42.3	41.8
	5	24.9	55.5	53.3	51.2	47.1	46.8	46.0	51.0	52.0
	10	33.9	69.1	65.0	64.2	58.6	58.5	57.1	66.0	71.3
	20	43.4	78.9	78.3	76.3	71.2	71.8	71.6	77.2	84.2

五、了解情报活动习惯

苏联著名情报学家米哈依洛夫认为,科学成果的总结与发表,也是属于情报行为过程的。科学家在各自的情报活动中,是各行其是的。研究他们情报行为的习惯,可以更好地把握他们的情报要求,尽最大努力来实现对其情报保证,那是非常必要的。引文分析方法就可以搞清这种习惯的细节。

作者曾对中国科学院化学部的 25 位委员化学家(占该学部总委员数的 37%),1979—1980 年发表的重要著作进行引文分析[5]。从中可以发现:1. 以他们为代表的化学基础研究论文平均引文量为 12 篇,这个数值不算高,国外的接近的数据为 18 篇[25]。2. 他们自引频繁,自引率高达 73%,最多的自引量为 7 篇。3. 他们引用文献 54%,出现在正文的序言部分。4. 引用文献语种共有七种,英文为 65%,中文为 18%,德语居第二(8.2%)。5. 引用文献类型中,以期刊为首(78.4%),其次是图书(8.4%),再其次是会议录(3.6%)。他们引用期刊很集中,有以美国化学学会刊(J. Amer. chem. soc.)为首等十种。6. 近五年内的文章被引用得最多,达到24%,十年内的文献占引用文献近50%。

通过以上分析,我们便可掌握科学家们的情报行为习惯,能更好地处理这类情报的供求关系,为此建立起更为有效的情报环境。

六、调查科学劳动的形态

现代科学劳动主要是有组织的合作劳动,其劳动形态如何,通过引文分析可以有所查证。合作的规模多大? 加菲尔德曾利用《SCI》选出1981—1982年被引频次最高的104篇文章,统计这些文章的著者,其中署名3人的论文最多,最高的为14人,详见表3-9。

表3-9　合作文章的比例

著者数	论文数	百分比	著者数	论文数	百分比	著者数	论文数	百分比
1	9	9	6	10	10	11	1	1
2	21	20	7	4	4	12	3	3
3	22	21	8	3	3	14	2	2
4	12	12	9	2	2			
5	14	13	10	1	1			

如果科学合作规模趋于大型化,那么自引将复杂起来。这既是科学社会学的问题,也是有关情报供应的重要趋向。引文分析可以深入地观察这一问题。可以再把自引细分为以下四个子类,如表3-10所示[29]。

表3-10　四个自引子类的内部关系

子　　数	引用文献	关　　系	被引文献
1	第一署名作者	是	第一署名作者
2	合作者之一	是	第一署名作者
3	第一署名作者	是	合作者之一
4	合作者之一	是	合作者第一

为了进一步讨论四个子类,选取了 1979 年农业 237 篇,这些文章总计附有 3,469 篇参考文献。参考文献中有 511 篇文章中的一个或几个作者与 237 篇论文中的作者同名,有 511 篇自引。237 篇文章总计有 615 位作者,每篇文章平均作者为 2.56 人。同样,也选集了发表于 1974 年的防治肿瘤的文献 109 篇,其全部参考文献 2,432 篇中,包括 246 篇自引,平均每篇文章作者为 3.43 人。详见表 3－11。

表 3－11　两个学科领域的自引子类分布

子类	农业文献			肿瘤文献		
	子类数量	总自引的百分比（N＝511）	总引用的百分比（N＝3469）	子类数量	总自引的百分比（N＝246）	总引用的百分比（N＝2432）
1	220	43.05	6.34	66	26.83	2.71
2	152	29.75	4.28	109	44.31	4.48
3	50	9.78	1.44	26	10.57	1.07
4	89	17.42	2.57	45	18.29	1.85
合计	511	100.00	14.73	246	100.00	10.11

从表 3－11 可知,任何一个子类的相对量,除了取决于学科性质外,还取决于科学劳动中的合作程度。低合作规模和高个人能力的一些学科和领域,如数学等会有大量的子类 1 的自引,而且其它子类的自引则很少。自然单一作者的论文绝不可能导致 2 和 4 子类的出现。合作频繁的学科和领域,譬如表 3－11 肿瘤研究中的 1 子类自引,便以低百分比而出现(仅有 2.71%),反之农业领域中合作较少,则子类 1 具有较高的百分比。不言而喻,论文的合作者数目多,形成合作者之一是第一署名作者的机会也愈大,也就是说合作程度加强,第 2 子类的自引比重便增加。

七、探查情报交流的实际情况

科学技术活动总是伴随着情报交流过程而展开的。一般而言,情报交流就是指文献情报的交流。通过文献的引用与被引用的事实。就可以描绘出这种交流的轨迹。

作者曾利用引文分析方法探查了我国省际医学情报交流的情况[27],我们选择了各省 27 种代表医学刊物中的 1,350 篇论文,被其引用交流的文献数量占总文献的 12% 左右。其中上海、广东、天津等省医学文献,被其他省大量引用。这三省、市的医学文献占我国省际情报交流量的 52%,它们是医学文献情报的主要输出者,全国其它省、市、自治区基本上是文献情报的输入者。为此作者提出一个量度——相互对流比:

$$\phi \text{甲一乙} = \frac{\text{甲省被乙省引用的文献数量}}{\text{乙省被甲省引用的文献数量}}$$

若 φ 甲一乙值大于 1 时,就意味着甲省向乙省输送了文献情报;小于 1 时,则相反。详见表 3 – 12。

八、评价知识,评价人才

如果假定论文被响应的程度愈高,其质量亦愈高,其作者的水平也高的话,那么引文分析方法可以客观地评价著作与人才。引用与被引用当然不是随便发生的,其所以被引用是因为有观点、有资料价值。有四分之一的论文从未被人引用,一般作者的论文在五年内被引用 15—16 次。正因为文献的引用与被引用存在着差异,就可以实施比较与评价了。

加菲尔德正是这样做的。他以 1965—1978 年十四年间,被引次数超过 3,811 次便算选中。表 3 – 13 就是估计全世界有百万科技研究人员,选出千人刚好是千分之一,千名科学家按 38 个专业分类,列出其论文被引次数、院士数、诺贝尔奖金获得者数、出生年等情况[33]。

从表 3 – 13 可知:千名科学家在十四年间每人平均发表论文 121 篇,有 32 篇用第一著者名义发表,89 篇用合著者名义发表。

80

被引用次数平均为 3,811 次,每年平均 272 次。以第一著者的被引数平均为 1,178 次,以合著者名义平均被引数为 2,633 次,合著者被引数比第一著者为多。

据判断女性科学家为 23 名。至于年龄最高者为微生物学家莱波曼(Lipmann F. A.),生于 1899 年,最年轻的物理学家威特柯(Whitaker J. S.)生于 1948 年,平均年龄为 53 岁(1981 年)。77% 的科学家出生于 1920—1938 年,也就是在制表时是 42—61 岁。一般认为科学家发明最佳年龄为 37 岁左右。

千人中获诺贝尔奖金者共 44 人,超过了 1965—1977 年医学、化学、物理学诺贝尔奖金获得者的一半。可见获得者也是撰写论文较多的人,被引次数亦多。

千名科学家都集中在各国著名的单位之中,分属于 252 个机构,都是各国著名单位,越是著名学府,拥有有成就的科学家越多。

引文分析尽管有许多应用,同时也不乏卓有成效的应用范例,但这个方法本身也有缺欠与弊病,因而使用时要正视这些问题。

第一,引文的可近性。尽管加菲尔德列举出 15 种引用文献的原因,但是实施引文时,有一个非常重要的因素——可近性(accesibility)。美国著名情报学家兰卡斯托曾指出:"按照海伦的模型,用户对情报源的选择几乎是唯一性地建立在可接近性的基础之上的"。[28] 索波(Soper M. E.)曾在 1976 年以引文分析为基础,分析了近年来在科学、社会科学和人文科学中发表的一些学术性论文[29]。对于每一篇被引用的材料来源,都力求弄清著者在撰写该论文时,其时该材料位于何处。经他抽样检查,将近有 59% 的参考文献来源于著者的个人藏书,将近 26% 的参考文献来源于著者所在单位的图书馆;而仅仅大约 10% 的参考文献来源于地区上较难接近的图书馆。也就是说,一个情报源越可接近,被引用的可能性就越大,最近普瑞哈(Pralha C. G.)[30] 系统地研究了作者引文时的态度和行为。 其结论是:1/3 的参考文献是被认为非

被引用省 引用省		上海	广东	天津	陕西	北京	江苏	湖北	山东	四川	浙江	辽宁
1	上海	1.00	d	0.09	0.50	–	–	0.07	–	–	0.06	–
2	广东	–	1.00	0.50	1.66	–	0.66	0.10	d	d	0.25	–
3	天津	11.02	2.00	1.00	–	0.66	–	0.16	d	0.20	1.00	0.13
4	陕西	2.00	2.00	d	1.00	d	1.00	2.00	d	1.00	1.00	–
5	北京	d	d	1.50	–	1.00	0.33	–	–	1.00	0.33	–
6	江苏	d	1.5	–	1.00	3.00	1.00	–	–	–	–	–
7	湖北	14.02	2.00	6.00	0.50	d	d	1.00	–	–	–	–
8	山东	d	–	–	–	d	4.00	–	1.00	–	–	–
9	四川	d	–	5.00	1.00	1.00	d	–	d	1.00	–	1.00
10	浙江	1.50	4.00	1.00	1.00	3.00	–	d	–	d	1.00	
11	辽宁	d	d	8.00	d	d	d	d	d	1.00	–	1.00
12	山西	d	d	1.00	d	d	d	0.50	d	d	d	d
13	福建	d	d	d		d		d			d	
14	吉林	d	d	d	–	d	–	0.50	1.50	–	–	d
15	江西	d	d	3.00	d	3.00	–	d	d	3.00	6.00	–
16	湖南	d	d	d	d	–	3.00	3.00	d	1.50	d	d
17	黑龙江	–	d	d	6.00	d	d	d	1.00	d	–	1.00
18	安徽	d	4.00	d	–	d	d	7.00	–	3.00	5.00	d
19	河南	d	7.00	d	–	d	d	5.00	d	d	d	1.00
20	广西	d	6.00	4.00	d	d	–	3.00	d	d	d	4.00
21	贵州	d	d	3.50	d	d	d	d	d	1.00	d	–
22	新疆	d	d	d	–	d	d	d	d	1.00	d	d
23	河北	d	d	d	d	d	d	d	d	d	d	–
24	云南	d	7.00	2.00	–	d	–	d	d	d	–	d
25	内蒙古	d	d	d	–	d	d	–	–	d	d	–
26	青海	d	d	d	–	d	d	1.00	d	d	d	–
27	宁夏	d	d	d	d	d	d	–	d	d	d	–

报相互对流比一览表

山西	福建	吉林	江西	湖南	黑龙江	安徽	河南	广西	贵州	新疆	河北	云南	内蒙古	青海	宁夏
–	–	–	–	–	–	–	–	–	–	–	–	–	–	–	–
–	–	–	–	–	–	0.25	0.19	0.16	–	–	–	0.14	–	–	–
1.00	–	–	0.33	–	–	–	–	0.25	0.28	–	–	0.50	–	–	–
–	–	d	–	–	0.16	–	–	–	–	0.33	–	–	–	–	–
–	–	–	0.33	–	–	–	–	–	–	–	–	–	–	–	–
–	–	d	d	0.33	–	–	–	–	–	–	–	–	–	–	–
2.00	–	2.00	–	0.33	–	0.14	0.20	0.33	–	–	d	–	d	1.00	–
–	d	0.66	–	–	1.00	d	–	–	–	–	–	–	–	–	–
–	–	d	0.33	0.66	–	0.33	–	–	1.00	1.00	–	–	–	–	–
–	–	–	0.16	–	–	0.20	–	–	–	–	–	–	–	–	–
–	d	–	–	1.00	–	1.00	0.25	–	–	–	–	–	–	–	–
1.00	d	1.00	–	0.11	1.00	1.00	–	–	–	–	–	1.00	–	–	–
–	1.00	–	–	1.00	–	–	–	–	–	d	–	–	–	–	–
–	d	1.00	1.00	–	–	1.00	–	–	–	–	1.00	–	–	–	–
d	–	1.00	1.00	–	–	1.00	–	–	–	–	1.00	–	–	–	–
9.00	d	–	d	1.00	d	–	3.00	d	–	–	–	0.33	–	–	–
0.33	1.00	d	–	–	1.00	–	–	–	d	–	d	–	–	–	–
1.00	–	1.00	1.00	0.50	d	1.00	–	–	–	–	–	–	–	–	–
–	–	–	d	–	–	d	1.00	–	d	–	–	d	–	–	–
d	–	d	–	0.33	d	–	–	1.00	–	–	d	–	–	–	–
d	d	–	–	d	–	d	–	–	1.00	–	–	–	–	–	–
–	d	d	d	d	–	–	d	d	–	1.00	–	d	–	–	–
d	–	1.00	1.00	–	–	–	–	–	–	d	1.00	–	–	–	–
1.00	d	3.00	–	3.00	–	–	–	d	d	–	–	1.00	–	–	d
d	d	d	–	–	d	–	–	–	d	–	–	–	1.00	–	–
–	–	–	–	–	d	d	d	–	–	–	–	–	–	1.00	–
–	d	–	d	d	–	d	d	d	d	d	d	–	d	–	1.00

表 3 - 13　千名科学家按 38 个专业分类及被引用情况

专业名称	科学家数	被引文平均次数	第一著者被引文平均次数	合著者被引文平均次数	被引文平均篇数	第一著者被引论文平均篇数	合著者被引论文平均篇数	科学院院士数	诺贝尔奖金获得者	出生年平均数
超高层大气物理学	2	2900	929	2061	149	51	98	0	0	1928
天文学	5	3024	1318	1706	82	31	51	3	0	1928
天体物理学	7	2858	1458	1400	103	48	55	4	0	1930
地球物理学	2	3085	1478	1606	89	42	47	1	0	1935
物理学	73	3254	1056	2198	85	25	60	22	7	1935
化学物理学	2	3170	673	2497	128	22	106	2	0	1930
物理化学	22	3611	984	2627	144	39	105	15	2	1925
无机化学	28	3759	1448	2311	166	58	108	16	1	1929
有机化学	49	3838	1861	1977	185	85	100	30	4	1926
有机金属化学	10	3684	1616	2068	216	98	117	7	2	1927
理论化学	9	5227	2270	2957	110	45	65	2	0	1932
分析化学	5	2822	631	2191	172	28	144	1	0	1928
生化学	85	4002	1109	2893	108	22	86	38	5	1925

续表 3-13

专业名称	科学家数	被引文平均次数	第一著者被引文平均次数	合著者被引文平均次数	被引文平均篇数	第一著者被引论文平均篇数	合著者被引论文平均篇数	科学院院士数	诺贝尔奖金获得者	出生年平均数
生物物理学	26	3204	1069	2135	84	24	60	14	1	1927
细胞生物学	56	4175	1429	2746	95	26	69	25	2	1928
酶学	6	3599	588	3011	117	17	100	4	0	1923
遗传学	21	3697	1216	2481	107	26	81	12	1	1929
分子生物学	67	3600	1019	2581	79	15	64	37	6	1928
植物学	6	2692	882	1810	72	10	62	1	0	1920
血液学	22	3283	1083	2200	132	40	92	8	0	1926
组织学	7	3153	806	2347	110	29	81	2	0	1930
免疫学	128	4132	1126	3006	129	27	102	37	3	1930
微生物学	17	3416	836	2580	148	29	116	7	1	1923
生理学	35	3319	971	2348	105	27	78	17	2	1927
病毒学	29	4069	1056	3013	108	22	86	15	1	1929
癌症学	48	4065	1155	2910	134	30	104	16	2	1926

续表 3-13

专业名称	科学家数	被引文平均次数	第一著者被引文平均次数	合著者被引文平均次数	被引文平均篇数	第一著者被引论文平均篇数	合著者被引论文平均篇数	科学院院士数	诺贝尔奖金获得者	出生年平均数
心脏病学	33	4439	1018	3421	167	35	133	4	0	1930
肠胃病学	10	3980	992	2988	167	31	136	1	0	1929
肾脏病学	1	3012	643	2369	120	9	111	0	0	1928
核子医学	1	4454	403	4051	304	33	271	0	0	1927
病理学	23	3193	1172	2021	118	36	82	3	0	1927
精神病学	5	2930	1030	1900	110	32	78	0	0	1934
内分泌学	77	3818	975	2843	120	25	95	13	2	1928
神经药理学	10	4980	1718	3262	145	37	108	4	0	1932
药理学	57	4275	1470	2804	134	44	90	12	2	1930
神经生物学	2	2560	1288	1272	74	38	36	0	0	1940
外科学	1	2535	1085	1450	87	20	67	0	0	1935
神经病学	13	3667	1269	2398	119	39	80	5	0	1928

参考不可的资料,关键性的引文大都是为作者个人收藏;关键性的引文虽然都是被作者特地参考过,但关键性引文并不保证为作者所频繁所用。综上所述,只是有可接近性的允许,才能实施引用。同时,作者出于友谊、情感、语种限制等原因,片面地实施引用也是不容忽视的。更有甚者,有的作者炫耀性的旁征博引,也使引文不够翔实。所以引文有缺欠,也必然影响到引文分析,致使引文分析也有些死角。但是不能因噎废食,在遇有可疑时,应把引文分析方法与其它方法搭配起来,互相佐证才好。

第二,《SCI》有偏颇之处。目前,引文分析方法赖以进行的权威工具是《SCI》,但是它只覆盖近 4,000 种期刊,较之全世界现行的期刊总数还是很不够的。同时,中文、日文、俄文等文献的收录也不充分。甚至连学科范围也亟待扩大,目前以生命科学文献为重点,这就失之过窄了。此外,各学科的引文习惯与能力也迥然不同,生化与分子生物学平均引 30 篇,工程学只有 6 篇,它们的引用率肯定也不一样。同时,引文的习惯也不相同,前者的引文大都为期刊,后者多为图书、专利、标准……所以难怪以《SCI》进行评价成果与人才时,工程科学的学者是非常少见的。

《SCI》的某些先天不足,要求我们应当扬长避短地应用才好。

参考文献

〔1〕王崇德,我国科技文献的引文分析,情报科学,1981 年,第 5 期,35—41 页。

〔2〕Borko, H. 等,《Indexing Concepts and Methods》, Academic Press, London, 1978, P150。

〔3〕Garfield, E. , Citation index for Science, Science, 1955, NO. 122, 108—111。

〔4〕Price, D. , Networks of Scientific Papers, Science, 1965, NO. 149, 410－415。

〔5〕王崇德,化学基础研究论文的引文统计与评价,图书情报工作,1982 年,第 2 期,6－13 页。

〔6〕吴尔中,引文法分析近年科学研究趋势,世界图书,1984 年,第 10 期,29

页。

〔7〕陈永山,试论书末索引(下),图书情报工作,1981 年,第 3 期,12—14 页。

〔8〕Garfield, E. ,《Citation indexing—Its theory and application in science, technology and humanites》,New York,Joth Wiley & Sons,1979,P81—147。

〔9〕王崇德,科技文献的自引,情报学刊,1984 年,第 1 期,15—18 页。

〔10〕图 2,P157 页。

〔11〕马费城,论布鲁克斯情报学的定量方法。情报科学,1983 年,第四期,1—9 页。

〔12〕米哈依洛夫著,徐新民等译,《科学交流与情报学》,北京,科学技术文献出版社,1980 年。

〔13〕Brookes, B. C. , Bradford´s Law and the Bibliography of Science, Nature, 1969,224(5223),P954.

〔14〕Zipf, G. R. ,《Human Behavior and the Pinciple of Least Effort》,Reading Mass Addison Wesley,1949.

〔15〕小野寺夏生,Bibliostatisties——情报现象の统计学の说明,情报管理,1979,21(10),P782—802。

〔16〕王先林,文献计量学的分析研究对象及应用,情报科学,1983 年,第 6 期 15—19 页。

〔17〕孟连生,中文科学引文分析,情报科学,1983 年,第 1 期,11—21 页。

〔18〕王崇德等,评最大引文年限,世界图书,1983 年第 1 期,23—26 页。

〔19〕吴尔中,昆虫学核心期刊的引文研究,情报业务研究,1985 年,第 2 卷,第 2 期,106——112 页。

〔20〕杨廷郊,研究微观科学结构的方法——引文分析,情报学刊,1984 年,第 4 期 38—43 页。

〔21〕杨械,国外一九八二年引用度量最高的文献及其初析,图书馆研究,1984 年,第 4 期,62—64 页。

〔22〕津田良成等,引用文献カフらみた图书馆,情报学杂志の类别,图书馆学会年报,1980,Vol26,No,1, P34—44。

〔23〕Nakin, F. 等, Structure of the Biomedical Literature, JASIS, 1976, Vol27, P26—45。

〔24〕Pinski, G. 等 Structure of Psychological Literature, JASIS, 1979, Vol, 30,

P161—168。

〔25〕小百真纯,界面化学分野の研究论文中の引用文献の评价,ドクソンテーション研究 1980,Vol,30,No2,53—59。

〔26〕同9。

〔27〕王崇德,我国省际医学情报流的分析,情报科学,1983 年,第 3 期 6—16 页。

〔28〕兰卡斯特著,陈光祚等译,情报检索系统——特性、试验与评价,书目文献出版社,北京,1984 年,342 页。

〔29〕Soper, M. E. Charaeteriatics and Use of Peronal Collection, Libr Quarterly, 1976,46(4)P397—415。

〔30〕吴尔中,引文引用态度的研究,情报科学,1984 年,第 2 期,33—35 页。

〔31〕Garfield, E. , Mapping Science in the Third World, Science and Public Policy. 1983, Vol. 10. No. 3, P112—127。

〔32〕绿川信之,理工科杂志的顺位分析,情报管理,1982, Vol, 25, No. 9, P797—807。

〔33〕吴尔中,利用《SCI》评选出科学家的情况分析,图书情报工作,1984 年,第 3 期,6—10 页。

第四章　社会调查方法

图书情报学的重要研究对象——情报,是一个既普遍又复杂的社会现象,它有许多因地、因时、因人而异的不确定因素。情报本身不能独立而孤立地出现和存在,只是有了接受者,再同一个具体目的联系起来,才有情报引言。同一个事件的情报,不同的人一定会有不同的响应。评价同一份情报时,不同的人一定会作出不同的反应。情报活动是一个社会性的活动,特别是诸如用户情报需求之类的问题,必须充分地注意到个性因索,同时,最好还是有第一手资料或数据。因此,解决这一类问题,最好莫过于借用社会学中的研究方法——社会调查法。

第一节　社会调查法的基本概况

所谓社会调查法,一般是指搜集并分析有关社会现象、事件、趋势的实地调查资料的方法。调查的对象是个人,或者是某一社会单位的代表。

一、社会调查法的分类

分类的原则是根据社会资料搜集方法的不同,也就是按着搜集社会信息的方式,可以把社会调查法作如下的分类(见图4-1):

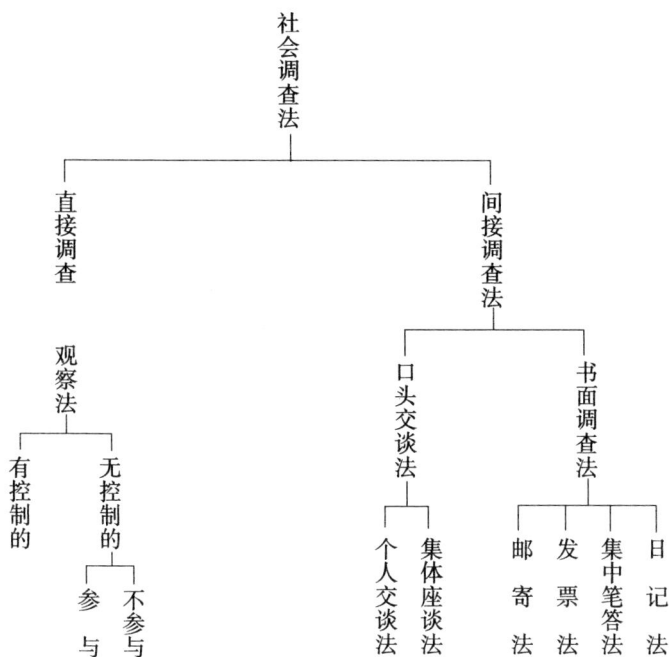

图4-1 社会调查法的分类

研究图书情报学,常采用调查者不介入的观察法,以及各种间接的调查方法。前者将在第五章专门讨论,本节主要是介绍各种间接调查法,并且简要指出其应用的情况。

1. 个人交谈法

这是调查人员与被调查人员(调查对象)直接接触。依据调查提纲,向被调查人员询问并当场记录其回答的一种方法。有人称之为交谈法。这种方法实施的前提,是要有个人接触的机会才行。该方法可及时纠正调查对象对查询问题的误解,澄清对方的困惑不解之处,有较高的回收率,并且可以即时反馈,可以迅速获得调查资料,所以常常被采用。但是,该法要求调查人员素质要好,水平要高,应变能力要强。如果调查对象住地分散,完成这种调查时间将拖长,费用也大。美国心理学会(APA)采用这种方法,研究了各种类型科技文献的传递情报过程。该会的调查结论是:从研究开始直至研究成果在期刊上发表,其周期大约在30—36个月[1]。

2. 集体座谈法

一般以8—10人为对象来进行调查,请他们就事先拟定好的调查项目,进行自由讨论,从中提取调查对象的观点与看法。该方法的关键是调查对象的选择和座谈能保证高效地进行。如果选择对象不当,座谈会掌握得失度,就可能达不到预期的目的。例如《情报科学》杂志社曾于1981年6月15日,在上海邀请了部分著名科学和科技工作者举行座谈会,就情报在科技工作中的重要性,以及发展情报科学的必要性,请大家发表意见。[2]有科学院学部委员、教授、研究员等九人发表了意见。这些意见集中起来是:情报工作异常重要,怎么估计也不会过分。它有其自身的特点和科学规律,不能光凭经验办事。情报流通过程长,每个环节上时滞都很严重,克服与缓解这种时滞,是提高情报服务效率和质量的重要所在。应当呼吁社会各界注意情报科学的研究和应用,以适应当前高速发展时代的科学技术的需要。这个方法优点是,能够集中地实施,调查对象可以自由而无拘束地发表看法,有利于第一手资料的搜集。但是不能排斥个别人的发言会有离题较远或文不对题之嫌。

3. 邮寄法

这是属于书面调查法的一种,是将书面查询项目的调查表(亦称问卷)邮寄给调查对象,调查对象作答后,再返寄给调查人员的一种方法。进行这一方法要进行充分的准备,务使调查对象吃透调查意图,同时要求争取有较高的回收率,对误答和拒答的调查对象,尚要进行个别的工作。

文献[3]就是利用这种方法,调查了我国科研人员情报利用时间的问题。其调查方式就是对每一项目寄出一张调查表,调查对象为1978—1980年国内重大科研成果中的1.651项(次)的试制小组。回收了890份调查表,占发出表格的58.9%。经过分析得出结论是:①调查对象平均用于情报查找与消化的时间,占他们整个科研时间的15%左右,由于这些试制单位是我国科技界的骨干力量,根据科研水平与情报利用时间之间的比例关系推知,我国科研人员的情报利用时间的比例,不会超过这一数值。②从统计规律上看情报利用时间比越大,科研成果的水平越高,科研周期就越短。因此,在情报利用上投入更多的时间是有利的。③情报利用时间比的大小与许多因素有关。主要有:对情报重要性的认识,借阅资料方便程度,外语水平的高低等。④与国外相比,我国科研人员用在情报方面的时间远远落在后面,充其量也只有人家的二分之一。

4. 发表法

这种方法是为了克服邮寄法回收率低的缺点而设计的。这就是将查询工具——调查表直接面交调查对象本人,待填写完毕后再专程取回。这样做不仅使调查表不致废弃,也可以对问题进行更为深入的调查。例如,作者曾对桂林市100位工程师(讲师、主治医师)面送调查表,查询掌握文献检索的情况,亲自收回94份,只有6份未收回(遗失、不愿交回),可见回收率较邮寄法要高一些。调查表中查询的项目也较细微,竟问到在文献检索(手检)中,最熟练、最生疏的环节是什么等[4]。此外,我国目前较大的图书馆都开设参考咨询室,入室读者即发给一个调查表,离室后把心得收获和遗留问题填好交回。这其实也是一种发表调查法,日本有人采取这种方法进行过读者到馆情况的调查[5]。

5. 集中笔答法

是将调查对象聚集一堂,调查人员将调查项目一一宣讲,调查人员当场作答的一种方法。调查对象的回答既可是笔答,亦可是口述。口述时与集体座谈法也有所不同,主要是更为直接与迅速,调查对象紧紧围绕调查项目来陈述所见,调查人员也不必过多地筛选与整理。但是由于是集体活动,彼此的言谈可能有交叉影响,有时竟会随声附和,或者争论不休……文献[6]曾用这种方法调查了有关儿童读书的问题。

笔答时由于集中一处,调查人员与调查对象直接会面,可以即时消除调查表中问语的歧义,回收率绝对可以保证。但是由于集中笔答俨如考试,调查对象不愿参加。

6. 日记法

是六十年代出现的一种间接调查法,是发给调查者印有一定调查项目的日记卡,请他们按日记录,到期(例如每两个月)收回,再对其中资料与数据进行分析。日记法的要害是一切记录终究离不开主观影响这一弊端,核查其正确与否是确有困难的,对于长期调查不宜使用,也不能获取日记期之外的信息。但是,在合适的条件下,它还是可以获得可信度较高的良好结果。

二、调查项目与测量级

社会调查法调查项目的决定,与蕴含及制定调查计划时的某些设想有很大关系。这些设想其实就是假说。恩格斯曾详尽地阐述了假说在科研中的作用,恩格斯写道:"只要自然科学在思维着,它的发展形式就是假说。一个新的事实被观察到了,它使过去用来说明和它同类的事物方式不中用了。从这一瞬间起,就需要新的说明方式了——它最初仅仅是以有限数量的事实和观察的基础。进一步的观察材料会使这些假说纯化,取消一些,修正一些,直到最后纯粹地构成或定律"。① 社会调查法也需要这种假说。

---

① 《马克思恩格斯全集》第20卷,第583—584页。

这是由于如果调查目的与对象不明确,只能是盲然而又漫然地搜集资料与数据,既可能因搜集到无关宏旨的资料而徒劳,也可能在分析数据时得不到充分的解释。为此必须从现有的有关资料和经验出发,对调查对象进行尽可能的假设,在这种原则性的基础上,应该搜集的资料就比较明确了。进行这种假设时,被说明的变数和说明变数应当区分得很清楚,并且还要论证两者之间的关系,这就是制定假说。一般制定假说可分为两个阶段:理论假说和作业假说。所谓理论假说就是谋求把被说明变数和说明变数表现得更为具体,但是说明变数这时可能是不能测定的。作业假说的制定就是把理论假说中的说明变数变换为可测定的形式。至此,可以说调查项目的确定,其实就是说明变数可测定项目的确定。能成为调查项目的就要满足如下条件:第一,要根据情报主体的职业(或部门)、隶属关系、空间限制(机构性质)、专业方向等参数,来明确被说明的对象。第二,要有一定的时间规定。第三,要有实施测量的可能性。

例如文献[7]是研究高等学校科技文献咨询工作规律的。显然,在制定理论假说阶段被说明参数可定为教师、研究生、学生、校外人员,说明参数是情报需求。但"情报需求"很概括,应加以具体化为:文献调查,文献识别和查借、义献阅读、翻译和计算、设计与实验。当然具体化了的说明参数也是难以测定的。应该进入作业假说制定阶段,进行可测量性的变换。例如对"文献调查"可以变换为:答复人名、地名、机构名、商品名、设备装置型号、计划与规划代号、缩略语、符号等咨询的频次。自然调查项目就应当是解答文献中的名词、术语、符号的次数。

调查项目一经确定之后,社会调查法就进入到测量阶段。所谓测量就是从调查对象中获取某种特征资料的一种程序。不仅要调查"量"的数据,也要进行包含有调查性别和职业等的质量资料。这里所谓"测量"就是把调查对象归入事先划分的某些类别

中的哪一类。各个类别也可以标识以数字,根据这些数字之间保持着何种关系,可以考虑有如下四个标准,亦称四个测量级:

1. 名义级

其数字的大小无意义,数字无非是识别各个类别的标记。例如:图书分类号、省、市、自治区的代号、性别等。显然,这样的测量级对任何对象都适用,也就是划类的测量总是可以进行的。任意两个元素或者属于同一类别,或者不属于同一类别,两者必居其一。根据名义测量级只能得到这种而不是任何其它一种的、排他性的资料。使用这种标准,可以求出分布频率、众数频率的平均趋势,可以计算出一系列特征中,每两个数字之间或者更多数字之间的相互依赖关系系统,可以进行非参数的假设检验。

2. 顺序级

数字的大小是有意义的,但它们的差值无意义,数字起着代表着类的顺序作用。例如,按藏书数量多少而排序的图书馆序位、工资级别、地震震级等。可应用的统计指标是可以求得其中趋势指标,如中位数和四分位数等。为了揭示两个标志的相互依存关系,可使用等级相关系数,spearman 等级相关系数 Ys,kendall 等级相关系数 τ 等。

3. 区间级

不仅数字大小有意义,就是它们的差值也有意义,但是绝对的大小无意义,亦即数字间的对比没有意义。例如,以每某一年为基础的藏书量的增长、气温,可以对符合区间级的数字进行各种不同的运算,可以将测量单位扩大或缩小若干倍。例如,如果测量单位原来是按由 0 至 100 来划分的,那么给所有数乘上 1/100,就可将测量单位变换成由 0 到 1 这一区间内的数字。全部测量单位还可以被变换成从 −50 到 +50 之间的数字,这种换算可表示成线性画数形式:

$$y = ax + b$$

除了上述代数运算之外,在区间级允许进行顺序级所固有的一切统计运算,可用代数方差来计算均方差等,代替等级相关系数计算的是皮尔逊(Pearson)二元相关系统 r。

4. 比率级

数字的绝对大小有意义,因此数字之间的比率也有意义。例如,图书馆藏书数、年龄等　其实比率级,无非就是付于区间级一个起点而已。

上述测量级的制定是为了测量人的各种生理和心理特征,在图书情报学领域的科研工作中完全可以沿用。

三、调查表的编制

书面调查法的一个共同的重要准备工作,就是调查表的编制。马克思列宁主义经典作家认为,由方法上在行的询问所获得的信息,对于分析各种社会情况具有重大的意义。马克思所编制的、目的在于研究德国工人阶级状况的"工人调查表"可作为这方面的光辉范例,该调查表于 1880 年 4 月 20 日发表在法国《社会主义评论》杂志上[①]。

调查表设计的原则是:

1. 提问的问语要简洁明了,切忌含糊不清;

2. 不应有暗示或引导性语言;

3. 提问的条款不应过多,不要故意增加本来无须调查就可知道的内容;

4. 提问的项目应从调查对象的实际回答能力出发,不该安排令人无从或难以回答的问题;

5. 调查表应没有技术错误(错、漏字等)。

根据要求回答的方式不同,可以设计成两种不同的调查表:

---

① 《马克思恩格斯全集》第 4 卷,第 250－258 页。

1. 有限制回答调查表。

询问某一问题时，将可能的答案全部列出，要求调查对象在这一范围内选择回答。这种调查表主要应用于答案数量有限，因而可以全部列出；答案虽多，但调查者也就只准备搜集特定方面的情况。使用这种表时，回答者可用打"对号"来完成回答。例如，调查情报使用者利用文献的倾向的调查表：

如果由您任意挑选，在进行新产品试制时，您最乐于参阅的文献类型是什么？

（一）种类

专著、期刊、专刊、技术报告、会议文献、政府出版物、技术档案、技术标准、产品样本及说明书、学位论文、报纸及新闻稿，其它。

（二）文种

中文、英文、俄文、日文、德文、法文，其它。

---

2. 自由回答调查表。

询问某一问题，并不列出答案，而是请被调查者自由填写。这种方式主要应用于可能的答案很多，或者只有文字才能回答的问题。例如，询问高等学校图书情报学教育问题的调查表：

---

1. 您对我国高等学校图书情报学教育现状是如何估价的？主要成就与弊端是什么？

答：

2. 我国大学正规图书情报学教育应如何改进？您对学制与课程安排上有何新意和设想？

答：

四、调查对象的选择

调查对象的选择,这同调查本身是统计调查法还是事例调查法有关。

所谓统计调查法是通过对象的全部或一部分来调查。进行有关对象全体的统计分析方法。因此,所获得的数据也仅限于统计处理的可能范围之内。另外,用于分析的不是单个的数据,而是它们的统计量(平均、离散等)。所谓事例调查法,是通过调查对象的全部或一部分,进而详细掌握对象全体的一种方法,所得到的资料无需进行统计处理,将每个数据全部用于分析作用之中。

事例调查法应当有主观意图去挑选调查对象,充分考虑其价值和其代表性。

统计调查法把对象全体的调查叫做全数调查。但是,一般都是随机抽取对象的一部分,通过这部分的调查,进行推断全体,这叫做样本调查。样本调查中采用随机取样法,它可以分为以下几种:

1. 简单取样法

就是将总体的每一个构成要素均记以序号,按乱数表取样,这再简单也不过了,但是总体过大时,编配记号将变得困难。

2. 系统取样法

先实施简单取样,继之再按一定的间隔来取样,它是作为简化简单取样法而出现的。

3. 两段取样法

亦叫重复取样法,首先将全体划分为部分,从中抽出几个部分(第一次取样),尔后,从已抽出的部分中再抽取各构成要素(第二次取样)。其中有关第一、第二次取样,还可以考虑有两种方法。第一种方法,在第一次取样时,对各部分按各构成要素的数量比例来随机取样;第二次取样时,从已抽出的各部分中按数量相等来随机抽取构成要素,这称为概率比例取样法。第二种方法,在第一次取样时,对各部分来区别等概率地取样;第二次取样时,将其构成要素按比例随机取样,所以也称等概率取样法或两次取样法。另外,还有三段以上的取样,总称为多段取样法。这类方法样本误差增大,当可以把调查范围加以限制时(例如地区)则是有优点的。

4. 分层取样法

首先把总体分成若干层次,但是这与两段取样法不同,它并非从中抽取几个层次。同时,两段取样法的部分是将总体简易区分即可得到(例如全国分成省、市、自治区)。分层取样法的层次,是按总体的构成要素的数量,有意识地加以区分出来的(例如用户:学生、教师、工程师、科学家等),所以分层取样是按其构成要素的比例来加以取样的。其目的在于增加样本的代表性,避免简单取样法的样本过于集中某种特征或全无某种特征。

在运用这些方法进行实际抽样时,还应该从不同角度考虑调查对象的各种实际情况,加以灵活运用 我们使用社会调查法时,往往容易产生由于对调查对象不甚了解,调查表未能依实际情况发出。在结果分析时出现一些令人难以置信的数据。从统计学的角度来看,这是因为取样失误所致。当面对难以了解调查对象时,就要适当加大取样数目。当有多因素影响的情况下,样本数越大,则结果的可信度越高。

五、数据加工与分析

对业已取得的数据加工整理,可按如下两种方式进行:

1. 简单整理

按各调查项目分别加工称为简单整理。这时采用区间级或比率级测量的项目,可以计算其平均值、众数、中位值、标准差等。

譬如,调查"多少年前的论文经常被阅读"这一问题时,调查对象如果回答"…年前"的话,就可以计算其平均值。但是,如果回答中包含有"…年以上"的回答,就不能计算平均值,在这种情况下应该计算众数或中位数。

标准差是表示回答分散程度的指标。分散波动得越严重,标准差就越大,这意味着搜集到各种各样的信息。

2.横断整理

就是按着另外的特征,来整理调查项目所得的数据,叫做横断整理。

譬如,调查"多少年前的论文经常被阅读"这一问题时,假如有两组调查对象,并且其回答的平均值无多大差别,但是其中一组调查对象分散得严重 这时就应将这一调查项目的所得数据,按年限这一因素重新加以加工整理,这样便可以发现两组调查对象的差别。由于将几个项目作交叉的加工处理,就可以将始末所料的情况查清楚。

经过加工整理后的数据,可以采用如下两种方式来表现:第一是表格矩阵方式。这就是数据排成矩阵形式,其优点是比较容易进行横向和纵向的分析,亦可进行交叉与相关分析。第二是图形方式,这种方式是将调查结果整理成各种图形,例如柱状图、圆形图、直方图及各种曲线图等。绘制成图形的最大优点是醒目、直观和容易理解。其中柱状图和圆形图通常是以其各部分所占总面积之百分比来表示调查结果的。直方图则在坐标轴上以其高度或面积来表示调查对象某种分布状况的。调查结果也可以绘成曲线,例如分布曲线或回归曲线。图形还有一个突出的优点是可形象地表示某种发展趋势,因而亦或具有预测的功能。

在大型的调查活动中,往往是同时使用这些方式,这样可给人留下更深刻的印象,调查结果使用各种图表和曲线,对分析工作也是有益的,能较容易地发现内在联系和问题。

将所得到的数据制表或作图后,如果计算它们的平均值和标准差,这就是常说的描述统计。以样本的平均值和标准差为基础来推测总体,则称之为推断统计,亦即把从样本值而推断总体的参数特性值叫推断。考察有关总的假设是否正确叫检验,把样本结论推广到总体时,要检查其可信程度。另外,检验理论上的期望值和实际上的观察值,是否有一致性可用 X^2(卡方)检验,也还有其它各种检验方法。

获得大量的变数并加以分析时,可以采用多变量分析方法。例如,要检查这些参数背后的潜在因子时,可利用因素分析法。此外,还有回归分析、判别分析、主要成分分析等。应根据各自的目的来选择分析方法。当然,也不限定是一种方法,可以是几种方法联合使用。

第二节 社会调查法的特点、性能和应用

社会调查法的调查对象是人。由此决定了该法的一系列特点、性能和应用。

一、社会调查法的特点

社会调查法内涵是非常丰富的,其特点也很多,本节只能择其重点加以介绍。

1. 微观与宏观相济

社会调查法由于搜集、处理的信息出自于个人,所以人是贯彻该法始终的因素。个人是人的本质具体的表现。个人的活动是个人的个性反映,它在人的本身表现为各种活动能力的总和。个人的主要因素——"不是…抽象的肉体本性,而是人的社会特质[1]"。社会调查法以个人为始点,收集个人的意见与反映。不管口头与

---

① 《马克思恩格斯全集》第7卷,第270页。

书面的调查都要深入到个人思想空间,调查对象的回答也是在自由状态下的自由表白,所以个人因素一般都能得到充分的反映。

但是,虽然社会调查法出自于个人,借重于微观,终究还是要反映宏观趋势的。为此这种方法前半部分可谓微观搜索,后半部分则是宏观概括。当搜集到个人信息后,立即撤除个性或通过统计(统计调查法),或通过综合分析(事例调查法)来突出共性。起源于个人思想、归宿于社会趋势。微观在前,宏观在后,相接相承相济,是该法的第一个特点。

2. 多重反馈

有些调查需要调查对象给出一致的意见。另外,虽然有些问题倒不一定给出一致的回答,但需要调查对象在了解其他人的意见之后,重新考虑本人的意见,以期得到一个倾向性的意见。社会调查法可以实行多段调查,也就是以反馈调查来满足这些要求。其中最著名的是定量控制反馈法——特尔菲法。

特尔菲法(Delphi)属于专家意见征询法的一种,是六十年代美国兰德公司首创的。该法是开调查会、民意测验两种方法的改进和发展,也是西方未来预测中最著名、最重要和应用最广泛的一种方法。但是,该法目前也十分广泛地用于社会调查之中。如,制定规划、搜集情报、模拟决策、信息交流、公共预算和目标设置等。特尔菲法的特点是反复多次征求一些专家的意见。首先要确定调查题目、聘请专家、详细列出调查事物的各种可能性。然后请专家们估计出每一种调查事物的出现频率、时间和结果。调查人员将各种意见集中起来,转换为正态分布,并将这一定量结果告诉各位专家。专家知道估计的平均结果和自己意见同其他专家意见的差别之后,他可以继续坚持自己的意见,也可以修正原来的看法。如此过程反复三至四次,即可得到最后的结果[8]。

特尔菲调查法是在有反馈的情况下,由调查人员定量地协调调查对象之间的意见,调查对象可以"审时度势"地修正自己的看法。这种由调查人员控制下的反馈活动,可以使调查意见不断地深入和聚集。

3. 途径多,回旋余地大

社会调查法是一个内部途径众多的总体方法,因而它表现出良好的灵活性和适应性。社会调查法的总步骤是:

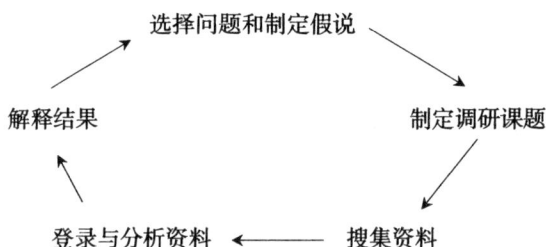

如前所述,社会调查法搜集资料是一个核心环节,实施途径很多,使搜集资料可以多方面展开,任意选择。不唯如此,登录与分析资料,以至解释结果的途径同样也很多。譬如,解释可以分为原因解释、功能解释、结构解释。每个环节途径多,实现的方式也多种多样,使这一方法能变换和多维地灵活实行。

二、社会调查法的性能

该法是有良好而高效性能的,主要是:

1. 有较强的说服力

由于社会调查法可以搜集到第一手资料,这就确保了该法具有充分的客观基础,又继续经过科学的加工与分析,所以在不发生技术差错时,结论一般都是中肯的,自然也就有较强的说服力。同时,社会调查法又讲究"复制"(Replication)。复制就是为了证实一个调查结果,还要精确地进行重复,一个已有的调查结果,总会有人从不同角度来加以重复,这就更会令人信服了。有理有据是对社会调查法调查结果的基本要求,这也保证了这个方法具有较强的说服力。

2.较深刻的洞察力

在情报活动的每一阶段与层次上,都不可避免地有人为的影响与支配。对待这类问题的考察,闭门造车、空泛议论是解决不了什么问题的,还有可能导致长期争论不休,莫衷一是。其根本原因是无法反映与接近人的精神状态和主观意识,社会调查法恰恰长于此道。无论是直接或间接调查法,它们都可把"探测器"深入到人的内心世界,把调查触角送入人的精神空间。体查到人们拥护什么、反对什么,支持什么、否定什么。因为该法有较深刻的洞察能力,所以它可以搜集有关人们心理的资料,反映他们的愿望、要求和意识。当然,这是在调查对象愿意合作的情况下进行的。

3.一定的定性、定量预测能力

前面所论及的定量反馈调查法——特尔菲法就是最早用于预测的一种方法。除此之外,社会调查法在搜集到社会资料后,也可以提炼出数学模型,数学模型就更宜于预测了。

社会调查法作为一种研究方法的主要缺点是:

第一,影响因素多,粗糙,不够精确。

社会调查法的每个环节,主客观影响因素都非常多,干扰也多,因而容易波动。特别是调查表提问用语是否准确,调查对象是否已真正地理解,都将直接影响调查的质量。选择对象如果没有代表性,必然出现假象,使调查陷入迷途。个别情况下无法也不可能得出精确的结论。

其次,回收率难以保证。

不管是有偿或无偿的调查,出于多种原因,调查对象对于调查活动的支持程度是不尽一样的,往往会出现不理会、不热心、不认真的局面。因而必然造成回收率下降。回收率低意味着社会信息、资料的遗漏和损失,严重时无法继续开展整理与分析工作。

第三,难于开展大型的调查活动。

不管是直接与间接的调查法,调查课题不能过大,不能给调查对象带来过多的负担。如果调查项目过多、过重,调查对象很难认真地配合调查。所以,社会调查法往往只限于具体问题的查询。大型的、综合性的科研课题不宜完全采用此法,但可部分地或者作为长期探索地来采用此法,社会调查法的这些明显缺点,应在使用时加以注意才好。

三、社会调查法的主要应用

目前,社会调查法在图书情报学领域的科学研究中,主要的应用有:

1. 情报需求的研究

情报需求是指用户(亦即情报使用者)以自己方便的种种方式,获得所需要的、完全可靠的情报的心理要求与愿望。这一研究的范围很广,其中包括全面考察大型学术团体。科研机构的科技人员查找情报的习惯与倾向,对某一图书馆或情报中心局部范围内的特定用户的研究,甚至还有某一服务项目或服务系统内的更专门的用户研究。但是,应当承认用户的情报需求研究,目前成就并不显著,以致有人主张应从相反方向来研究。就是放弃用户情报需求的研究,把注意力转至更为富有成果的研究领域——研究情报服务为何不被利用、研究非情报用户[1]。研究方向是不是改变那是另外一个问题,不管怎样,用户或者非用户的研究方法无疑都要采用社会调查法

应用社会调查法研究情报需求,主要是应查清情报中心或情报系统的服务对象——用户的职业特点、数量范围、知识素养等有关用户结构的情况,以及发展变化的特点,调查研究各类用户的情报需求的特点。文献[11]就是在文献[3]的搜集社会资料的基础上,整理了各种用户对各种出版类型情报源的亲疏程度来评价文献的。

文献[3]与[11]是用邮寄法进行调查的,整个调查进行了三轮。为了综合评价文献,作者建立这样几个指标:

①参考率:即参考过某种情报源的研究小组数 Y 与回答了我们调查的研制小组总数 T 之比 U,为该情报源的参考率 T。

②查阅率:即查阅过某情报源的研究小组数 Y,与回答了我们调查的研制小组总数 T 之比,为该情报源的查阅率 K。

③相关率:即在某情报源中查到了与本课题有关情报的研制小组数 y_2 同查阅过该情报源的研制小组总数 y 之比 c,为该情报源的相关率。

④有效率:在某情报源中查到了对本课题最有参考价值情报内容的研制小组数 y_3 与查阅过该情报源的研制小组 Y_3 之比 E,为该情报源的有效率。

⑤不使用率:在自己过去的一切活动中,都未使用过某种情报源的研制小组数 n 与回答了我们调查研制小组总数 t 之比 s,为该情报的不使用率。

将上述指标综合考虑,根据重要性付以权值。各情报源的综合价值率为:

$$V = U \times 0.4 + R \times 0.2 + C \times 0.3 + E \times 0.5$$

不使用率 s 只说明情报源的不普及程度,不参加综合价值率的计算。最后的结果如表 4-2 所示。

表 4-2　各种情报源的综合价值率

		中文图书	中文期刊	外文图书	外文期刊	专利文献	技术标准	样本	文摘
第二轮	V%	24.3	27	30.6	48.2	28.5	15.8	21.9	22.2
	名次	6	5	2	1	4	12	11	10
第三轮	V%	21.7	26.5	30.7	56.2	54.3	23.4	33.3	27
	名次	12	9	5	1	2	11	4	8

		会议文献	研究报告	样品	出国考察报告	技术档案	科技电影	学位论文
第二轮	V%	24.1	29.3	23.9	18.5	23.2	1.1	1.9
	名次	7	3	8	13	9	15	14
第三轮	V%	24	29.9	37.4	15.6	30.2	14.2	13.3
	名次	10	7	3	13	6	14	15

以上结果的得出,就是借社会调查法之功。

2.征询意见,制定目标

小到一个部门,大至一个国家,如何发展图书情报事业,如何建立健全方针政策,制定长远规划和目标,都是无一例外要碰到的。这些问题涉及面广、牵涉人多,所以要倾听与吸收各方面的意见。社会调查法是进行这类调查研究工作的好方法。

此外,对已有政策、体制、状况、前景的评价与展望,也常常采用该法来完成。

第三节　综合举例

本节的举例,是有关"调查方法的调查"[12]。

用户研究踯躅不前的原因,关键是研究方法的贫乏。目前用户研究主要借助于社会调查法,但是常常遭到非难,而且还常常是其说不一。用户研究中常用的具体方法有:交谈法、卡片调查法、日记法和观察法。文献[12]有趣的是,用社会调查法评价了社会调查法。

调查对象仅选自图书情报学的科技人员、高等学校图书情报学院系师生32人。提问的内容是:研究活动中的时间分配、输入情报的地点、载体和其他、输出情报的活动、搜集情报的状况、整个情报的利用状况等。调查分三段来进行:第一阶段向全体调查对象分发卡片调查表,与此同时亦发放日记法调查形式的作业品。第二阶段在卡片调查表反馈后,选择其中十名进行面谈。第三阶段再从十名面谈者中,选择两名实施观察法。

得到结果如下:

1.各种方法对调查提问反馈情况的比较。可从表4－3中明显地看出来,"○"表示能够获得调查资料,"△"表示大体上可以得到调查资料,"×"表示不能获得调查资料。这些都是相对测定值。

表4－3　各种调查方法获得信息的比较

提　问　内　容	卡片调查法	交谈法	日记法	观察法
研究活动时间分配	○	○	○	△
吸收文献和非文献情况	○	○	○	△
提供文献和非文献比例	△	○	△	△
搜集情报时间	△	△	○	○
为获得最新情报所用的情报源	○	○	×	×
回溯检索所使用的情报源	○	○	×	×
一天研究时间的分布	○	○	○	△
一天吸收情报时间的分布	×	×	○	△
一天提供情报时间的分布	×	×	○	△
阅读专业文献的时间	○	○	○	△
一般书刊的阅读时间	○	○	○	△

2.各种方法调查质量的比较

用等级法按客观性等十二个指标,逐一评价了各种调查方法。(见表4－4)

表 4 - 4　各种方法的质量对比

评 价 标 准	卡片调查法	交谈法	日记法	观察法
客　观　性	C	B	C	A
再　现　率	A	B	A	C
精　　　度	A	B	B	C
提问项目数	A	A	B	C
调查者能力	B	B	B	C
难易程度	A	B	B	C
时间的制约	A	C	B	C
经　　　费	B	A	B	A
分析解释问题	A	A	B	C
未　来　性	B	B	B	A
合　　　计	43 分	39 分	32 分	25 分

上表中划分为三个等级,A = 优 = 5 分,B = 一般 = 3 分,C = 劣 = 1 分。文献[12]的作者亦承认,这个表是否妥当贴切,尚需今后调查验证。

3. 方法与调查目的的关系

方法决定于调查目的,调查目的制约着方法。表 4 - 5 表示了目的与方法间的关系,并列举适应于调查目的而推荐的方法。

表 4 - 5　方法与调查目的的关系

调查目的	卡片调查法	交谈法	日记法	观察法
欲获得详尽的最新资料	○	○		
欲查证研究方向			○	○
欲了解特定时间内的情报需求			○	○
欲了解日常的情报需求	○	○		
了解一次性的情报需求	○			
欲了解少数人的全面情报需求				○

文献[12]加工与整理资料及数据时,采用了图表和图形的方式。

110

对这次调查,文献[12]的作者的结论是:

(1)卡片调查法。

制作卡片调查表花费一定的时间是必要的,若准备不够充分,制作调查表甚为困难。因此,与其它方法比较,对调查对象和调查领域需要一些预备知识,以及一些社会调查方法的知识。卡片调查表一旦制定,不能修改变更,这就要依赖于调查对象的能力了。如果能充分发挥调查对象的能力,此方法具有许多优点,如比较经济、分散地区也能调查等。但是,在反馈低时就很难做出结论,由于不能预测反馈的可信度,因而核实反馈是否完全甚为困难。

与此相反,若某一时期再现率较高,便可达到一定精度,提问项目数比其它方法要多,解释结论也较容易。

(2)交谈法。

与卡片调查法一样,它受调查对象所左右。但是,由于调查是在现场进行,漏查和误差的情况要比卡片调查法少得多,即使误解了调查内容,也能及时作些说明。此外,还能获得一些意想不到的情况,把握住被调查者的态度、眼色和形态,这些也是可作为调查总结时的分析资料。

但是,交谈法很受时间限制,必须与被调查者密切配合。与卡片调查法相比,虽真实性较高,但是,它依赖于被调查者的合作与记忆情况。当被调查者情绪低落时,直接影响着调查的全部内容。而且能交谈的人数有限,每日交谈的时间、次数均受到限制,调查者的习惯、态度,被调查者的潜在意识和嗜好等也容易产生影响。这个方法的最大缺点是当被调查者地区分散时,需要花费大量的经费和时间,并以被调查者的记忆为依据,提问项目将受到制约。为此,调查内容应限制在能准确回答的范围内。

由于是被调查者的短时间回忆,再现率和精确度都较低,客观性也次于观察法,这就为调查人员带来了困难。当然,由于回收率高,弥补了卡片调查法的最大缺点,如能同时并用,可望得到满意的效果。

（3）日记法。

日记法反映了有关目前在研项目的情报需求结果。记录的要求不一定所有的行动都应予具体化，相反，一切行为也不限于满足所需要求。把有关的活动按日记的形式原原本本地记录下来，这种作法到底如何，仍是疑问。从这次调查的形式来看，不可能期望获得较详细的资料，估计还有 10—20% 的误差。还有，在提问记录中也没有使用某种纠正方法，细小的行为大多省略，记录的时间也有嫌过多的倾向。另外，一切记录终究离不开主观这一弊端，核对正确与否甚有困难，长时间调查不宜使用，也不能获取过去的情报活动信息。但在合适的条件下（这是相对可言的），它能获得可信度较高的在研项目的情报活动资料。

（4）观察法。

在其有限的范围内，使用观察法来调查，可搜集到可信度较高的资料。但是，用户研究过程中所需情报，调查人员不可能目睹其一切行为。许多情报需求，最终只不过是心理需求。另外，观察也仅限于在一定时间内进行。例如本次调查，仅在一定时间内观察了两名情报用户，这样对于充分搜集资料是不可能的。如果要了解某一天的情报搜集，必须相互同步行动

如果要指出观察的要点，即使没有熟练的调查人员，也可根据几个调查人员所获资料取其平均值。当然，其中谁是这个调查集体的代表，却很难确定。在这次调查中，虽不能证实这个方法的有效性，但是作为方法论的研究课题，还是很有意义的。

以上就是文献[12]采用社会调查法，来评价现行于图书情报学中社会调查法的应用情况。

参考文献

〔1〕Amerjcan Psychological Association,《Reports of the American Psychological Association's Project on Scientific Information Exchange in Psychology》Vol,1, Washington,D. C.,American Psychological Association,1963,P283.

〔2〕科学需要情报,情报应当科学——《情报科学》杂志在上海召开科学家和科技工作者座谈会,情报科学,1981 年,第 4 期,2—8 页。

〔3〕梁前文,关于我国科研人员情报利用时间的调查与分析,情报科学,1981 年,第 2 期,36—42 页。

〔4〕王崇德,桂林市中文科技期刊结构分析,情报学刊,1983 年,第 2 期。

〔5〕田村俊作,上田修一,公共图书馆の利用者像,Library and Information Science,1980,NO. 18,P123—140.

〔6〕小村玲子,儿童ための读书施设のすり方,Library and Information Sciencl,1981,NO. 19,117—143 页。

〔7〕范铮,科技文献咨询工作的分析,情报科学,1981 年,No5,58—63 页。

〔8〕Walter,E. R.,The Delphi Technique,—An Experimental Evaluation Technical,Forecast SOC Change,1983,Vol23,No. 1,P90.

〔9〕贝利 K. D. 著,许真译《社会调查研究法》,1984 年,北京大学社会学系。

〔10〕兰卡斯特 E. W. 著,陈光祚等译,《情报检索系统——特性、试验与评价》,书目文献出版社,北京,1984 年,349 页。

〔11〕梁前文,关于各类情报源的评价,情报科学,1981 年,第 6 期,33—40 页。

〔12〕冈泽和世等,关方摘译,用户研究方法论,国外情报科学,1985 年,第 1 期,11—22 页。

第五章　观察实验方法

　　观察与实验方法不仅在自然科学的科学实验中有着广泛的应用,在社会科学中也有越来越引人注目的应用。自然科学和社会科学两大领域运用观察与实验方法,其本质无疑是一致的。所不同的是作为获取感性资料的方法,自然科学除了采用人类的生理感觉器官之外,主要是应用仪器来进行观察与实验,仪器被认为是人类感觉器官的扩大与延长,有的则是填补人类感觉器官的空白。在进行实验时,研究人员基本上(不是完全如此)超脱于研究对象,因为研究对象是物理世界的存在和现象。但在社会科学中,研究对象是人所造成的社会现象,很少采用人工的仪器,并且也很难人为地建立和控制实验条件。

　　虽然观察有时辅佐于实验之中,是被实验采用的手段,或者说实验根本就离不开观察,但是在图书情报学的科学研究中,观察作为一种研究方法尚有独立的应用。所以,我们还是将观察与实验分开加以讨论。

第一节　观察法的概况与应用

　　认识依赖于经验,科研起源于观察。所谓观察方法(observational method),就是借助于直接感知和直接记录一切研究对象所表现出来的、有益于研究的各种信息的方法。这种方法是善于搜集非语言行为资料的一种方法。虽然观察法最普遍的是视力或视觉资料的搜集,但它也包括其它感官如听觉、触觉、嗅觉的资料搜集。观察有两种主要形式:参与性观察法(Participant observation)和非参与性观察法(Nonparticipant observation)。在参与性观察法中,调查人员是被观察活动中的正规参加者,其双重身份一般不为其他参加者所知。图书情报学的研究实践,勿需以匿名方式进行,所以常以非参与性观察居多。

下面,我们将具体讨论该法几个问题。

一、观察法的特点和观察的原则

1. 观察人员的双重性

在图书情报的科研实践中,观察人员所要观察的对象主要是情报使用者。不言而喻,在另外场合下他本身也是情报使用者。这样的双重身份使之情报过程中的一切变化与影响,观察者都能体查和承受。观察者与被观察者这种不可分割的联系,不能不影响他对情报现实的看法,影响他对图书情报过程、趋势、个别用户行动的理解,以及他所观察到的结果解释。因此,在图书情报学的研究中,不在于排除这种个人的态度(这也是不大可能的),而在于不要用感情的、道德的和其它价值标准来代替科学研究的标准,以便使个人研究问题的热情同严格的科学研究热情紧密地结合起来。

2. 观察者必然有感知情感

感知是对外部事物的感性知觉,在莱布尼茨的哲学中,"感知"这个术语用来表示关于外部世界的简单的、直接的观念。感知情感是纯人类的特点。如果说自然现象尚可以不引起观察者的情感,那么社会现象及其感知和解释总带有情感痕迹。观察者与被观察者的联系越紧密,观察结果的情感色彩也就越浓厚。就是采用现代情报工具录像机,也不能做到不偏不倚,因为录像机录像时它是受人操纵的。人的感知情感常常是歪曲观察资料的重要原因之一。

3. 重复观察的必要性

图书情报过程受着大量的、不同的、甚至是不确定因素的影响,所以很少有完全相同的情报过程。因此,只有对各种图书情报环境进行多次详细的观察,才能认为某种情报现象的特征是可靠的,才能进一步进行加工与分析。

由于以上三个特点,给观察法搜集信息资料带来了一定的困难。这些困难可以分成主观上的(与观察者的个性有关)和客观上的(不取决于观察者)。属于观察的主观困难,是研究人员对其他人的行为和行动的理解,都要通过"我"这个棱镜,渗入他自己的价值标准体系以及人的感知情感,加上研究观察者的以往经验等,都可以对观察者产生影响。属于观察的客观困难,首先是事件的经过的时间限制着观察的时间,此外,远非所有的图书情报领域内的现象及其细节,都能直接加以观察。

进行观察时应当遵循的原则是:

第一,坚持观察的客观性。

观察是人们对自然界和人类社会的一种有计划、有目的的活动。

客观对象是什么,就应如实地反映什么,不能人为地增加什么因素,也不能人为地减少什么因素,既不能夸大,也不能缩小,更不能臆造一些不存在的事实。但是,作到以上的要求也是很不容易的,有一个实例是颇有说服力的,这就是在戈廷根的一次心理学会议的观察"测验"[1]:……突然从门外冲进一人,后面追着一个手里拿着手枪的人。两人正在室内中央混战时突然响了一枪,两人又一起冲了出去。从进来到出去总共20秒钟。主席立即请所有的与会者写下他们目击的经过。这件事是事先安排的,经过排演

116

并全部录了像,当然这种情况与会者当时并不知道。在交上的四十篇报告中,只有一篇在主要事实上错误少于百分之二十,有十四篇有百分之二十到四十的错误,有二十五篇有百分之四十以上的错误。应当特别指出的是,在半数以上的报告中有百分之十或更多的细节纯属臆造。这次观察尽管结果不够理想,但条件是有利的。因为整个经过十分短暂,并且非常惊人足以引起人们的注意,细节又是事后立刻记下,记录者都习惯于作科学观察,并且与事件毫无牵连。可见观察者不仅经常错过似乎显而易见的事物,而且更为严重的是,他们常常臆造出虚假的现象。虚假的观察可能由错觉造成,出现错觉会使头脑得出错误的印象。可见在观察中,始终坚持观察的客观性并非轻而易举,实事求是谈何容易!

第二,坚持观察的全面性。

坚持观察的客观性,必然要求坚持观察的全面性,克服观察的片面性。只有排除主观的偏见,才能做到全面的观察。如实反映客观事物的全貌,透过事物的现象看到事情的本质。图书情报学领域内的许多行为和活动是很复杂的,往往存在着各种各样的假象。虽然它也是客观存在着的一种现象,但它却没能完整准确地表现事物的本质。全面观察所以必要,在于它有助于透过现象看到本质。因此,在观察中要遵循观察的全面性原则,尽可能地从多方面观察各种图书情报现象,把各种因素关系理正分清,才能为捉住事物本质打下坚实的基础。列宁指出:"要真正地认识事物,就必须把握、研究它的一切方面,一切联系和中介。我们决不会完全地做到这一点。但是,全面性的要求可以使我们防止错误和防止僵化。"①

第三,坚持观察的系统性。

观察务求系统、连续、完整,不能随意间断。浅尝辄止那将必

---

① 《列宁选集》,第 4 卷,第 453 页。

然会导致观察失误,反之对一个具体图书情报过程持之以恒的观察,一定会积累丰富的经验资料,这将有助于向理论高度过渡,有利于把局部经验升华到具有普遍意义的理论层次。

第四,坚持观察的辩证性。

所以要坚持观察的辩证性,是要防止观察的一成不变。如果我们的观察,只停留在表面、墨守成规,不能随事物的发展而发展;或者在某一阶段停止观察,中途转向;或者把观察到的某一片断加以扩大,就不能识别假象,很可能步入迷途,更谈不上作出科学的结论。要想坚持观察的辩证性,就必须处理好观察的条件性、典型性和随机性。这对频于善变的图书情报现象的观察是十分重要的。

第五,坚持观察的思考性。

同在其它学科的科学研究中一样,图书情报学中的现象绝不是一种消极的观望,而是一种积极的思维过程。观察中的思考是一刻也不可或缺的。这样必须伴有思维活动和正确的思维方法。一般认为,一切观察都包含有两个因素,即感官知觉因素(通常是视觉);再就是思维因素。思考对于观察中出现的变化或差异应特别敏感才行,因此观察者在观察过程中,思想应既活跃又要积极,特别要养成多疑善思的习惯,注意开动形象思维和灵感(顿悟)思维。

二、观察方法的步骤

一般的观察活动按如下阶段进行:

1. 确定观察对象,明确观察目的,提出观察所要解决的问题;

2. 观察人员进入观察的前沿,正确地处理好与观察中各方面的关系;

3. 选择观察方式,根据初步搜集到的资料安排一下大致的工作程序;

在图书情报学科学研究过程中。可供选择的观察方式主要有：

（1）肉眼观察，也叫直接观察，是人类久有历史的一种观察方法，凭借人的视觉器官直接从外界获取感性材料。若以 A 代表人的视觉器官，以 M 代表研究对象，直接观察的形式可表现为 A→M。这是人的肉眼直接对外部现象的观看、感知和描述。

（2）技术手段观察，也叫间接观察，是人们借助于技术手段（科学仪器）间接地从外界获取感性材料的一种观察法。若以 B 代表技术手段的话，则可有：

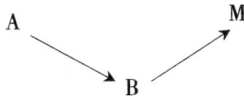

$$A \searrow \quad \nearrow M$$
$$B$$

图书情报学领域内运用技术手段来观察也正日盛，例如现场的录像，拍摄影片等。

以上是就观察者与观察对象关系而言的。如果按观察的性质和结果来区分，还有：

定性观察，也叫质量观察，即把观察的重点放在图书情报现象的性质和特征方面。

定量观察，就是我们常说的观测或测量，它是建立在图书情报现象较为深刻认识的基础上的一种观察方法，是对研究对象的一种定量描述。

4. 准备技术文献和记录表格或卡片；

5. 进行观察、搜集资料、积累观察经验；

6. 记录观察结果。

采用的方式有：

①速记；

②卡片——用手工填写被观察人物活动、事件过程、现象的片断或始末；

③观察记录——作为卡片的一种扩展的形式；

④观察日志——通过日志系统地记载一切必要的观察所见；

⑤声像资料。

如果打算对观察结果进行检查时，可以采用如下的方式：

①与现场参与者谈话了解情况；

②查阅与观察事件有关的今昔文献；

③用其他熟练的观察者的观察，证实自己的观察结果；

④向其他同行赠送观察报告副本，请他们进行再次观察。

观察是以撰写观察报告来结束的。报告的内容是：

①关于观察时间、地点；

②关于观察者在观察中使用的方法和观察过程梗概；

③对被观察者的特性分析；

④对被观察事实的详细描述；

⑤观察者本人意见和判断等。

三、观察法的具体应用

观察法在图书馆、情报中心日常工作中，被广大图书馆工作者、情报工作者自觉与不自觉地运用着，各自积累了大量的经验。但是，撰写成观察报告——变成可交流的文献却不多见。观察法的主要应用有以下三方面：

1. 搜集与人活动有关的资料

在图书情报学领域的实践中，人的活动是比比皆是的。图书情报工作者的劳动组织、工作秩序、服务态度、用户的情绪、馆内外阅览的习惯，这些都可以通过现场观察来搜集资料。研究人员以不参与的方式，按事先拟定的观察提纲，进行直接的、定性或定量的观察。这种方法简单易行，要求的条件不高。英国的拜尼斯（Bornes M.）用观察法研究了服务台前读者与图书馆人员的接触，并且分析了两者接触的实际情况[2]。文献[3]的作者观察了读者借书的动态,常常听到一些诸如:"这类书太平淡,请换几本侦察推理小说","这类严肃的作品读起来太费脑筋;您给推荐几本轻松一点的外国小说。"据此,作者提出了读者的逆反心理的主张。认为雷同式相似,很容易使感官对同类事物产生厌烦而导致逆反心理,为此要研究阅读效果,作好向读者推荐的工作。这一问题的发端是来源于日常借阅中的观察。

2. 前期探索研究

当对研究的问题还没有明确的概念,而研究任务又要求说明这个问题,预先作出工作假说和初步检验时,便可用先行观察法。例如,制定图书馆工作人员在职教育方案时,如果对工作人员理论基础和实际工作能力不甚了了,就可以先至工作现场观察,以期掌握第一手资料,再动用其他研究方法,开展对这一问题的深入研究。

3. 验证已有的理论与经验

图书情报学中有许多学术观点是有争议的,检验这些观点的正确性倒不必全面重复许多研究,往往只需选择一定的典型观察对象,进行观察就可以进行查核了。例如,文献[4]的作者提出工厂的科技人员的情报摄取而较窄,情报散布面与摄取面存在着巨大的"剪刀差"。为此,造成了许多"情报盲区"或"情报死角"。工厂的情报工作者应当有系统,有分工地逐期浏览大量期刊文献,然后从其中筛选出有用的信息,提供给有关专业工程技术人员,以填补他们的"情报空白"。如果采用观察法,选择好观察对象,去工厂实地观察,就会发现这种主张是非常正确的。为此本书作者曾至某工厂观察一周,工程技术人员对本专业的"活"情报——直接交流所得的情报,一定期间(半年)内可掌握到80%,而相形对期刊文献最多不超过20%,的确存在"情报盲区"。

观察法在实际应用中,被证明的确具有如下的优点:

①直接性,观察法可以直接搜集资料,特别是搜集非言语行为

的资料,明显地优于其它诸法;

②自然环境,被观察的行为发生在自然而非人工环境里,使行为逼真而不变化,有益于得到真实而准确的观察资料。

观察法的某些优点是独有的,有些缺点也是严重的:

①难于控制。正因为观察发生在自然的环境里,研究人员往往对可能影响观察的外部变化无力控制。

②难用数量表示。观察研究中的测量,一般采用非数值表示的知觉形式,而不是采用其它方法中的定量表示法,观察人员不是事先具体阐明一种特征(例如上文提到的"情报盲区"),并准备一种尺度去测量之,而更主要的是在事件出现的当时,即时地进行观察与记录。

③样本容量微小。从理论上讲,观察研究若有足够的观察人员,可以使用人数众多的观察对象。然而,由于观察往往得深入进行,资料常是主观而又难以定量化。同时。两个或更多个观察人员所搜集的资料不能互相对比,观察周期长等多种原因,观察规模不宜过大,观察样本容量一般都较小。

第二节 实验法的概况与应用

从认识论的角度来看,实验是探索未知事物的一种重要实践。列宁曾指出:"唯物主义明确地把这个尚未解决的问题提出来,从而促进了这一问题的解决,推动人们去进一步的实验研究。"[①]实验方法是一种高度控制的方法,其目的在于表明一个或多个自变数与一个或多个应变数之间的因果关系。在图书情报学的科研实践中,与社会科学一样,实验是一种获得社会信息的人为方法。这

① 《列宁选集》,第2卷,第41页。

种信息就是,研究对象因受某些管理因素和控制因素(变量)的影响,而在活动与行为的指标上所产生的数量与质量的变化。例如图书馆的规模(馆舍、藏书量、工作人员水平与人数、经费)与开展参考咨询的深度、广度的关系,就可以通过人为控制下的实验得出结果,找出因果关系。

为了具有更完备的概念,下面我们作一些术语的解释。

其作用与强度由实验人员来确定的变数,可以称之为可管理变数。如果变数的质量、数量,以及作用方向都是在实验人员所规定的范围内进行变化的,那么这种参数就是可控制变数。受研究人员管理和控制的变数就是自变数。由自变数决定其变化的变数,称之为应变数或倚变数。例如,在研究之前,情报中心都是实行无偿服务的,如果实行部分的有偿服务,这就产生了自变数。实行有偿服务后,带来了出勤率、集体关系、学习空气等变化,这些就是因变数。至于从构成研究对象的各种因素中,选择哪一种因素作为自变数与应变数,这将取决于研究假设(准备弄清什么)和研究对象的性质(要测量什么)。

所谓控制,包括:实验环境的控制、亦即使可能影响实验的任何环境或外部因素保持不变,不然应使它们受到控制;实验人员的控制,即可以利用配对或随机化等方法,将受验者分派到各个实验组和控制组内,以控制这些组的受验人员构成。

自变数控制,通常亦称为实验刺激(experimental stimulus),实验人员理想地对自变数施以控制,并将这一变数给予实验组,而不给予控制组。实验人员无论将自变数给予实验组之前(前测 pretest)或其后(后测 posttest),均有能力测量应变数的值,其差值便能大致反映出自变数所受到的影响。

所谓封闭度是实验人员将需加控制变数与同一研究领域的其余变数"封闭"起来,研究人员能控制有关变数所达到的程度。显然,自然科学实验中,研究人员可达到相当高的封闭度,常常可以精确地将实验环境同外部环境隔离开,从而创造一个人造环境,这种环境接近完全封闭,但是社会科学内的研究对象多是人,对他们的控制是难以彻底的。例如,实验考查"对外开放,对内搞活"经济政策的贯彻执行,对用户情报意识增强的影响,就很难人为地控制所有变数,因而封闭度不会很高。

一、实验方法的特点步骤

实验作为一种获得社会信息的方法,它在图书情报学中应用的特点,其实就是受验对象以及他们在实验过程中的一些特点。这些特点主要有以下几点:

1.图书情报学中主要的受验客体是参与各种情报过程的人。其主观方面意味着,客体本身能够反映外部世界。并且这种反映是按个人经验行事。研究主体在一定程度上也是主观地感知他从实验客体处得到的信息。研究人员在对这些变数施加刺激,并研究其因果关系之后,就可查明这些变数的作用。在自然科学的实验中,对实验客体的影响通常要受到规定时间限制的影响。而对图书情报学来说,实验客体就根本不受实验时间限制的影响,这一极为重要的时间影响条件就不起作用了。因为实验客体具有记忆能力,它在很长时间内积蓄因果变数的作用,这就大大限制了控制影响客体的可能性。当然也限制了实验法在图书情报学中的应用。例如,采用实验法考察两位根本不懂日文,但掌握假名读音的图书馆人员分编日文图书的效率。在规定的实验时间内,其它条件尚能控制,下面的因素就殊难控制了,受验者之一通晓英语,他可以念日文中外来语的假名发音,能从音译角度来理解词意。这就有可能较其它受验者表现出更高的分编效率。

2.因果关系异常复杂。

图书情报学的各种参数较之自然科学要多得多,不仅多而且参数之间交叉错乱地互相影响,呈现出多维空间状态。这便往往很难准确地提出实验任务,构思实验程序。例如想考查影响检索效率的因素,这些因素总的来说是来自:检索语言的质量、标引的质量、检索人员的水平。有人统计手工检索情况下直接或间接影响的因素共有 27 项,可见综合找出这些因素的影响,确定因果关系,那将不是一件简单的事。

3. 要预先提出假设。

正因为变数是多维的,因素关系异常复杂,由此产生的第三个特点,就是实验前要提出假设。即对被研究现象之间存在因果关系的假设,否则实验方法很难行之有效地被运用。例如,要研究迅速产生企业情报效果的问题。显然,企业的情报效果的影响因素又多又杂。若开展情报人员"指示情报源"的工作,以对工程技术人员实行部分地情报保证,这将会加速产生情报效果。我们可先假定两者存在着线性关系,这样便会准确地提出实验任务,选择受验单位,设计实验步骤,把实验顺利地开展下去。

实验方法是以应变数(结果)发生时,实际观察其中的变化为基础的。这与社会调查法观察完全不一样,调查法观察是无结果而言的。因此,实验方法的常规步骤也是据此而建立的:

1. 按既定的因果关系假设,一个变数(自变数)导致第二个变数(应变数)的变化;

2. 测量应变数(前测);

3. 将自变数引进实验,如业已存在、令其改变;

4. 再次测量应变数(后测)。看是否应变量的变化会导致产生有意义的结果。

实验只要实现了"封闭",那么应变数在测量前后的任何变化(即用后测所得分数中减去前测所得分数来计算)均可归因于"测量刺激"。然而,大多数情况下,不能取得理想的封闭,因而结论绝不能拿自然科学的传统实验观点来衡量。

例如,实验人员正在研究录像手段对提高情报意识的影响。

他录制了一系列长达数小时的、宣传情报有效功能实例的录像片，如果令受验者连续一个月，可否使受验者蒙受教育，因而提高重视情报、使用情报的自觉性呢？问题是不能有效的"封闭"。实验者在观看录像接受实验的一个月内，他可有多方面的社交、可有大量的阅读等行为，这些行为有可能抵消他从录像得来的正面收获，因而这种外部因素是不能控制的。那么这种"自觉性"会不会提高、提高多少则是难以断定的。如果缩短时间，令受验者在数小时内与外界隔绝的情况下观看，可是他的思想并未与外界隔绝，同时这样安排实验也是行不通的。

更值得注意的是，即便在所研究的原因变数不存在时，后测数值也可能会同前测数值不一样，这时就要设法测量外部的变化，并应将这一变化从前测数值和后测数值的总变化中减去。变化的其余部分则可归因于测量刺激。为了扣除外部的变化，必须设立两个组。给予测量刺激的那个组为实验组（experimental group）不接受测量刺激的那个组为控制组（control group）。通过从实验组内的总变化中去掉外部变化（控制组中的变化）的方法，人们可估计出由于原因刺激而发生变化的程度。

二、因素的依赖关系

图书情报学中的因素繁多，互相有依存的关系。这些关系尽管各种各样，但不外是以下几种类型：

1. 任意结合两种因素，因素 A 会引起因素 B 的出现，而且 A 离开，B 就不能存在。在这种情况下，A 是 B 存在的必要和充分条件。例如，参考文献和引文分析作为两种因素时，参考文献即是引文分析的必要和充分条件。因为有参考文献的出现才有引文分析，参考文献取消时，引文分析也就无从谈及了。

2. 任意两种因素结合中，因素 A 引起因素 B 的出现，但是有时尽管因素 A 不存在，因素 B 照样存在。在这种情况下，A 是 B

存在的充分条件,但不是必要条件。例如,文摘与文献检索的关系,文摘是文献检索的充分条件,但不是必要条件。因为文摘没有时,人们可以通过参考文献也可以进行文献检索,如果不是苛求的话。

3.若因素 A 不存在,也会使因素 B 不存在,但因素 A 存在,因素 B 不存在的情况也是常有的。这种情况下,因素 A 是因素 B 存在的必要条件,但不是充分条件。例如,一次文献与二次文献的关系,一次文献不存在会引起二次文献不存在;但一次文献存在了,二次文献也可能未加以编制。所以一次文献是二次文献的必要条件,而不是充分条件。

4.因素 A 本身既不是因素 B 存在的必要条件,也不是充分条件。但是在同一些因素的一定结合中,因素 A 引起因素 B 的出现,而在这一结合中,因素 A 不存在时就会导致因素 B 也不存在。而在因素的其它结合中,A 与 B 不会出现任何因果关系。在这种情况下可以说,因素 A 是使因素 B 存在的许多可能的充分条件之一的一个必要组成部分。例如,CA 检索出版物中,文摘正文(每年两卷52期)与"索引指南"不存在什么因果关系,但是当有文摘正文(期)、主题索引("普通主题索引"和"化学物质索引")、分子索引、索引指南结合时,CA 的"期"就是使索引指南存在的许多充分条件之一的必要组成部分。

5.如果研究人员涉及到第三或第四类依赖关系时,他就应该进行重复分析或控制性研究,并且应回答什么是使 B 存在的充分条件的其它部分(包括 A 在内)。同时可能会发现 A 是因 A、C、D 总体存在的必要条件,而这些因素加起来又是因素 B 存在的充分条件。如上所述,一次文献不是二次文献的充分条件,重复分析可找到索引语言是二次文献的充分条件,则一次文献是一次文献及其索引语言总体存在的必要条件,而一次文献及其索引语言又是二次文献的充分条件。

6. 函数关系,即因素 B 的值(强度、量)取决于因素 A 的值(强度、量),也就是说,B 的值是 A 的值的函数。如一次文献量与检索工具中描述记录的数量(条目数量)就是函数关系。函数关系可以表现出直线或曲线性质。

三、实验设计

实验中影响因素很多,又很难实现完全的控制,为查明与消除外部因素的影响,最好设立两组或更多的组,其中至少包括一个控制组。像这样科学的安排实验组别的作业,称为实验设计。

最简单的实验设计是只有一个唯一的实验组,被称为无控制组的前后实验,这种设计无对照测量外部变异的控制组。因而只有当实验人员能够假定外部变异处于最小限度的时候才能应用。其具体步骤是:①选择受验对象,②选择实验环境,③前测,④给予实验刺激,⑤后测。既然在前测与后测的分数差值的总的变异,可归因于原因因素,则这一原因的公式是:

原因(实) = 后测(实) - 前测(实)

当必须考虑外部影响时,便应设立控制组,即一个实验组,一个控制组。其具体步骤是:

实　验　组	控　制　组
1 选择受验者	选择受验者
2 选择实验环境	选择实验环境
3 前测	前测
4 给予实验刺激	后测
5 后测	

两组的原因公式是:

后测(控) = 前测(控) - 差分(控)

后测(实) - 前测(实) = 差分(实)

原因(实) = 差分(实) - 差分(控)

128

如果自变数不止一个,而每一个自变数又可给以不同的程度,那么就可以出现多组设计。图书情报学的科研实践,完全可以借鉴社会科学常用的多组实验设计:所罗门两控制组设计,所罗门三控制组设计,因子设计以及拉丁方设计等。

应当强调一下的是,选择受验者后,还应当把他们科学地分配到各实验组和控制组。其方法是:随机化法,简单配对法,频数分布法。

四、实验方法的具体应用

实验法在图书情报学研究中的应用目前还不够普及,原因是多方面的,主要是实验难以封闭,无法准确地提出实验任务。图书馆与情报中心的工作人员,在日常工作中采用实验法的原则解决具体问题,那倒是屡见不爽的,只是未能刻意加以总结而已。

1. 评价各种检索语言

各种分类表及词表试用阶段,其实就是用实验方法检验它的性能的实践过程。在这种情报下,往往是新的分类表与词表刚编就,它们的质量如何,性能怎样,如果不经过标引试用那还只能是一种揣测而已。当然这种"揣测"都是肯定的。用实验法来评价,并不严格按上文所介绍的程序进行,一般通过试标引,实验人员的体会就是评价意见。但是,如果书写报告时,只是阐述自我感受,那还只停留在定性的描述上,一定要反映出某种因果关系才好,特别是要包括有应变数的后测变化才有说服力。

2. 检验新办法、新制度的优越性

在图书馆、情报中心日常科学管理中,常常要实行一些旨在革故维新的办法与制度。对这些新办法、新制度带来的高效率和新秩序,自然事先都有所假设,如想证实这些估计与假设,采取实验方法是很经常的。例如,证实检索工具的闭架借阅与开架阅览的优越性,就可以选择一定数量的受验者,分成实验组与控制组,开始两组都闭架借阅检索工具来查寻文献,经四小时测定两组的平均查找率(篇/时),这就是所说的先测。然后控制组依然闭架借阅检索,实验组开架阅览检索,经四小时后测两组的平均查找率(篇/时)。结果发现开架阅览检索查找率将提高3—5倍以上[5]。

3. 考查新机构、新体制的可行性

图书情报事业中,经常会成立新机构、合并老的部门,形成新的隶属关系,实行新的服务体制。这些新机构,新体制,都可以在缩小规模,而且又在"象征"性的封闭情况下,进行实验。这种实验在我国社会学中常称之为"试点"。实验的结果不大可能获得量化的结论,但完全可以找出问题,积累经验,取得借鉴,以利于可行性的论证。

经过长期在社会科学中应用,实验方法已被证明至少有如下的优点:

第一,确立了变化因素之间的因果关系。

实践证明,实验法在包括图书情报学在内的社会科学中,是最宜于建立因果关系的方法,这种方法可使研究人员能够测量应变量的数值,引进设为原因的自变数,就能观察到应变数所发生的变化。

第二,可以控制。

控制的能力使实验者对资料分析和假设的考察将会产生积极的效果。由于实验法使外部因素造成误差的机会较少,研究人员便可以选择一个小容量的样本,进行得心应手的实验工作。

同时,实验方法也有一些不容忽视的缺点:

第一,人工的环境。

图书情报学中的情报现象总是在剧烈地变化着,若脱离它们的自然形成条件去研究,这种现象甚至就可以不会发生了。因为,人工的环境都将使活动生动的情报过程,变得呆板乃至僵固。

第二,实验人员的影响。

实验人员的主观期望会影响实验的结果。其原因是实验人员给予(或下意识地)受验者以暗示,而受验者又有可能会迎合实验人员的期望。有时也可能是,实验人员为了使实验结果与其假设较密切相符,而对实验结果作了错误解释。当然抵消实验人员期望影响的一个办法是"双盲"实验设计。

第三,难于适度的控制。

可以控制虽然是一个优点,但也还有未尽之处。图书情报学的实验往往会碰到这样的局面:将受验者置于一个"实验室"中,会改变所希望研究的那种行为,但要在一个无拘无束的自然环境中进行实验,大概就会不可能控制那些不利的外部因素,这就是如何适度控制的问题。

第四,样本数量的问题。

实验方法被用来研究用户情报需求是很有效的。其原因就是情报需求是一种心理学的愿望。因为心理学所注意的是集中在一个时期内的一个人,而非一个整体集团,所以实验法在小样本容量下运用可以卓有成效。问题是如果碰到大型研究项目,要求样本容量扩大,那么样本的局限性就暴露出来了。

第三节　克兰菲尔德实验[6]、[7]

英国克兰菲尔德(Cranfield)航空学院图书馆馆长克列汶登(Clevedon C. W.)指导下的研究小组,从五十年代末期到六十年代中期,进行了两次旨在评价索引语言和标引系统的试验。这两次试验轰动了全世界图书情报学界,具有深远的历史意义。实验中一定伴有观察,这就是著名的克兰菲尔德实验。

一、克兰菲尔德实验的背景

从本世纪初直至五十年代,欧美图书馆界对于书本式目录和卡片式目录,字顺排列和分类排列的优劣,进行了无休止的争论,争论双方各执一词。这种争论的质量是不高的。尽是些描述性的说明,或者纠缠在枝节问题上,从而缺乏说服力。五十年代,西方图书情报界又积极地开发和推行新的分类技术和新的标引检索方法的讨论,以比较各种检索语言和标引系统的效率,优选出质量好、效率高的标引语言与标引系统,从而提高检索系统的效率。

采用实验方法考察各种索引语言效率的先驱是美国武装部队技术情报局。该局曾于五十年代初进行了标题系统与单元词系统的对比实验,虽然由于评价标准的分歧,没有得出具体的结果,但是它表明为了说清楚悬而未决的问题,必须采用有控制的实验方法。

尔后,1953 年在克兰菲尔德航空学院,进行了一次利用单元词标引航空文献的实验。实验中用 40 个针对原始文献的提问,来检索 200 篇文章,成功率达到 82.5%。相继又进行了国际十进分类法与单元词系统之间的比较试验;阿姆斯特丹航空研究所编制的航空专业索引语言同国际十进分类法之间的比较试验。这些试验均有其不甚严密之处,因此有许多不可比性,难以说明问题。但是这些尝试性的实验已明确地提出,用于标引和检索的费用,应该作为衡量检索系统效率的指标。克列汶登本人也参加了这些试验,他意识到,必须人为地控制实验条件,作好封闭,采用经济指标作为比较的基础。

1955 年克列汶登在英国图书馆协会的一次专门会议上,发表了一篇论文,呼吁采用实验法对争执不下的系统决出高低。1957年美国国家科学基金会给克兰菲尔德试验计划提供了资助,于是便开始了两次著名的克兰菲尔德试验。

二、第一次克兰菲尔德实验

1. 时间:1957—1962 年。

2. 地点:英国克兰菲尔德航空学院。

3. 实验目的:进行各种标引系统的比较效率研究,建立一种方法以便比较下列四种索引语言的效率,它们是:①国际十进分类法,②字顺标题目录;③分面分类表;④有组配功能的单元词系统。

4. 实验客体:选派了三名标引人员:①既有标引经验,又懂得航空专业知识;②有标引经验,但不熟悉航空专业知识;③刚从图书馆学校毕业的毕业生,既无标引经验,又无航空专业知识。其实这等于把实验划分为三个组,也可以说第③种人员,就是控制组。

5. 实验过程:①控制了如下的影响因素:被标引文献本身的特点,标引系统,标引人员对标引文献的科学知识水平,标引人员对标引系统的熟悉程度,索引的大小规模,查寻索引的提问类型。②选择有代表性的被标引文献 100 篇,其实就是自变数。③确定标引的时间定额为:2 分钟、4 分钟、8 分钟、12 分钟以及 16 分钟等五种。④测定的应变数为标引的费用,编制实际索引的费用,检索的费用。⑤标引共进行了三轮,每人标引的文献为:

$100 \times 4 \times 5 \times 3 = 6000$ 篇,总计 18,000 篇。

6. 结果与讨论。

①实际标引表明:按分面分类表进行标引,遇到的麻烦最多,字顺标题法限制性最大,国际十进分类法的标引问题不多,单元词标引问题最少。在标引中有以下一些统计数据。当标引到 6,000 篇文献时,产生了 2,350 个国际十进分类法的标记单元,2,684 个字顺标题款目,1,686 个分面标记单元,以及 3,174 个单元词。对每篇文献而言,平均标引词的数量随着标引时间的延长而呈现出相对下降的趋势。

②实验中发现,各标引人员之间所作的标引,缺乏一致性,这

从反面论证了标引的一致性对提高检索效率的重要性。

③在详细规定了检索提问和检索成功的标准和实验办法。结果发现,四种标引系统的效率几乎是相等的,只是单元词索引效果最好,而分面分类法最差。实际数据是,对按国际十进分类法标引的系统来说,检出所需文献的成功率为 75.6%;对标题法标引的系统来说,成功率为 81.5%;对分面分类标引的系统来说,成功率为 73.8%;对单元词系统来说,成功率为 82%。

④这次实验反映出,对于检出高度相关的文献资料来说,国际十进分类法的系统成功率为 74%,标题法系统为 75%,分面分类法的系统为 74%,单元词的系统为 75%。这同③比较起来,试验结果要低一些。说明对检索来说,作业条件是重要的,特别是如果使检索策略较为严格的话,试验的成功率还有下降。这一点刚好如同在单元词系统试验中所表明的那样,查全率和相关率(查准率)呈反变的关系。

⑤不同水平的标引人员之间,在标引效果上没有重大的差别。还发现前后进行的三轮标引结果也没有重大差别,这些发现是意想不到的。

⑥规定的每篇文献平均标引时间定额,2 分钟是不适当的,这会导致失误的增多。4 分钟是合适的,超过了 4 分钟,所增加的标引时间对标引质量并无多大改变,这也是有点出人意外的。

⑦这次试验还分离出两个重要新概念:"网罗度"和"专指度"。认为最大的查全率取决于标引的网罗度,最大的查准率取决于标引的专指度。

第一次克兰菲尔德实验成功地用实验法推翻了人们的一些成见,检索系统是可以通过试验来评价的。但是这次试问题也不少。主要是实验方法不够严谨,实验封闭得不够完好。许多外部因素没有得到控制,也有些是根本无法控制的因素,因而又进行了第二次克兰菲尔德试验。

三、第二次克兰菲尔德试验

1. 时间:1963—1966 年。

2. 地点:同第一次试验。

3. 实验的改进:对第一次试验主要改进如下:

①索引语言是由若干不同措施构成的。这些措施可以分为两类:其一有利于改善查全性能的。如同义词的合并,字形变化的词的集中混合,体现词与词之间联系的等级上的关联等等。其二是利于改善查准性能的,如组配、加权、连号与职号等等。这次试验将上述措施按着组合方式,分别形成了二十九种不同的索引语言,着重考察了这些措施中的每一种在单独使用时,或者以任何可能方式组合使用时,对查全率和查准率的影响。

②这次试验选择实验文献扩大到 14,000 篇,请这些文章的作者充当检索者,协助拟定了 279 个针对这些实验文献内容的提问。同时重新明确了实验文献的选择,提问的拟定,以及相关性的判断,并决定以查全性代替相关性。

③实验中增加了带有人为控制的,有变化的检索。

④实验中研究了加权法及其影响,即对标引词进行加权,对相关性判断进行加权。

4. 结果与讨论。

①发现使用从文献抽出的单词(自然语言)的系统,在消除其同义词和将字形有变化的词进行混合的情况下,所得结果是较其它索引语言更为优越的。但是,用自然语言来表达复杂概念的标引系统,效果最差。

②在索引语言中,中等规模的词汇量是比较好的。实验中,只包含单词并合并字形变化词的一种语言,所得的规格化查全率为 65.82%,这是最高记录。另一种只有 3.6 个词(代表等级分组的第三级)的语言,所得结果为 61.17%,而使用自然语言表达复合

概念的一种语言(包含 10,000 个词),所得结果为 44.64%。

③实验进一步证实的查全率与查准率的反变关系,试验报告中指出:"每一组数据都支持原先这样的假设,即查全率同查准率之间存在着反变关系。就这点来说,改变一个新系统的可变因素是不重要的,无论是组配级别的变化,标引网罗度的变化,所采用的查全措施的变化,等等,都不可能找到例外的情况,而这种反变关系,我们宣布为基本的法则"。

四、克兰菲尔德试验的方法论意义

从方法论角度来看,尽管采用的实验方法本身有失严谨,有失实验方法的规范。但是,实验方法的原则都顾及到了,可以说是实验方法在图书情报学科研中,一次卓有成效的应用。其贡献主要有:

1. 实验明确地证明,图书情报学中某些"讲道理式"的探讨与争辩,当无法统一意见时,应当启用实验方法。当然无争议而旨在探索未知时,运用实验方法也是好的。克兰菲尔德实验在情报检索系统的试验和评价方面,堪称具有经典意义。

2. 实验方法的探索和揭示能力是很强的,完全可以突破某些习以为常的观点。两次实验都爆出一些"冷门"——标引人员的水平与标引效果关系不大;单词索引比其他任何索引语言都要优越……。这些事实带来的启示是,实验方面因为有助于建立变量之间的因果关系,还可能修正原来由经验所确定的假说,展现新的因果关系。所以实验方法应当广为应用,以求发现情报现象的新的内在联系,发现新的规律。

3. 克兰菲尔德实验,推动图书情报学领域内的科学实验活动。这个实验结束后,仿效的实验多起来了,人们在注意借鉴这个实验的科技成果同时,也很珍视这个实验方法的应用经验。

参考文献

〔1〕贝弗里奇,W. I. B.,科学研究的艺术,科学出版社。1979 年,北京,102 页。

〔2〕Barnos,M,Relationships between Public Library Staff and Users,CROS News, 1980,No4,P6—9。

〔3〕王福近,读者逆反心理初探,图书馆学业务研究,1984 年,第 5 期,99 页。

〔4〕王勇,试论工厂企业情报工作的特点,情报科学,1982 年,第 1 期,21—23 页。

〔5〕王崇德,桂林市科技文献检索竞赛总结,1982 年(内部资料)。

〔6〕Jonas,K. S.,Information Retrieval Experiment,London,Butterworths,1981.

〔7〕陈光祚,各种索引语言与标引系统的比较评价,图书情报知识,1983 年, 第一期,12—17 页。

第六章 理性思维方法

如果说社会调查法与观察实验法主要是一种直观认识方法，也就是通过调查、观察与实验来获取大量感性资料和经验，那么这些方法的初级阶段还不能达到客观事物的本质与规律的认识。因此直观认识的方法，必然要顺理成章地向理性思维方法过渡。

思维是在人的劳动过程中形成和发展起来的，是人的一种创造性能力，一种认识的高级形式。思维的实质是借助抽象来反映客观世界中事物或过程本质的一种复杂劳动。理性思维是用理论来思考和表述的思维活动，其主要思维过程手段是概念、公式、原则等。本章将介绍科学抽象，对比与分类，归纳与演绎，分析与综合，证明与反驳等方法。应当强调的是，它们之间的关系并不是同位与并列的，它们之间存在着某些交界、承接、兼容等关系。

第一节　科学抽象及其在科研中的应用

科学抽象是理性思维方法的一种形式。抽象就是在思想中分离出事物的某些属性和联系，而撇开另一些属性和联系的过程，人们把由于这一过程的结果而得到的概念称作抽象。为此，恩格斯说，科学中使用的概念是一种"简称，我们可用这种简称，把许多不同的、可以从感觉上感知的事物,依照其共同的属性把握住"。[①]
图书情报学活动中已积累了异常丰富的实践经验,这些经验急待
加以科学抽象来揭示客观现象的本质和规律。

例如,文革后期各地、各类、各种形式的情报网又多又活跃,这
是为什么呢? 难道真是"群众运动的新高涨",是"社会主义的新
生事物"吗? 如果是,为什么不能把这种热潮持续下来呢? 为什
么情报网现在正在务实地、平静地发展着呢? 如果丢开表面现象,
探究其本质,那就很快发现,十年动乱中具有科技交流作用的传统
的组织——各种学会荡然无存了,科技交流的有效载体——书刊
几乎绝迹。社会的情报交流系统是能自我调剂的,科技交流本身
有其不可扼杀的固有活力。情报网的大量涌现,正是科技交流大
系统中,某些子系统功能消失时,代之而来的是新交流形式和渠道
的出现,建立新的交流子系统。可见科学抽象可以掌握图书情报
现象的本质和规律,使人们不被表面现象所迷惑。

一、科学抽象的作用和意义

通过科学抽象,人们才能就事物的内部联系对现象作出统一
的科学说明。列宁说过:"物质的抽象,自然规律的抽象,价值的
抽象等等一句话,那一切科学(正确的、郑重的、不是荒唐的)抽
象,都更深刻、更正确的、更完全地反映着自然"。[②] 科学的抽象不
同于荒唐的玄想,它以实践作为自己的前提和基础,如果没有实践
或资料,科学抽象是无从谈起的。在图书情报学的科学研究中,它
有如下的作用和意义。

1. 区分事物的假象,暴露事物内部的本质联系。

马克思说:"如果事物的表现形式和事物的本质会直接合而

---

① 恩格斯:《自然辩证法》,第 214 页。
② 列宁:《哲学笔记》,第 181 页。

为一,一切科学就成为多余的了"。① 只要仔细地观察一下周围的事物现象与本质,的确是普遍存在矛盾的,而且往往还有一种假象。假象不仅掩盖着事物的本质,而且还歪曲地反映着本质。两类本质不同的事物之间,呈现出某些表面上的相似之处,常使人们产生错误的联想,把外在的、非本质的联系误认为是内在的、本质的联系。因此,科学抽象的一个重要方面就是对现象进行分析和鉴别,撇开和排除那种外在的、非本质的联系,让本质的联系暴露出来。我们可以实例来说明。

近年来,通俗文学以及侦察、推理、惊险小说拥有广大读者。但是,若从图书预订统计来看,订户近年来却呈现出锐减的趋势。表6-1便是某市的1983年社科图书预订情况[1]。

表6-1 1983年社科图书预订比较表

类 别	比率(%)	序位	类 别	比率(%)	序位	类 别	比率(%)	序位
体 育	21.50	1	外 语	5.83	7	政 治	2.52	13
文 学	19.18	2	史 地	5.31	8	美学伦理	1.49	14
文化知识	7.32	3	教 材	3.99	9	惊险小说	1.22	15
音乐舞蹈	6.67	4	经 济	3.77	10	法 律	1.16	16
青年修养	6.07	5	传记回忆	3.15	11	戏曲电影	1.16	17
美术、书法、摄影	5.97	6	哲 学	2.74	12	儿童读物	0.94	18

惊险小说预订率下降,能否说明读者阅读兴趣发生相应的改变呢? 如果认真地进行科学抽象,就会发现预订率下降是读者阅读动态的假象,预订率的下降并不说明读者对惊险小说的兴趣有重大变化。由于大型文学刊物的陆续创刊,通俗读物的大量发行,惊险小说发表的频率提高了,周期缩短了,渠道多样化了。惊险小说的图书形式由于出版滞后,已被报刊捷足先登了。此外,本书作

---

① 马克思:《资本论》,第3卷,第936页。

者曾统计 25 种省、市日（晚）报,在 1983 年二、三季度内,有 16 种报纸连载国内外惊险小说。因此,惊险小说预订率的下降是没有真实地反映读者阅读兴趣的假象。

2. 有利于从纯粹形态上考察事物的运动过程

图书情报学领域内各种实践的内部过程并不纯粹和单一,本质常常为纷繁的现象所掩盖,使其面貌变得模糊不清。如要考察它的各种内部过程,必须暂时地、有条件地撇开与当前考察无关的内容,撇开次要过程与干扰因素,把事物的自然即具体而复杂的表示形态变成比较纯粹的形态,让其主要的基本过程充分地暴露出来,予以精细的研究。为了在纯粹的形态上考察事物,可以用选择典型的方法,在较少干扰的地方去研究客观事物,并且在取得感性经验的基础上,借助于抽象的力量把过程进一步纯化。正如恩格斯所说的:"为了能够从纯粹的状态中研究形式和关系,必须使它们完全脱离自己的内容,把内容作为无关重要的东西放在一边,这样,我们就得到设有长宽高的点,设有厚度和宽度的线,a 和 b 与 x 与 y,即常数和变数,……"[1]

例如,布拉德福定律是讨论论文在期刊中的分布规律,其直线部分数学形式为:

$$R(n) = K\log(n/s) \cdots\cdots\cdots\cdots\cdots\cdots\cdots\cdots\cdots\cdots（1）$$

齐夫定律是讨论调频分布规律,其修正式为:

$$f = K/r^d \cdots\cdots\cdots\cdots\cdots\cdots\cdots\cdots\cdots\cdots（2）$$

洛特卡定律是讨论作者分布规律,其表述式为:

$$N = K/n^2 \cdots\cdots\cdots\cdots\cdots\cdots\cdots\cdots\cdots\cdots（3）$$

这些定律研究的对象不同,其具体内容也不尽相同。但是我们借助抽象的力量,把它们转化为纯粹的形态,即:

布拉德福分布是累积分布,R(n)表示 n 以前的累积数,对

[1] 恩格斯:《反杜林论》,第35页

（1）式微分：

$$\frac{dR(n)}{dn} = \frac{K}{n}$$ ……………………………………（4）

对（2）式来说，可变为：

$$r = (K/f)^{1/d}$$ ……………………………………（5）

微分后可得：

$$\frac{dr}{df} = (K^{\frac{1}{\alpha}}) \cdot 1/\alpha \cdot f^{-(1+1/\alpha)}$$

若 d＝1，即对简单的齐夫定律来说：

$$\frac{dr}{df}\Big[_{\alpha=1} = \frac{K}{f^2}$$ ……………………………………（6）

可见式（6）与式（3）相似。以上三个公式（即2、3、6）均可用下式来表示：

$$f(n) = K/n^d \qquad (1 < \alpha \leq 2)$$ ……………………（7）

式中：Kα. 为常数，f(n)为含有几个具体事项主体来源数的分布密度[2]。

由于我们把这三个定律的具体内容丢开，完全纯化出来，给予专门的研究，就可以反过来更好地在纯粹的形态上，认识这三个定律。

3. 把决定事物性质隐含的基础提炼出来

图书情报学中事物总是具有多种属性和关系的。然而，它们在事物矛盾的总体中所处的地位并不相同。有些是属于基础的东西，有些则是由这些基础派生出来的东西。派生的东西一般地说是在感情上可以把握，或者是比较容易把握的那些属性和关系，而基础的东西则比较隐蔽。科学抽象有力量足以区分基础的东西和派生的东西，能够深入事物或过程的里层，把决定事物的隐蔽基础抽象出来。

譬如，由于客观的社会需要，科技情报产生一个循环系统，其中明显地分成取得科技情报,传递科技情报和使用科技情报的三个过程。不管过程如何复杂,环节如何繁多,都是派生出来的东西。科技情报的基础是什么呢？如果运用理性思维,深入事物的里层,就可以找到科技情报诸过程的基础,就是科技文献。苏联著名情报学家米哈依洛夫指出:"科学文件是科学表现其存在的形式。没有科学文件,不可能有科学,因为每一次研究是以写出科学文件来完成的。"而且还着重指出:"对于人类社会来说,在科学文件之外,是不存在科学情报的,因为科学文件是载录科学情报的物质形式。"〔3〕可见,通过抽象可以找出科技情报的基础是科技文献。

4.将事物的本质作为一个整体完整地抽象出来

找到了决定事物的基础东西,我们就可以此为起点,以简单的概念推演成复杂的概念,把关于事物的各种规定依次地按照内在的联系综合上去,把原先撇开的次要的、无关的因素加以说明,从而把事物的本质从整体上完整地抽象出来。这个过程是一个由简单到复杂,由低级到高级的上升过程,许多科学体系都是这样相对完成的。当人们在决定事物性质的基础上有所突破以后,就以此为出发点向各个方向加以延伸和推广,便会对有关事物的多种多样的属性和表现作出统一的说明。

例如,在克兰菲尔德实验中观察到查全率与查准率呈反变关系,就算找到决定检索系统服务性的基础——检索效率的核心内容。以此为出发点又提出了收录范围(coverage)、新颖度(movcl-ty)、精确度(accuray)和完备度(completeness)等评价标准。把所有的有关因素都综合上去,便可对检索服务的评价标准,特别是其中的质量标准,给予科学的证明。这一评价标准的理论已达到一个相对的完成,形成了较为完整的体系。

二、科学抽象的一般过程

人们对客观事物的认识过程,往往是从个别到一般,即由具体

143

到抽象;然后再从一般到个别,即由抽象到具体的辩证过程。换句话说,就是由"感性的具体"到"抽象的规定",再由"抽象的规定"上升到"思维中的具体",这就是科学抽象的基本过程。

下面就是从贝尔京(Belkin)和罗伯特松(Robertson)到布鲁克斯对情报的科学抽象过程。这里并非是肯定他们关于情报的定义,而是意在说明科学抽象的一般过程,并且是主观设计的。

情报早已深入到人类社会生活的各个角落,许多自然现象和社会现象都打上了情报的烙印。这时情报在人们的认识中是一个整体,但是却不能就其内部联系,对情报加以科学的概括和说明。情报对我们来说是"表现中的具体",或者"感性上的具体"。贝尔京从分析历来对情报的运用情况入手,认为以下七个范围里显示了情报[4]。

1. 遗传(结构主要是由遗传信息决定的)。

2. 不确定性(香农的通讯理论的概念)。

3. 知觉(由感性资料引起的印象结构的变化)。

4. 个人的概念形成(语言 = 符号结构 = 文字,这一关系成立)。

5. 人与人之间的通讯过程(涉及发送者向接受者的影响)。

6. 社会概念结构。

7. 已定形的知识。

我们可以认为,贝尔京得到的"抽象规定"是:"情报是涉及到结构变化的东西"。这一"抽象规定"使人们对情报的认识从表面深入到内部,从现象深入到本质。可是,这种抽象是以纯粹形式出现的,这种抽象的规定,只是情报本质的某一方面。要真正达到对各情报的全面而又整体的认识,还必须运用综合的方法,把对情报各方面的本质认识,联结成一个统一的整体。布鲁克斯就是这样继续进行的:他把情报各属性统一成知识的整体,认为情报是"使人有知识结构发生变化的那一小部分"。[5]他并且以下式加以描

144

述。

$$K(S) + \Delta I = K(S + \Delta S)$$

式中,$K(S)$ 是知识结构,ΔI 是情报,ΔS 是效果,$K(S + \Delta S)$ 表示为新的、修正了的知识结构。

在上式中,知识的增量并非是单纯的增加,另外,知识结构的情报吸收,也并非是单纯的增加,知识的增长意味着知识结构的变化。可见从"抽象的规定"上升到"思维中的具体",即把情报作为整体在思维中再现出来,科学抽象的成果——"思维中的具体",绝不是处于直观或表象之外,或者是凌驾于其上的东西,而是从中抽象出来的东西。"思维中的具体"就其形式而言是主观的、抽象的;其内容却是客观的、具体的。是客观内容和主观思维形式的统一,是具体和抽象的统一。

第二节　比较与分类及其在科研中的作用

人们要正确的思维,就必须遵守思维的规律,使思维过程合乎逻辑。列宁说:"任何科学都是应用逻辑"。[①] 逻辑方法与科学抽象有包孕的关系,逻辑方法是科学抽象的中心环节,科学抽象过程必然要求于逻辑方法。思维是一种非常复杂的活动。但是,它可以分解成一些基本的思维形式和思维方法,比较与分类就是常用的、构成一切复杂的思维活动的基本要素。

一、比较及其作用

人们认识事物是从区分事物开始的,首先就要进行比较,"有比较才能有鉴别"。比较是确定对象之间的差异和共同点的逻辑

---

① 列宁:《哲学笔记》,第216页。

方法。事物之间的差异性和同一性,是比较方法的客观基础,在空间上同时并存的事物之间,以及在时间上先后相继的事物之间,都有着差异性和同一性。因此,比较方法包括空间上的比较和时间上的比较。事物之间不仅存在着现象上的同一和差异,而且存在着本质上的同一和差异。现象上的同一和差异,是容易识别的。黑格尔说:"假如一个人能见出当下显而易见之异,譬如,能区别一支笔与一个骆驼,则我们不会说这人有了了不起的聪明。同样另一方面,一个人能比较两个近似的东西,如橡树与槐树,或者寺院与教堂,而知其相似,我们也不能说他有很高的比较能力。我们所要求的,是要能看出异中之同,或同中之异"。① 科学研究中的比较,正是要在表面上差异极大的事物之间,看出它们在本质上的共同点,在表面上极为相似的事物之间看出它们在本质上的差异点。比较思想即包括求同思维,也包括求异思维[6]。随着比较法在图书馆学与情报学上的广泛应用,已经出现了比较图书馆学[7]和比较情报学[8]。

比较法在图书情报学研究中的重要作用是:

1. 运用比较法,可以对图书情报学现象、过程、趋势进行定性的鉴别和定量的分析。

请看如下事实:表6-2是我国建国以来图书馆学论文数量的对比,从中通过比较可以看出整个学科发展的一般情况。

表6-2　建国以来各时期论文数量比较[9]

	论文数(篇)	年平均数(篇)	比率(%)
49.10-57.12	1755	219	13.5
58-79	2883	173	22.1
80-83	8410	2102	64.4
总计	13048		100.0

---

① 黑格尔:《小逻辑》,第262页。

表 6-2 的数据,可以说明以下几个问题:

①图书馆学研究论文在不断地增加。

②图书馆学研究的发展状况不平衡,34 年里共发表论文 13,048 篇,其中 1980 年至 1983 年就发表 8,410 篇,占总数的 64.4%,为前三十年论文总数的 1.8 倍。再看年平均数,后 4 年为前 3 年的 9.6 倍,为中间 22 年间的 15.3 倍。可见,中间的 22 年,图书馆学研究进展缓慢,而后 4 年则进展迅速。

③再将解放前发表的图书馆学论文数量与解放后作一对比,便可更好地说明新中国图书馆学研究的发展情况,特别是八十年代以后的跃进。据称,从 1906 年至 1949 年的 43 年间,在全国范围内有大大小小、时断时续的 30 多种刊物上,共发表论文 5,358 篇。很明显,这个数字还不及解放 34 年间论文总数的一半,也不及八十年代头四年时间里论文数量(后者为前者的 1.6 倍)。通过比较方法,雄辩地证明了新中国的图书馆学研究比解放前有了很大发展。而八十年代我国图书馆学研究的状况,又是历史上最高水平!

2. 运用比较法,可以揭示出不易直接观察到的变异和特征。

例如,研究各种类型图书馆工作对象、任务、规律的科学,称为专门图书馆学。我国专门图书馆的科学研究工作,在八十年代以来,跃居整个图书馆学科研选题的首位。但是,科研重点专题是什么呢? 这是难以直接区分的,运用比较法就可以揭示出来。

表 6-3　各类图书馆科研选题的比重[9]

数量 \ 类别	高校馆	农村馆	公共馆	儿童馆	专业馆	学校馆	机关馆	部队馆	合计
发文量	1215	285	225	180	100	80	40	5	2180
比重(%)	57	13.4	10.6	8.5	4.7	3.8	1.8	0.2	100

通过比较可以发现,高校图书馆的研究已成为专门图书馆学

中的重点。出现这种情况的重要原因是,全国及部分省、市、自治区高校图书馆委员会的建立,无疑起了重要的促进作用。

3. 运用比较方法,可以追溯事物发展的历史渊源和确定事物发展的过程。

任何事物都有其发展过程,对于时间较短的过程,我们可以用跟踪法进行直接观察。但对于经过几十年、几百年的发展过程,就无法跟踪观察了。然而,用比较法根据有共同特征的事物,可能具有共同起源的道理,可以追溯其历史渊源,根据差异程度较小的事物在时间上相邻较近,反之相隔较远的道理,可以确定其历史顺序,从而可推知任何发展过程的来龙去脉。

例如,从情报的生产到获得的时间延迟,称为时滞(time lag)。它包括如下各环节的时滞:从研究终了到论文的发表,从一次文献到二次文献的编制,二次文献到用户手中。如果研究这一问题,我们勿需从一个成果的产生直到二次文献被收集的全部过程进行跟踪观察。我们只要同时比较各个环节的时滞,就能达到这一目的。研究终了到杂志论文的发表的时滞,也就是出版的延缓(Publication delay)。京(King)等的研究认为,整个科学范围内的平均值是9.3个月[10]。从一次文献问世到二次文献的出版,平均时差为3—6个月,这是波衣耳(Poyer, R. K.)比较四种文献杂志得出的结论[11]。从二次文献到与用户见面的时滞,波衣耳以南卡罗列纳医科大学等为代表,比较的结果是2—3个月,可以得出总的情报时滞是14.5—18.5个月,大约是1年到1.5年。有人也称此为历史比较法。应用历史比较的方法,可以对空间上同时并存事物的研究入手,来认识时间上先后相继的事物变化,可以由能够观察到现象推知无法观察到的过程。

4. 运用比较方法,可以对理论研究的结果进行实践的检验。

实践是检验真理的唯一标准,理论研究的成果可与实际资料相比较,以考察两者之间是否一致,从而得出明确的判断。例如理论研究指出,科学技术交流悠久的形式是非正式交流,专业领域中的非正式交流网络,常常被称为是一个"看不见学院"。是否真是这样呢?我们可以把这一理论研究结果与实际加以比较。图6-1就是克拉屋弗德(Crawford)绘制的有关睡眠研究方面的"看不见学院"。她以数码来标志在一年内保持交流三次的科学家,这是采用社会调查法取得数据而编制出来的[12]。

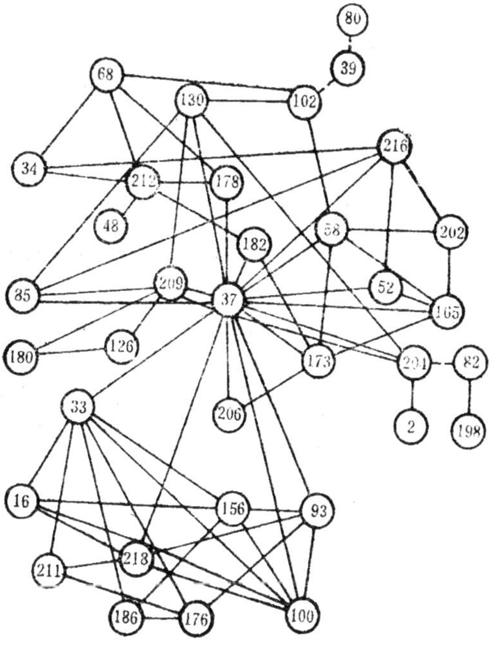

图6-1 睡眠研究方面的明星或核心科学家

该图向人们展示了社会科学明星。看看这些明星或核心科学家之间,是怎样通过非正式交流渠道而联结在一起。

图中用实线表示的是一个核心科学家同另一个核心科学家之

间的直接交流,大部分交流都是这样的。但也有少数情况是两个核心科学家由一个非核心科学家联结起来(图中的虚线)。在睡眠研究的科学家集团中,[37]科学家看来是一个"超星",他实际上把整个交流网都牵联起来。实践证明,学术界的社会明星不仅只是交流中的头面人物,他们一般也是该学科领域研究工作的带头人,是最有成果的成员,也许还是最有影响的人物。理论研究与实际情况相比较,证明了非正式交流理论成果与实际社会情况相符。

二、比较法的局限性

比较法作为逻辑方法之一,在图书情报学的研究中有着广泛的应用。但是,比较方法尚有局限性。正如列宁所指出的:"任何比较都不会十全十美,这一点大家早就知道了,任何比较只是拿所比较的事物或概念的一个方面或几个方面来相比,而暂时地和有条件地撇开其它方面。我们提醒读者注意一下这个大家都知道的但常常被人忘掉的真理"。① 诚然如此,比较法失当的事例并不少见。常见的偏颇之处是滥用比较,不是无可比因素,就是牵强的比较,因而比较的结果也就没有意义。

总之,应当力求完整、准确的比较,以之获得对客观事物更全面、更深刻的认识。

三、分类及其作用

借助比较识别出事物之间的共同点与差异点,然后,根据共同点将事物归合为较大的类,根据差异点将事物划分为较小的类。这样可将事物区分为具有一定从属关系的不同等级的系统,这就叫做分类。要系统地总结和掌握已经识别的各种事物,就要进一步通过比较来进行分类。在这个意义上讲,比较是分类的前提,分

---

① 《列宁全集》,第8卷,第423页。

类是比较的结果。

在进行分类时,要注意以下三个问题:

首先,必须根据对象本质从某种属性或关系来进行分类。由于客观事物有多方面的属性,事物之间有多方面的联系,因而分类的标准也是多方面的。人们可以根据不同的标准对事物进行不同的分类。譬如,对文摘就可以根据不同的标准,进行不同的分类。按传递内容范围可以分为:指示性文摘,报导性文摘,半报导性文摘(semi – informative abstract)。按编制者可以分为:著者文摘,第三者文摘。按表现形式可以分为:文章型文摘,电报文体型文摘。按发表的场合可分为:附属文摘,独立文摘。按使用者可以分为:普通文摘、专门文摘、评论性文摘。按使用语言可以分为:本国文摘、外国文摘。此外还有类似文摘的:摘要(synopsis)、概要(summary)、摘录(extract)等。不管怎样,分类要依对象的属性来进行。

其次,分类作为对客观事物的反映,也有一个从现象分类到本质分类,从不深刻的本质分类到更深刻的本质分类,这是一个逐步深化的过程,所谓现象分类,就是仅仅根据事物的外部标志或者外在联系所进行的分类。这种分类往往把本质上相同的事物分为不同的类别,而把本质上不同的事物归为同一个类别,带有很大的人为性质。所谓本质分类,即根据事物的本质特征或内部联系所进行的分类。一般来说诸如:著作索引、号码索引、图—表索引、文种索引等,都是现象分类所致。而通过主题分析的主题词索引、单元词索引、分类索引等则是本质分类所致。

第三,不管是现象分类,还是本质分类,都必须遵守下面正确分类的必要条件:即分类必须相应相称;分类必须坚持一个标准;分类必须按一定的层次逐级进行。

分类方法在图书情报学研究中有如下的作用。

1. 分类可以使大量繁杂的资料得到整理,为进一步的科学研究创造条件。

一切分类系统都是资料的存取系统。分类系统的建立,都是为存入资料和取出资料,为了便于查考,便于利用,便于研究,便于认识。所以,分类可以为人们提供一种便利的检索手段,从而为人们进行分门别类的深入研究创造条件。例如,用户的情报需求目前已是仅次于情报检索的第二位的科研课题,通过各种方法可以获得大量的资料,这些入手的资料只有加以分类,才能区分并且得到进一步的应用。如何分类呢? 就要按照情报需求的分类来进行。情报需求通常可以分成如下三类:

①回溯性需求;

②最新知识需求;

③日常业务需求。

2. 分类能够为人们寻求和认识某一具体事物提供认识上的借鉴与参考。

由于分类系统反映了事物内部规律性的联系,因而具有科学的预见性。例如,情报需求的影响因素是非常之多的,其个人属性影响最大[13]。属于个人因素主要是:忍耐力,持续力,服从性,积极性,独立心理,依存心理,灵活性,情报吸收能力,出版知识,有关情报源知识,非文献载体知识,外文能力等。由于业已对影响情报需求的个人属性因素找全、找够,并且加以科学地分类,那么,在认识和研究个人属性因素时,上述分类便具有指导意义,可令人借鉴与参考。

四、分类方法的局限性

应当说图书情报工作者对分类方法是很熟悉的,体系等级分类法是应用最普遍的、多功能的一种标引、加工、整理图书的一种方法。分类方法在科研实践中有两条已被证明的缺欠:集中与分散的矛盾。为了区分众多的事物,根据它们众多属性中的一个属性来对事物加以类聚,这些事物能也只能在这一属性(此时已是分类标准)下类聚。而未被选作分类标准的其余属性,被人为地控制或置于不顾,大有抓住一点不及其余之势,造成事物处于分类和紊乱的相对静止状态。这对认识事物是利弊俱在的。另外,要从现象分类进入到本质分类并不是可以一挥而就的,难度较大。必须运用辩证思维,建立适应的分类标准,对具体情况进行具体分析,将事物的各种特征看作一个有互相联系的特征体系,区分出本质特征和非本质特征,主要特征和次要特征,并研究它们之间复杂的因果联系。只有这样,才能够揭示出事物之间的规律性,才能建立科学的、本质的分类系统。

第三节　归纳与演绎及其在科研中的作用

认识运动的一般程序是,"由特殊到一般,又由一般到特殊。"归纳和演绎就是这一认识过程中的两种推理形式,也是两种基本的思维方法。

一、归纳法及其作用

归纳是从个别到一般的推理方法,也就是从个别的事实中,概括出一般的原理。就算不从 1807 年德国的《矿物学文摘》算起,从 1830 年德国创刊《药学总览》算起已经 150 多年了。现在世界上各类检索工具已逾 4000 多种。我们从一种文摘便能察觉,文摘具有一定的广告作用,它能引起读者对这份资料的关心和兴趣。文摘又具有缩略原始文献的作用,这种缩略必须能充分反映原始文献的内容。但是这里所说的广告旨在引起读者的注意,与社会上五花八门的广告迥然不同。一方面一定不会令人误解,另一方面不包含有论文本身之外的内容。经过分析,便推论得出一个一般性认识:一切文摘的本质是对文献的存贮报导和浓缩。这个过程就是归纳推理过程。

归纳法有很多形式,按照它概括的对象是否全面可分为,完全归纳法和不完全归纳法。完全归纳法是从全部对象的一切情形中,得出全部对象的一般结论,例如数学上的穷举法。但实际事物中会含有无限多个对象,根本不可能穷举。所以,只能根据一个或几个(不是全部)情形的考察,作出一般的结论。这种推论方法就叫不完全归纳法。它又可分为简单枚举法和科学归纳法两种。简单枚举法是根据部分对象具有的某种属性,概括出一般结论的推理方法。某些图书的等级体系分类法的分类就是简单枚举法。科学归纳法是根据对某一门类的一部分对象本质属性和因果关系的研究,也就是从事物的因果关系中揭示事物的必然联系,作出关于这一门类的全部对象的一般结论的推理方法,也叫判断因果联系的归纳。

科学归纳法对经验科学十分有用,它根据因果规律的特点,在前后相随的一些现象中,通过某种现象的相关变化,如同时出现,同时不出现或同时比例地发生变化等事实,归纳出现象间的因果联系,它包括:

①求同法　即从不同场合中找出相同的因素:

有关因素		被考察对象
A、B、C	→	a
A、D、E	→	a
A、E、G	→	a

A 和 a　有因果联系

②存异法　即从两种场合之间差异中找出因果联系:

有关因素		被考察对象
A、B、C	→	a
B、C	→	a 不出现

A 和 a 有因果联系

③求同存异共同法 即将求同法和存异法两者结合起来找出因果联系：

有关因素		被考察对象
A、B、C	→	a
A、D、E	→	a
G、E	→	a 不出现
M、Q	→	a 不出现

A 和 a 有因果联系

④共变法 即从某一现象变化所引起的另一现象变化中，找出两个现象之间的因果联系：

有关因素		被考察对象
A_1、B、C	→	a_1
A_2、B、C	→	a_2
A_3、B、C	→	a_3

A 和 a 有因果联系

⑤剩余法 即在一组复杂的现象中,把已知因果联系的现象减去,探求其它现象的原因：

有关因素	被考察对象
A·B·C	a·b·c
B	b
C	c

A 和 a 有因果联系

在这五种方法中,求同存异共同法是求同法和存异法两种方

155

法的结合,共变法和剩余法是求同法和变异法的引申和补充。因此,最基本的方法是求同法和存异法。

归纳法在科学研究中主要作用是:

1.归纳法有助于从经验事实中找出普遍的特征。

一门学科在其发展中,无一例外地都有一个积累经验材料的时期,图书情报学自然也是如此。图书情报学正面临着从大量观察、调查得来的资料中,建立自己的科学体系。归纳法正是从经验事实中发出普遍特征的认识方法。例如,经常使用检索工具一定会发现,各种索引如词语索引,无不都是标题词,或是单元词、关键词等项目,加以文摘号(有时是页码等)来表示,我们在大量经验事实的基础上,可以归纳出索引的最基本表示方法是:款目+地址标识。这正像物理学家爱因斯坦所说的那样:"科学家必须在庞杂的经验事实中间抓住某些可用精密公式来表示的普遍特征,由此探求自然的普遍真理。"

2.归征法可令人从个别事实的考察中,受到启发,接近真理。

无数事实证明,归纳法推动着人们的认识过程,使之不断地逼近真理。例如,在克兰菲德实验中发现,当要求全部概念都完全满足时,查全率为65%;当此所要求的全部概念少一个概念而能认可时,查全率为85%;当只有一个单元词即可认可时,查全率为97%。因此归纳这些事实,第一次试验对此就有察觉,受到了启发,也看到了这一规律的端倪。报告书中指出:"当在全部指数(即占文献集合潜在相关文献的百分比)提高时,相关率(即相关文献占整个被检出文献的百分比)就必然下降。相反,当查全指数下降时,而相关率就会改善。"这就是后来被人称之的"查全查准原则,"或"R-P关系。"

3.归纳法不仅是一种认识方法,对实验也有其指导作用。

在图书情报学的科研中,如前所述,实验的目的就是要找出两种因素之间的因果关系。为此要把实验安排得有效而合理,采用归纳法就可奏效。归纳法可以合理地安排一些重复性实验,以便考察实验条件与研究对象之间是否有同一关系(同时出现);在人为地改变某一条件下进行对照实验,以便考察实验条件与结果是否有差异关系、共变关系等等。只有这样,才能使实验以简明、确定的方式表示出事物的因果联系,为我们提供可靠的经验。克兰菲尔德实验过程中,第二次试验其实就是用归纳法修改和增补实验内容,重新合理安排了实验计划。总之,归纳法为合理地安排实验提供了逻辑依据。

二、归纳法的局限性

归纳法并非是完整无缺的,它的问题有时还比较严重。归纳是以直观的感性经验为基础,因而它不能揭示事物的深刻本质的规律。所以恩格斯说:"我们用世界上的一切归纳法都永远不能把归纳过程弄清楚。"[①]另外,归纳只能根据已经把握的一部分事物的某些属性进行归纳,无法穷尽同类事物的全部属性,因而作出的结论不是完全可靠的,带有很大的不确定性。也可能具有同客观事实相矛盾的情况。这种情况一旦出现,原来的结论就会被推翻。所以,黑格尔归纳推理本质上是一种尚存疑问的推理。列宁说:"以最简单的归纳方法所得到的最简单的真理,总是不完全的,因为经验总是未完成的。"[②]由于归纳法有上述的局限性,所以它只有和其他思维方法,特别是和演绎法结合起来,才能成为真正科学的思维方法。

三、演绎法及其作用

演绎是从一般到个别的推理方法,即用已知的一般原理考察

---

① 《马克思恩格斯全集》,第 20 卷,第 570—571 页。
② 《列宁全集》,第 18 卷,第 191 页。

某一特殊对象,推演出有关这个对象的结论。例如,所有的科技文献都是有著者(个人、集体、团体)的,这样可以建立起著者索引系统,以供读者从这一途径来检索文献。专利文献也有专利权人(未批准之前是申请人),必然可以从专利权人途径来检索专利文献。这就是由演绎推理而得出的一个结论。

演绎推理的主要形式是"三段论",由大前提、小前提,结论三部分组成一个"连珠"。大前提是已知的一般原理,小前提是研究的特殊场合,结论是将特殊场合归结到一般原理之下得出的新知识。例如:

大前提:科技文献都有逐渐过时效应——老化;

小前提:学位论文是科技文献的一个类型;

结论:所以,学位论文也是要逐渐过时的。

从以上三段论中可以看出,推理的前提是一般,推出的结论是个别,一般中概括了个别,个别中包含了一般。凡是一类事物所共有的属性,其中的每一个个别事物都必然具有它,所以从一般中能够推出个别。由此可见,演绎推理是一种必然性推理,它揭示了个别和一般的必然联系,只要推理的前提是真实的,推理形式是合乎逻辑的,推理的结论也必然是真实的。上例演绎推理前提是真实的,又肯定了学位论文和逐渐过时效应的必然联系,因而结论也是真实的。演绎法的特点是,在推理形式合乎逻辑的前提下,运用演绎法从真实的前提中一定能得出真实的结论,这就是演绎推理的特点。

演绎法在科学研究中的主要作用是:

1. 演绎推理是一种有力的逻辑证明工具。

由于演绎是一种必然性的推理,在推理形式合乎逻辑的条件下,推理结论直接取决于大前提。所以人们可选取确实可靠的命题作前提,经过推理证明或反驳某个命题。

文献[14]雄辩地运用近代哲学的一些观点,反传统地指出,在

158

情报学理论中"情报定义"是什么这种问题的提法欠妥。这同日本某些人的主张是一致的[15]。在论证这一问题时,文献[14]作者成功地运用了演绎法。作者从科学发展的进程,提出本质主义的问题和企图回答本质主义问题,往往是科学不成熟时期的一种特征。以这一论断作为大前提,不能不说是真实的。继之,作者用科学哲学的"范式"(paradigm)来衡量情报学,可以认定目前情报学也是尚不成熟的学科,基本上没有形成可以普遍令人接受的"范式"。以此为小前提。结论是"情报定义是什么"是一种本质主义的问题,它有导致思辨的倾向。而纯粹思辨曾对现代科学兴起以前的古代科学发展,起过阻碍作用。追求本质主义答案,把定义当作第一性问题不仅没有必要而且在目前也是无解的。通篇论述是无懈可击的,演绎法在证明作者的学术主张时,显示出逻辑力量。

2. 演绎推理是作出科学预见的一种手段。

把一般原理运用于具体场合作出正确的推论就是科学预见。它可以为新的科学发现提供启示性的线索,使科学研究沿着正确方向前进。例如,物质产品的生产、分配和利用的方法,已经早已为人们公认和熟知了,是社会上的一个普通的原理。可否推而广之地用以去分析智力产品的生产、分配和利用呢?二十多年前,图书馆员谢拉(Shera J.)进行过这样的推论,也取得了一定的成果,并称之为"社会认识论"[16]。布鲁克斯继续发展了谢拉的演绎推论结果,并绘出知识结构的"地图"。在知识"地图"上看到由智力产品形成的知识系统及其动态结构,直观地观察到知识单元在系统中如何被活化的。尽管布鲁克斯的知识"地图"尚不成熟,但他是受谢拉演绎推论的启发,使智力产品的运动找到了一种表达的方式。

3. 演绎推理是发展假说和理论一个重要步骤。

科学假说和理论都要经受实验的检验而不断得到发展。用什么实验检验它,怎样去检验,这就需要从理论和假说中推演出一个可以与实验相对比的具体结论,用以来指导实验、设计实验。这一推演过程就是演绎推理。

四、演绎法的局限性

演绎不是推出知识的唯一方法。作为演绎的出发点的公理、定律、假说等,部是运用其它认识方法的成果。纵然依靠演绎推理的"三段论"是可以获得新知识的,但新知识未必正确。演绎方法的本质作用在于它是由一般到个别的思维运动,演绎推论的前提是对个别事物的共性和本质的判断,它本身只揭示共性和个性的统一,不能进一步揭示共性和个性的对立,共性不能包括全部个性,个性也不能全部进入共性。因此,从共性出发不能揭示个性的多方面属性。

五、归纳和演绎的关系

归纳与演绎这两种逻辑方法既互相区别,互相对立,又互相联系,互相补充。它们之间的辩证关系表现为:

1. 归纳是演绎的基础。演绎是从归纳结果之处展开的,演绎的一般知识来源于经验的归纳的结果。

2. 归纳需要的演绎为指导。人的认识一般是从研究个别对象开始的,这种情况表明归纳推理有一定的独立性,但是完全脱离演绎的归纳是盲目的。人们如果要克服盲目性,增强自觉性,必须以演绎作为归纳的指导。

3. 演绎和归纳是互为条件的,互相渗透,并在一定条件下互相转化。归纳出来的结论,成为演绎的前提,归纳转化为演绎。以一般原理为指导,通过大量材料的归纳得出一般结论,演绎又转化为归纳。归纳和演绎是相互补充,交替进行的。归纳后旋即进行演绎,使归纳的认识成果得到扩大和加深,演绎后随之进行归纳,用对实际材料的归纳来验证和丰富演绎出来的结论。

第四节　分析与综合及其在科研中的作用

分析与综合是揭示个别和一般,现象和本质联系的一种方法。事物发展的无限性和复杂性,决定了我们对事物要不断地进行分析和综合。分析是对综合总体的解剖,然后又复归于综合。随着认识的深化,综合又被分析,新的分析开始,又进行新的综合,从而不断地揭示客观对象的本质及其规律。值得强调的是,分析与综合同比较、分类、归纳、演绎等方面并不是互相平行,完全独立的,而是相互渗透的。例如,在归纳中就要运用分析,比较有时就是一种综合,在分析和综合中,又离不开比较、归纳和演绎的手段。

一、分析及其作用

分析是把整体分解为部分,把复杂事物分析为各个要素,并对这些部分或要素进行研究和认识的一种思维方法。分析的任务是从事物或现象的总体中,分离出构成事物或现象的部分、要素和属性,使事物的多种属性和本质,清晰地呈现在人们的面前。客观对象是多种"质"的复杂统一体,或者说是多种规定的复杂统一体。人们为了从总体上把握复杂事物的本质,必须首先把统一体的各个部分,各种要素暂时地割裂开来,把被考察的因素从统一体中暂时抽取出来,加以孤立,以便使之单独地发生作用,对它们进行精心的考察和研究,揭示它们的本质。

在研究"情报需求"这种庞大课题时,研究人员一般都把它们分解成小的环节因素。鲍恩(Bourne)首先把情报需求分解成几个因素,进而只选择情报使用者所处的状态和当时的心理情绪加以研究。鲍恩对此分解出 9 个小的单元因素。它们是:①可允许的查找时间;②可允许的不对口径的资料数量;③查找文献的效率;

④查找结果的最佳提供形态;⑤使用者的能力;⑥科研习惯;⑦使用语言的特殊性;⑧有关参考工具书和情报系统的知识;⑨情报系统的使用难易程度。把整体分解成部分,只是分析方法的一个环节,而不是它的全部,分解只不过是认识的一种手段,分析的目的在于透过事物的现象把握事物的本质。在分析中仅仅把一些部分罗列起来,机械地分解,这种分析是不深刻的。需要的是辩证分析,必须把事物的各个方面放到矛盾诸方面的互相联系、互相作用、互相转化中去,放到事物的运动、变化和发展中去。因此矛盾分析的方法,是科学方法的最基本、最重要的方法。

但是,不同的科学研究有其不同的研究对象,不同的对象又有其不同的矛盾,因而也有不同的研究方法。适用于图书情报学的基本分析方法大体上有:定性分析法、定量分析法、因果分析法、结构分析法、比较分析法、分类分析法、数学分析法等。

历史经验证明,不管是自然科学还是社会科学,许多重要的成就中,都闪烁着分析方法的光泽,但是分析方法的缺点也是不容忽视的。由于这种方法客观事实上是使人们着眼于局部的研究,有可能将人的思维限制在狭小的范围内,把本来互相联系着的事物暂时地割裂开来考察,也容易养成一种孤立、片面、静止地看问题的习惯;同时,分析的结果只能使我们得到关于事物各个部分的知识,而不能从整体上去认识事物。因此,我们的认识决不能停留在分析阶段,不能孤立地运用它,必须由分析发展到综合阶段,经过分析,实行综合,把分析和综合有机地统一起来。

二、综合及其作用

综合是一种把研究对象的各部分、侧面、因素联结和统一起来进行考察的思维方法。它既是分析的前提,又是分析的终结。它是在分析的基础上,进行科学的概括,把对各部分、各种要素的认识统一为对事物整体的认识,从而达到总体上把握事物的本质规律。简单地说,分析是将整体分解成部分,综合将部分结合为整体。综合方法的形式很多,所谓对称法、移植法等,实际都可称为综合方法的一个类型。分析不是单纯的分解,综合也不是简单的结合,绝不是把各个部分、各个要素机械地凑合在一起,而是在思维中把对象的各个本质的方面,按其内在联系,结合或凝结成一个有机联系的统一体。经过综合得到的认识,是客观事物内在的有机联系和结构的再现,或者说是客观事物抽象规定的有机总合。帕斯利(Paisley)研究了科学家情报需求的总体特征,应当说他用的方法就是综合法[17]。

他把科学家置身于社会来研究,认为科学家是社会政治系统中的一员,科学家的自身生活圈子以及圈外政治、经济、观念形态都会有所影响。他绘制了图6-2的综合示意图,讨论了系统中的科学家的情报环境。中心是科学家自己头脑及个人的所藏图书资料。一位科学家不可避免地与三个系统有关:首先是正规情报系统,即他所从属的机构以及其它各个机构提供的情报源。但是仅有正规系统,他的情报需求还是殊难满足的,必须辅以良好的通讯渠道才行。其次是非正规系统,科学家一定是某一专门领域里的一员,他们周围有科学同行和科研小组,其外则是更广泛的科学领域。第三个系统是提供一般文化的各种各样的结构,也包括政治系统。

综合方法在人类科学发展史上是有过辉煌记录的。目前,信息化社会中整个科学都处于综合化的状态,特别重视群集效应和相互作用,整体结构和功能,而不是把它们还原为单独的个体。社会科学和自然科学正在走向一体化,因此未来将是综合的胜利[18]。

同归纳和演绎一样,分析和综合这两种方法也是辩证统一的关系。一方面,分析是综合的基础,没有分析就没有综合;另一方面,综合是分析的发展,没有综合也就没有分析。分析与综合的辩

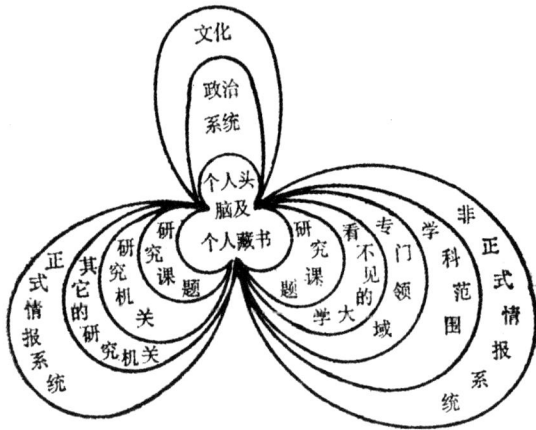

图6-2 系统中的科学家

证统一是科学的思维方法,是人类认识客观世界的一种手段。我们在开展图书情报学的研究进程中,应当坚持这一认识路线,认识是从感性的具体出发(不完全都如此),经过分析上升为抽象,再经过综合,晋级为思维中的具体。分析达到了一定程度转而进入综合,综合得到一定的结果又开始进一步的分析,这样将使我们的认识不断地得到深化和发展。我们应当善于把分析与综合这两种方法辩证地结合起来,正确地把握分析和综合的思维方法,才能不断地揭示和掌握图书情报学的本质和规律。

第五节 证明与反驳及其在科研中的作用

证明与反驳是图书情报学科学研究最常用的思维方法。前者是肯定,后者是否定,两者共同的特征都是针对第三者而言的,而且还援引第二者来作为证明与反驳的根据。

一、证明及其逻辑原则

在图书情报学领域内,人们在阐明一个思想时,往往要举出一些事实或科学原理作为根据,以之来论证这一思想的正确性。这种方法就是证明。证明是用已知为真的判断,来确定另一个判断真实性的一种逻辑方法。例如,我们举出美国1960—1985年间期刊论文量逐年增加的事实:1960年刊载论文210,000篇,1970年为302,000篇。此后每年以4%的速率在递增,预计1985年可达到477,000篇,详见图6-3[19],援引这一事实来阐明美国期刊论文逐年增加的论断。证明是论题、论据和论证方式组成的。论题是其真实性有待被证明的判断,在上述例子中就是"期刊论文逐年增加"。论据是用证明论题真实性的根据,上例中就概括于图6-3的那些事实。论证方式是论题和论据之间的逻辑联系,也就是证明中所使用的推理形式。上例采用了归纳推理。

一个证明过程只有合乎逻辑才能使证明成立并具有说服力。为此,必须掌握证明的逻辑原则。

1.论题必须明确,并在论证过程中要始终保持一致,保持稳定性。

论证过程中论题一旦确定,就不能随意扩大或缩小,更不能偷换论题。偷换论题是一种诡辩。如有一篇文章,其论题是情报工作的功能,但在展开过程中,时而是"情报工作"的功能,时而是"情报"的功能,这样就造成论题不定,忽大忽小。

2.论证必须真实,论证的真实性不依赖于论题的真实性。

论据如果不真实就会导致虚假论证的错误。论证的真实性如果依赖于论题的真实性,这种论据便不能成立,用它作论据会产生循环的论证。例如,期刊论文大量增加的基本原因是,科学合作的规模不断加强和扩大所造成的。可用期刊论文大量增加,来证明合作著述的加强与扩大。如果用合作著述的加强与扩大,证明期

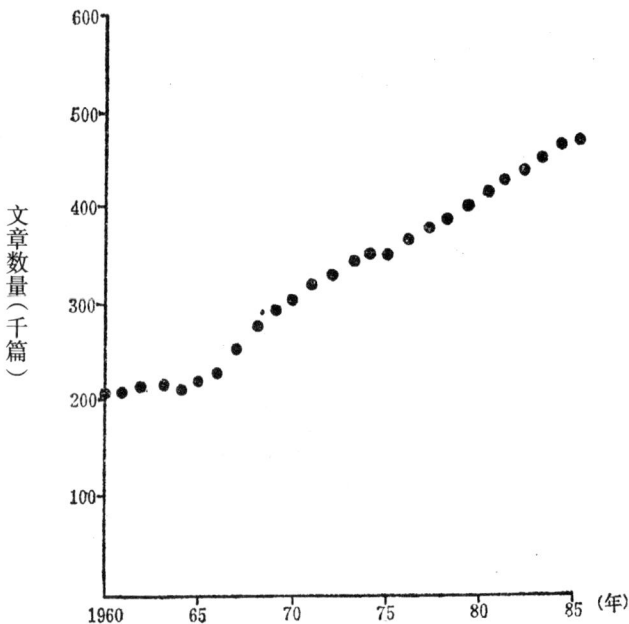

图6-3　期刊论文逐年数量变化趋势

刊论文的大量增加,就是一种循环论证,那就等于什么也没有证明。

3.论证要合乎逻辑。

论据和论题之间存在着必然性联系,通过论证才能使人们知道为什么论题是正确的。如果论据和论题没有联系,也就根本不能推出论题。如果论据和论题之间只有偶然性联系,论题只是从论据中推出的一个可能性结果,这种证明也是不尽可靠的。例如,用每天到馆人数多,来证明图书馆图书流通量大,就未必可靠。因为论题与论据之间联系是或然性的,假如到馆的人员中绝大部分是阅览,而未借书呢? 所以只有通过读者借书单的增多,才能证明

166

流通量的加大。

4.论证要有充分的根据。

一般来说,一个论题只要有了必然性的论据,就能得到证明。但是客观情况具有复杂性,如果论据不够充分,论题只能是部分地得到证明,论证就有失于严密。例如,专利文献定量分析易于进行,同时分析的结果能够反映各国发明能力的差异,其原因是各国专利文献数量可以精确地统计出来[20]。但有时结论却大相径庭,其原因就是论据不充分。因为各国所发表的专利中,有其它国家申请人重复申请的等同专利,因而只靠申请或批准专利文献数量来证明是不够充分的。

二、证明的种类及其作用

按证明的方法,证明可分为直接证明和间接证明。直接证明就是由论据中直接推出论题的真实性。例如,前面谈过的"期刊论文逐年增加"的实例。间接证明又可分为两种:一种叫反证法,就是通过证明与论题相矛盾的判断是虚假,从而证明论题的真实性。例如,布拉德福定律文字表述和图形描述异化的证明,文献[21]就采用了反证法。顺便要说一下的是,巴西学者认为该定律的文字表述和图形描述是一致的,而非异化[22]。

按着当年布拉德福本人的叙述,则有:

$$n_1 : n_2 : n_3 = 1 : b : b^2 \quad \cdots\cdots\cdots\cdots\cdots\cdots\cdots\cdots（1）$$

式中,b 为布拉德福系数,n_1、n_2、n_3 为三个区域中的期刊数量,这就是该定律的文字表述形式。

图形描述则为:

$$n_1 : n_{12} : n_{123} = 1 : a : a^2 \quad \cdots\cdots\cdots\cdots\cdots\cdots\cdots（2）$$

式中,n_1 为核心期刊定量;

n_{12} 为核心区和第二区中的期刊累计数;

n_{123} 为全部三个区中的期刊累积数,即期刊总数 N。

a 为分散系数,显然 $a \neq b$。

1972 年英国的威利金松(Wilkinson E. A)指出了(1)式与(2)式的差异,而且也根本无法同时成立。亦即文字表述与图形表述有其异化[23],文献[21]就是采用反证法来证明这种异化的:

首先,若(2)式成立,即

$$n_1 : (n_1 + n_2) : (n_1 + n_2 + n_3) = 1 : a : a^2$$

则可得:

$$n_2 / n_1 = a - 1$$
$$n_3 / n_1 = a(a - 1)$$
$$n_3 / n_2 = a$$

显然 $n_1 : n_2 \neq n_2 : n_3$

即(1)式不能成立。

反之,若(1)式成立,即 $n_2 / n_1 = n_3 / n_2$

根据合比定理,则

$$\frac{n_1 + n_2}{n_1} = \frac{n_2 + n_3}{n_2} \neq \frac{n_1 + n_2 + n_3}{n_1 + n_2}$$

因为要使 $\dfrac{n_2 + n_3}{n_2} = \dfrac{n_1 + n_2 + n_3}{n_1 + n_2}$ 成立

应有 $\dfrac{n_2 + n_3}{n_2} = \dfrac{n_1}{n_1} = 1$,

这显然是不可能的。所以(2)不可能成立。

另一种间接证明的方法,就是把论题有关的几种可能性全部罗列出来,通过逐一排除各种可能的情况,证明剩下的唯一一种可能性是真实的。例如,研究科学合作出现的基本原因时,可以列举出许多原因。通过科学社会学的考察,认为导致科学合作出现的基本原因,既不是科学资金的供应,也不是科学劳动的复杂化,更不是希求情报资料的共享,而是科学职业化的结果。也就是说科学成为一种独立的社会职业,科学家成为社会一个阶层,就不可避

168

免地导致科学合作[24]。

证明在科学研究中的作用,主要有:

1. 证明可以深入地揭示客观事物之间的内在联系,有助于发现真理,推进认识。

证明是一种比推理更复杂的思维形式,在证明知识真理性的过程中,通过论据和论题的逻辑联系进一步揭示客观事物之间的内在联系,有助于发现真理、推进、深化认识。例如,前面多次提及的查准率与查全率之间互递相关的关系,它只是实验观察所见,仅仅被描述为:当人们努力提高查全率时,又往往会降低查准率,而在提高查准率时,又往往会降低查全率。显然没有从理论的高度给予严格的数学证明。文献[25]首先定义了查全率与查准率:

设 a 为文献库中与提问相关的文献数;

b 为误检出的不相关文献;

c 为漏检的相关文献数。

则:

$$查全率\ R = \begin{cases} \dfrac{a}{a+c} & \text{当 } c \neq 0 \text{ 时} \\ 1 & \text{当 } c = 0 \text{ 时} \end{cases}$$

$$查准率\ P = \begin{cases} \dfrac{a}{a+b} & \text{当 } b \neq 0 \text{ 时} \\ 1 & \text{当 } b = 0 \text{ 时} \end{cases}$$

然后,加以进一步证明:

设文献库内有与某提问相关的文献 N_1 篇,

即　$a + c = N_1$ ·· (1)

再设一次提问检出的文献总数为 X,

即　$a + b = x$ ··· (2)

根据我们对查全率、查准率的定义有:

$$R = \frac{a}{a+c} = \frac{a}{N_1} \qquad \text{当 } c \neq 0 \text{ 时} \quad \text{·············· (3)}$$

169

$$R = 1 \qquad \text{当 } c = 0 \text{ 时} \quad \cdots\cdots\cdots\cdots\cdots\cdots\cdots \quad (4)$$

$$P = \frac{a}{a+b} = \frac{a}{x} \qquad \text{当 } b \neq 0 \text{ 时} \quad \cdots\cdots\cdots\cdots\cdots \quad (5)$$

$$P = 1 \qquad \text{当 } b = 0 \text{ 时} \quad \cdots\cdots\cdots\cdots\cdots\cdots \quad (6)$$

$\because c \neq 0$ 时，$N_1 \neq 0$

$\therefore$ 可对（3）式变换为，

$$a = N_1 R \qquad \cdots\cdots\cdots\cdots\cdots\cdots\cdots\cdots\cdots\cdots\cdots \quad (7)$$

将（1）式代入（5）式，便有：

$$P = \frac{RN_1}{x}$$

当 $c \neq 0$ 时，$b \neq 0$ 时

求出 P 及 R 关于 x 的导数，有：

$$P'x = -\frac{RN_1}{x^2} \leq 0$$

$$R'x = -\frac{P}{N_1} \geq 0$$

即 P 是 x 的不增函数，R 是 x 的不减函数。亦即增加检出文献 x 时，查准率可能会变小，而查全率则可能变大；反之，控制检出文献数 x 的时候，其查准率可能变大，而查全率则可能变小。因此，查全率与查准率两者之间经常处于相互牵制的地位。这个证明过程纵有争议，但仍是一个值得重视的尝试。它推进了对查全率与查准率互逆相关性的认识。

2. 证明为理论体系的结论提供了逻辑上的立论依据。

任何一个理论体系都是由概念、并用这些概念组成的判断（基本定律）以及用逻辑推理得到的结论三者构成的。以概念、判断为根据推出科学结论，其实就是一种证明。证明在建立理论体系的过程中，是把概念和判断联结起来的纽带，它为这个体系的结论在逻辑上提供了立论的依据。例如上例中，查全率与查准率的

170

互逆相关关系,在两次克兰菲尔德实验中都积累了经验数据,又推论与分离出"网罗度"与"专指度"这两个概念。认为最大的查全率取决于标引的专指度。文献[25]证明这一关系理论上成立。这样围绕着查全率与查准率就形成了一个逻辑体系,其中的推论也好,证明也好,都起了联结概念和判断的纽带作用。

三、反驳及其类型

反驳是用已知为真的判断,揭露另一判断的虚假性的逻辑方法。例如,情报是资源吗? 文献[26]援引了一个已知为真的判断——马克思在《哥达纲领批判》指出,资源是物质。情报不是物质,所以反驳并否定了"情报是资源"的这一虚假判断。

反驳的具体作法不同,导致它有如下的类型:

1. 直接法。

援引事实证明论题与事实不符,就是一种最直接、最有效的反驳,这就是人们常说的"事实胜于雄辩"。例如,文献[27]反驳文献[28]有关"情报源"的判断时,就列举了开渠引水的事实。有渠才能盛水、引水,但是渠道只是引水源之水达到目的地的通道,并非就是水源。不能把情报载体算作情报源,这就是直接法的反驳。

2. 归谬法。

即由对方的论题推导或引申荒谬的结论不能成立。文献[29]用归谬法反驳了文献[27]的某些观点。文献[27]认为"传递前的情报即是情报源",文献[29]对此加以引申,"就会出现情报单元就是情报源的现象""这和说一棵树就是森林一样使人不能接受。"显然一棵树就是森林是站不住脚的,从而达到了反驳的目的。

3. 悖论。

还常常会看到有一种归谬法相似的反驳形式,即悖论(悖理)或佯谬。悖论就是在保持判断的逻辑正确性情况下产生的论断中的矛盾,即由它的真可以推出它的假;由它的假,又可推出它的真。

在这里,我们是在更广泛的意义上来理解悖论。所谓悖论就是一种逻辑矛盾,从某一前提推出两个在逻辑上自相矛盾的命题,或从某一理论、观点中推出的命题与已知的科学原理产生的逻辑矛盾就叫悖论。例如,文献[30]就是用悖论的方法,阐述了情报既是精神又是物质,既不是精神,也不是物质的二律背反情况。通过悖论引出的逻辑矛盾,有助于揭露推论前提中隐含的客观矛盾,引起人们发现真理有其积极意义。例如,文献[31]就赞扬了悖论在数学基础研究中的作用,指出:"我们能看到每一个新悖论的出现,都为数学基础问题提出了新的研究方向,而每一次人们对悖论的研究都使数学发展进入了一个崭新的阶段,使数学的基础不断地得到巩固和完善"。

4.间接反驳论。

这种方法就是独立地证明一个同对方论题相矛盾的命题是真实的,从而证明对方论点的虚假性。例如,文献[32]认为,同位类目之间的等级相同,并同属一个上位类目,即下位类种概念之间的关系。文献[33]则主张,图书分类横向中的逻辑关系并非都是并列关系,"如果承认所有的同位类都是并列关系,那么就必须承认所有的同位类都不相容。反之如果认为所有的同位类是相容的,那么就必须承认同位类都不相容。反之如果……",原来文献[33]把并列关系与相容关系对立起来了,或者并列,或者相容,二者不能同时兼之。文献[32]在反驳这一观点时,并没有正面与该观点相接触,而是证明与观点对立的一个命题是真实的。这个命题就是:概念的并列关系可以是相容的,也可以是不相容的。《普通逻辑》(上海人民出版社 1982 年版)称:"同一概念中的几个同级的种概念,其外延相交叉,这几个种概念之间的关系就叫做相容的并列关系"。这样,"相容并列关系"的判断,必然与文献[33]判断相矛盾,其中后一个判断既真,文献[33]必假。

四、实践检验

证明的结论(即推理的结论)还是否需要实践检验呢？回答是肯定的。证明的根据(推理前提)和证明的规则就是来自实践的。列宁说："人的实践经过千百万次的重复，它在人的意识中以逻辑的格固定下来。这些格正是(而且只是)由于千百万次的重复才有着先入之见的巩固性和公理的性质。"[①]用归纳推理形式进行证明，其结论是带有或然性的，当然要由实践检验其真假。实践检验的注意事项是：

1. 首先，检验理论的某个实践是具体的、特殊的，被证明的理论相对这个实践活动来说是抽象的、普通的形式。用实践证明理论就有一个把一般和个别、抽象和具体的东西结合起来的东西，必须借助于从个别到一般的归纳整理或由一般到个别的演绎推理这个桥梁，才能实现实践和理论的结合。

2. 用实践来证明或驳倒一个理论是一个复杂的过程。某一种理论与实标相符，甚至同大量的事实相符合，并不一定证明这个学说是正确的。从某一学说推论出来的预见同某些事实相符，也不能认为这个学说就得到了确证。因为这里还有一个逻辑上的完备性问题。单纯根据理论同某些事实相符合，并不能确定这种符合是由于现象上的、外部的联系所造成的，还是由于存在着本质的必然因果联系。因此，实践证明和逻辑证明结合起来运用，才会更有力量。

3. 用实践检验理论总要受技术条件的限制，当这种条件尚不具备时，逻辑证明是十分重要的。借助于已有的实践，初步制定理论观点是否合理，是否与已有的认识产生逻辑矛盾，这种逻辑证明能为我们的认识，指出一个可能成功的途径，提供一个有希望的线

---

① 列宁:《哲学笔记》，第 233 页。

索。

4. 图书情报学中,许多过程是难以观察的,它们不具备直觉或直观的具体内容,还有许多是派生出来的概念,具有一定的乃至高度的抽象性。这是实践一时无法检验的,这只能通过逻辑推理来证明。

参考文献

〔1〕秦品端,我国人口对图书的需求与新产业革命,图书馆学研究,1984 年,第 5 期,19—24 页。

〔2〕小野寺夏生,Bibliometrics—情报现象の统计学の说明,情报管理,1979,21(10),782—802。

〔3〕米哈依洛夫,A. H. 等著,徐新民等译,《科学交流与情报学》,科学技术文献出版社,北京,1980 年,173 页。

〔4〕Belkin,N. J. ,Robertson,S. E. ,Information Science and Phenomenon of Information,JASIS,1976,Vol. 21,P197—204.

〔5〕Brookes,B. C. ,The Foundations of Information Science,Part I. Philosophical Aspects,Journal Ioformation Science,1980,Vol. 2,P125—133.

〔6〕叶品辉,情报学研究的求同思维和求异思维,情报科学技术,1985 年,第 2 期,16—19 页。

〔7〕刘迅,比较图书馆学,图书情报工作,1982,第 5 期。

〔8〕于兴华,王文英,试论比较情报学,情报科学,1982 年,第 5 期。

〔9〕张树华等,三十五年来我国图书馆学基本理论研究的进展情况和发展趋势,图书馆学研究,1984 年,第 5 期,1—9 页。

〔10〕PB—254060.

〔11〕Poyer,R. K. ,Time Lag in four indexing Service,Speclal Libraries,1982,73 (2),P142—143.

〔12〕Crawford,S. r. ,Informal Communication among Scientists in sleep Research,Journal of the American Society for Information Science,1978,Vol. 22,No. 5,P19—48.

〔13〕Line,M. B. ,Information requirements in Social Science;Some Preliminary

Considerations, Journal of Librarianship 1969, Vol. 1, No. 1, P1—19.

〔14〕卢泰宏,从科学哲学看情报理论建设—情报定义的争鸣和非本质主义的回答,情报学刊,1981 年,第 3 期,28—31 页。

〔15〕渡部升一等,《情报慧眼》,情报科学杂志社,哈尔滨,1983 年,1—2 页。

〔16〕Shera, J. 等, Foundations of theory of bibliography, Lib Quart. 1952, P22.

〔17〕Paisley, W. J. ,《Information needs and users》Annual Reriew of Information Science and Technology Vol. 3, American Society for Information Science, ed. ehicago Encyclopaedia Britanica, 1968, P1—30.

〔18〕沈华嵩,关于社会科学定量研究的几个问题,光明日报,1985,6,5,第 3 版。

〔19〕King, D. W. ,《Scientific Journals in the U. S》, Hutchinson Ross Publishing Company, Stroudsburg, Pennsylvania, 1981, P60。

〔20〕王崇德,专利文献的定量分析,图书情报工作,1985 年,第 1 期,第 12—19 页。

〔21〕匡兴华,布氏定律的维氏理论,维氏公式的布氏近似,情报科学,1983 年,第 1 期,2—10 页。

〔22〕王崇德,布拉德福定律两种形式的一致性,情报杂志,1985,第 2 期。

〔23〕Wilkinson, E. A. , The Ambiguity Bradforda Low, J. of Doc um, 1972, 28(2), P205.

〔24〕王崇德,论科学合作,科技管理研究,1984 年,第 5 期。

〔25〕王永成等,关于情报检索效率的若干理论探讨,情报科学,1983 年,第 3 期,11—15 页。

〔26〕钱学森,科技情报工作的科学技术,国防科技情报工作,1983 年特刊。

〔27〕阎秉忠,"情报源"概念质疑—与樊民、傅予行等同志商榷,情报科学,1984 年,第 2 期,第 47 页—50 页。

〔28〕樊民、傅予行等编,《情报学》,长春市委印刷厂印,1980 年 9 月,第 20—21 页。

〔29〕王秀成,情报源浅析,1985 年,第 1 期,第 90—94 页。

〔30〕赵红州,从"中介世界"看图书情报,情报学报,1982 年 1 卷,第 1 期,第 60—67 页。

〔31〕董笑咏等,悖论在数学基础研究中的作用,潜科学杂志,1985 年,第 2

期,第 9 页。

〔32〕黄宪,图书分类法横向中的逻辑关系管见,图书馆研究,1984 年,第 4 期第 75—78 页。

〔33〕黄立军,图书分类横向中的逻辑关系并非都是并列关系,图书馆学研究,1983 年,第 2 期。

第七章　形象思维与灵感思维法

　　除了理性思维外,还有两种思维也是研究方法,形象思维和灵感(顿悟)思维。这两种思维形式对科学研究有着更为重要的意义。钱学森同志指出,我们一旦掌握了形象思维科学,就可能用它来掀起又一次新的技术革命[1]。而如果我们掌握了灵感思维科学,那人的创造能力将普遍极大地提高,可能人人都能成为"天才"。我国文艺理论和美学界至今基本上还沿袭苏联的观点:艺术以形象思维为特征,科学则以概念思维为特征。这样的区分似乎过于武断了。形象思维并非只是文艺家所独有和特用,它同样也是自然科学与社会科学的科学家们不可缺少的思维方式。

　　神经生理学的最新研究成果表明[2],人的左脑半球主要管抽象思维,右脑半球管形象思维和灵感思维。90%的人多是左脑半球的思维,只有10%的人善于用右脑半球思维。而实际表明,只有善于用两个脑半球思维的人,才具有较高的创造能力,并能较多地获得事业上的成功。

第一节　形象思维

　　什么是形象思维呢? 简单说来,形象思维就是凭借形象的思维。这是一种用形象来思考和表述的思维活动,它的主要思维手段是图形、音响、典型等形象材料,它的认识特点是以个别表现一般,始终保留着事物的直观性,要求鲜明生动。思维过程主要表现为类比、联想、想象。因为思维对象的不同,形象思维的方式也是不同的。一般的是,通过一系列想象、联想和类比,把记忆中能反映客观事物本质特征的那些映象(有时甚至是毫无联系的)加以选择、提炼、重新组织的映象——模型的图景的过程[3]。

一、想象

这是人们依据一定的直接或间接的经验材料,针对对象的一种形象化的构思,或者是一种设想。这种形象化的构思或设想,是由大脑记忆所储蓄的和对现场所记录的、感觉的输入并经过思维加工而形成的。但是,它既不是感觉印象的仿造,也不是纯粹逻辑演绎的结果。人们在进行想象时,常常把这种构思、设想具体化,在头脑中构成形象、图景或模型。人们的创造可能性有赖于运用这种形象化的构思,并且在创造性活动过程中,一开始就需要运用创造性想象来作为具体行动的向导,它也是统帅整个科学研究过程的灵魂[4]。例如,看上去科技文献是杂乱无章的,它们的发行渠道各异,出版时间参差不齐,有没有一定的规律呢? 如果有,怎样才能理出头绪来呢? 肯特(Kent A.)等人想象出:"科技文献键"。它实际上就是科技文献的演化图,形象地表明了科技文献逐步升级、周而复始的不断运动。这种运动不是一味的机械重复,而是数量不断增长,质量不断提高的发展过程,科学技术的本质就是一个情报不断循环的过程,因而这一文献演化的关联图,其实就是科学技术发展的轨道和写照。想象在这里为我们提供了一个形象化的构思,成了我们深入研究文献规律的一个向导。详见图 7 –1[5]。

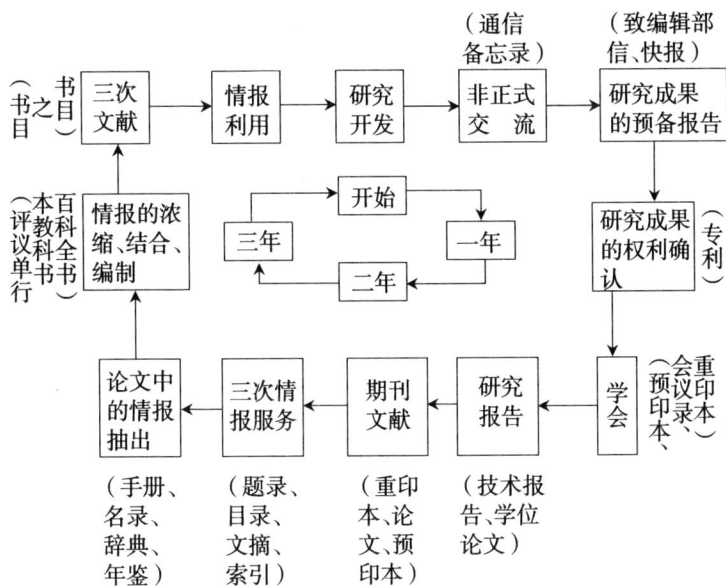

图7-1　文献的关连图

二、联想

由一个事物想到另一个事物的心理过程。由前事物回忆到有关另一件事物，或者由想起的一件事物又想到另一件事物，这都是联想。客观事物总是互相联系的，具有各种不同的联系事物反映在头脑中，形成了各种不同的联想。在空间或时间上相接近的事物易形成直接联想；有相似特点的事物形成类似联想；有对立关系的事物形成对比的联想；有因果关系的事物形成因果联想。

联想在心理活动中占有重要地位。回忆就常以联想的形式出现。尽量形成或利用联想是促进记忆效果的一种有效方法。联想在科学研究中又有扩大思路、丰富想象的积极效果。例如,著名科学家贝尔纳在 1959 年提出,科学知识随着时间出现老化的主张。美国图书馆工作者拜顿士开普勒从放射性物质的放射性衰变——质量减少的事实,联想到科技文献的被利用情形。他们亦采用"半衰期"来定量地衡量科技文献的被引用程度的变化。半衰期是一个时间概念,意指在该时期内,发表了某一学科或领域正被利用的全部文献的一半。有人就索性称它为"中值引文年龄",就是文献使用量降低到百分之五十的时间。表征科技文献老化的"半衰期"就是联想的产物[6]。

三、类比

类比是从两个或两类对象有某些共存的相似形象特征,推出一个对象可能具有另一个或另一类对象已经具有的特征。这是一种从个别到个别,或者从特殊到特殊的一种形象推理形式:

A 对象有 a、b、c、d 形象特征

B 对象有 a′、b′、c′形象特征

所以,B 对象可能也具有 d′属性

(其中,a′、b′、c′、d′分别与 a、b、c、d 在形象上相似或相同)类比是立足在已有知识的基础上,进一步发展科学知识的一种有效的试探方法,把陌生的对象和熟悉的对象相对比,把未知的东西和已知的东西相对比,这种类比的方法,在科学研究中具有启发思路,提供线索,举一反三,触类旁通的作用。正如康德所说的那样:"每当理智缺乏可靠论证的思路时,类比这个方法往往能指引我们前进。"引文分析集之大成者加菲尔德,在建立引文索引时就深受类比方法的教益和影响。在 1953 年召开的一次科学文献机器管理讨论会上,加菲尔德透露了这个想法。在当时的情报科学界,这个想法似乎并没有得到什么反应。然而却引起了一位全然无关的人士注意。阿德尔(Adair W. C.)建议他参考一下 1873 年开始出版的法律参考工具书——"谢泼德引文"（Shepard´s citation）。
图 7 - 2 就是摘自温斯吐克（Weins tok）1971 年图书情报学大百科全书的一个样目[7]：

被引用的案例→101　　　Mass.　　　　210

	112	Mass.	65
a	130	Mass.	65
	165	Mass.	210
q	192	Mass.	69
	205	Mass.	113
o	221	Mass.	310
	281	U. S	63
	35	HLR	76

以后引用的案例

图 7 - 2　谢泼德引文的样式

上图中，"101　Mass·210"是马萨诸塞州法律报告 210 页上，报道的一个被引用案例的法律条文。其下是引用 101Mass·210 的案件，例如："112 Mass·65"即为马萨诸塞州法律报告 65 页上的 112 号案件，最后，"35 MLR 76"，意为哈佛法律评论（Marvard Lew Review）35 卷 76 页。标记为"a"意味着"肯定的"，"q"意味着"疑问的"，"o"反驳的。当见到这种引文时，正好与加菲尔德设想的一致，他情不自禁地喊出："Eweka！"（我想出来了！）事后他的引文索引也大体上如此编排。这是情报学科学研究中，很典型的形象思维研究方法的成功实例。

四、形象思维在科研中的作用

科学研究不能循规蹈矩一成不变地展开，应当极力追求创新，因此形象思维法便具有无可替代的一些积极作用。

1. 新概念的提出离不开形象思维。

包括图书情报学在内的一切科学，其产生和发展的关键在于新概念的提出和建立,实践证明新概念的提出离不开形象思维。因为,已有的科学知识不会为新概念、新理论提供直接的逻辑途径。归纳和演绎都摆脱不了原有科学的规范。对新概念产生真正有效的,是在观察、实验基础上运用形象思维法。文献[8]就是基于形象思维法提出一些情报学的新概念。这些新概念是否妥当有待认真研究,这里叙述的是运用了形象思维法。

首先该文作者把情报学与一些古典科学中已经成熟的一些概念作了类比,见表7-1。

表7-1 情报学与其它学科概念的类比

学科	场	状态坐标	势	数学模型
力 学	力 学	体积 V	机械势(压力)P	机械量 dL = PbV
电 学	电 场	电荷 e	电势(电位)E	电量 dw = Ede
化 学	化学场	质量 m	化学势 μ	化学量 dz = Udm
热力学	温度场	热荷(熵)S	热势(温度)T	热量 dQ = Tds
情报学	情报场	情报熵 S	情报势 J	情报量 dD = Jds

通过类比,作者引进了"情报场"、"情报熵"、"情报势"和"情报量"这样一些相应的概念。它们具体的含义是:

①情报场:可以将其看作是从情报创造者到情报使用者的整个传递过程中"情报大系统"的分布域,同其它场一样,它也是一种客观上充满世界的物质存在形式之一。运用情报场中某点的状态坐标的变化(微熵 ds)及其该点所具有的潜能(情报势 J),便构成了描写情报场的简单的数学模型,即情报场中某点情报量的变化 dD 等于情报场中该点的状态坐标的变化 ds 和情报势 J 的乘积 $dD = J \cdot ds$。

②情报势:可以将其看成是情报场中一种潜在的能量,是表示情报场中传递能力的物理量,即单位情报熵的变化所做的功——获得的情报量。

③情报熵:可以将其看成是情报场中的状态坐标——一种无

182

序性度量,等于统计力学中的玻尔兹曼常数乘以系统中状态坐标所对应的分布概率 Ω 的自然对数,即 $S = KLn\Omega$,其中 K 为玻尔兹曼常数。

④情报量:可以将其看成是情报场中被传递的情报作用量 D。

以上引进的四个概念,是在形象思维影响下的产物。尽管它们不尽成熟,但这种尝试是应予欢迎的。

2. 构造模型离不开形象思维。

经验证明,模型对任何学科来说都是不可缺少的了。理想模型是经过改造的大脑表象的新集合体,它的构造不能没有形象思维。上面提到情报量 D 的数学模型 $dD = J \cdot ds$ 不就是形象思维的产物!

3. 在形象思维中进行理想实验。

理想实验作为科学思维的高级形式之一,体现了形象思维和逻辑思维的有机结合。因为它利用了贮存在记忆特别是语言中的经验材料,即一方面包括对象可能或应有的状态形象和对各种状态形象的创造性联想,另一方面又包括运用现有科学知识及逻辑的和数学的手段,对可能结果所做的预料、分析和解释。理想实验是在自然界暂时无法实现,而只在想象中进行的实验。它是人们不受技术条件限制,对给定条件下可能出现的现象和过程图景的联想和想象。例如波普(Popper·K)就作过这样的理想实验:假如有一天地球上一切都毁灭了,唯有图书馆尚好,那么如果真有外星人到地球上来,他们破译了文字之后,可以利用这些图书及所有文献所记录下来的知识,很快就可以恢复地球上的文明。至少不必像人类那样重复迄今为止的文明史,才创造出现在这样的物质与精神文明。这里仅意在强调记录下来的知识的重要性。这就是一个通过形象思维进行的理想实验。

4. 形成假说也少不了形象思维。

假说就是尚未证实的原理(推论)和假设。一切科学,从数学到哲学,无不借助于假说才发展起来的,一切理论都须经过假说阶段。虽然假说主要依赖于严密的逻辑论证,但它的形成也少不了形象思维。

例如,文献[9]提出一个评价情报机构功效的方案,建立了一个称为标准功效方程:

$$K(ab) = 20logC + 20\ logG + 20\ logE$$
$$- \frac{6\Delta t}{T(0.5)}$$

式中:C 为平均智能系数;

　　　G 为检索增益;

　　　E 为有效度;

　　　Δt 为文献资料输入、输出时差;

　　　$T(0.5)$ 为文献资料的半衰期。

标准功效方程目前纯属尚未广泛检验的假设,文献[9]的作者在构思这一评价情报机构功效方案时,虽然有许多联想和想象,在这个意义上说,标准功效方程是形象思维的作品。

当然,不管在自然科学还是社会科学的研究中,形象思维不是万能的成者是完全独立的。在运用形象思维方法时,尚应注意以下几点:

首先,形象思维之区别于抽象思维,在于它以形象的(而非概念的)形式体现科学认识的成果。任何一个科学认识的最终表述,则应以概念、定律、原理为主,形象描述为辅。整个科学研究的过程是形象思维和抽象思维辩证统一的复杂过程。

其次,对形象思维说来,不存在固定不变的逻辑思考路线,这是创新的有利条件。然而正因为这种无规范性,也最容易产生谬误。形象思维的成果都具有两重性:即有一定的客观性、可靠性,又有不同程度的主观性、或然性。与文艺创作不同,科学本身不需浪漫主义,而首先要根除一切不着边际的臆想,还要在科研中坚持

184

抛弃那些似是而非的想象。

再其次,形象思维的成果应当随着时代的前进,不断修改补充。因为任何模型、假说都不是永恒的、绝对的。

第二节　灵感思维

灵感思维是在科研工作中,一种突如其来的、使问题得到澄清的顿悟。具体来说,它是在长期积累起来的知识和经验的基础上,在理性思维过程中,确实存在这种认识上的突发性的飞跃,科学家在灵感的状态下,往往会"顿开茅塞",豁然开朗,戏剧性地出现智力的飞跃,它完全超出了平时的智力极限。也正是这种奇特的超常态,导致科学上的新突破。爱因斯坦就说过:"我相信直觉和灵感。"不少自然科学家与社会科学家在自己的研究工作中,十分重视那些突如其来的有价值的思想,密切注意那些在思想上出现的"火花",爆发的"激浪"。可见,灵感在科学思维运动中是不可否定的,已表明了思维的能动作用。在图书情报学的科研中,尤应注意这种思维方法的运用。

一、灵感产生的心理学原因

在自觉思维时出现的灵感很简单,它就是有意识思考的一个跃进,只不过比往常想出的设想更引人注目而已。但是,对于无意识的灵感,则一般认为是产生于头脑的下意识活动。也就是说,产生直觉或灵感时,大脑虽然已经不再自觉注意这个问题,然而,却还在通过下意识活动思考着它。换言之,在我们不曾有意识地形成设想的时候,设想下意识地直接跃入了自觉的思考。这些活动,当用于某一问题时,立即把与眼前这一特定问题有联系的各种看法联结起来,找到一种可能重要的配合后,就提交自觉的思考加以评定。因此,对于产生灵感的心理学原因,贝弗里奇根据一个可以继续盘踞下意识头脑,并且不断地、无意识地在思想中出现,以及情感经常伴随直觉出现的经验事实,提出了如下的假说[10]。对某一问题不再进行自觉思考时产生的直觉,……很可能下意识的头脑仍在继续考虑这个问题,并突然找到了一种重要的配合。产生于自觉思考时的新设想,往往带来某种情感反应:人们感到高兴,并也许有点兴奋。也许,下意识的思考也能作出这种反应,其结果就是把设想送进自觉的思考。文献[11]把灵感解释为智力的跃进。某人长期攻研一个问题,不分昼夜,挥之不去,驱之不散,才下眉头,又上心头,他的思想白热化了,处于高度的受激状态。忽在某一刹那,或由于某一思路的接通,或由于外界的启发,他的思维立即由常态飞跃到高能态。这时的他已非平日的他,超越了自己,超越了他平均的智力水平,完成了智力的飞跃。在所研究的问题上,他的新思想如泉涌,如雨注,头脑非常敏锐,想象力十分活跃,从而使问题迎刃而解。由此可见,这种智力的飞跃,绝不是什么神秘的神灵的启示,而是长期坚持、积极劳动的结果。

二、灵感产生的条件及其捕捉方法

根据上述的灵感产生的心理学原因和大多数科学家产生灵感的实际体验,认为下列条件最容易激发灵感:

1. 对问题进行长时间的自觉思维,直至思想达到饱和。

只有对于所研究的问题抱有浓厚的兴趣,对于解决问题抱有强烈的愿望,并集中精力,有意识地进行长时间思考,使思想达到高度的"受激状态"之后,才能在头脑中产生下意识的活动。因此,这是产生直觉的最主要的前提条件。而且,头脑中思考的资料针对性越强,作出结论的可能性也越大。一个人对某个问题的知识一无所有,从不考虑,也没有解决它的任何热情和愿望,那么,它是绝对不可能凭空产生出解决这个问题的灵感来的。有人问牛顿是怎样获得伟大的发现时,他回答说:"经常想着它们"。所以,在研究工作中,没有长时间的艰苦的劳动,没有遇到大的困难和解决困难的急迫心情,没有深思熟虑的钻研,没有量的积累,就不会有质的飞跃,就不会有智力的跃进。

2. 紧张工作后的思想松弛期间,最容易产生灵感。

在紧张工作后的思想松弛阶段,自觉的思维活动基本上已经停止。只有在这种情况下,大脑才不会压制,反而能够接受下意识的信息,从而产生灵感。因此,多数科学家认为,在一段时间的紧张工作之后,休息或从事不费思考的轻松活动,如上下班走路、散步、沐浴、卧床休息或睡觉前后等等,自觉思维已不很紧张,而下意识活动又不受干扰,所以,此时最容易产生灵感。

3. 与别人进行思维接触,可以促进灵感的产生。

与同事或一位外行进行讨论,阅读科学论文,其中包括与自己观点不同或其它有关科学的论文,以及准备学术报告和教学备课时,或因别人思想的启发,或因自己对原来集中思考的问题的放松,都会促使自己产生有关的灵感。

4. 饱满的情绪和没有外界的干扰去分心,有利于灵感的产生。

直觉的产生与研究者的精神状态有着重要关系,如果他对所考虑的问题充满激情,信心百倍,而又不被其它无关的过度兴奋所纷扰,那么他受益于灵感的机会就会增多。与此相反,如果情绪低落,事事感到沮丧,生活也感到烦恼,或者琐事缠身,分散精力,或者外界嘈杂的噪音干扰,经常使思维中断,弄得他心烦意乱,那么,他就很少有产生灵感的机会。因此,研究工作者在紧张的工作之余,特别是在工作遇到较大困难,久久不能前进,精神感到沮丧的时候,听听音乐,看看文艺演出,这样收到的快感,往往可以帮助研究者造成适合于创造性思维的情绪。

5. 随时准备着,记下每一个设想,是抓住灵感的最好方法。

产生和抓住灵感必须有思想上的准备。一般在持续已久的集中思考一个问题以后,在思想处于松弛状态时,自觉地把以前的问题思考几分钟,可能直觉地产生一个新的设想。但是,这个新的想法往往是来得突然,走得迅速,因此,很容易错过或忘记。为了抓住这种突如其来的新想法,有两种方法,一种是长时地集中精力,把它死死记住。但是,这样做常常要花费很大的力气,最后仍难免成为泡影。另一种是随身带着纸和笔,把每个一闪而过的念头尽可能详细地及时记载下来,这是抓住灵感的最好、最有效的办法。

参考文献

〔1〕钱学森,哲学研究,1980 年,第 4 期,第 7—13 页。

〔2〕李巍岷,开发思维科学,提高情报研究水平,情报科学技术,1985 年,第 2 期,第 13—15 页。

〔3〕李建珊,论形象思维在自然科学中的地位和作用,《科学方法研究》,科学普及出版社,1983 年,北京,106 页。

〔4〕陈念文,关于创造性思维几个问题的探讨,《科学方法论研究》,科学普及出版社,1983 年,北京,95 页。

〔5〕Kent, A. ; Lancour, H. ; Daily, J. E. ed.《Encyclopedia of Library and Information Science》, Vol. 26, Marcel Dekker, Inc. , New York, 1979, P394.

〔6〕Burton, R. E. , Kebler, R. W. , The half—life of some scientific and technical literatures, Amer. Docum. , 1960, Vol. 11.

〔7〕Borko, H.《Lndexing Concepte and methods》Academic Press, Inc. , 1978, London, P150.

〔8〕王兴久,情报场及其数学模型,情报科学,1982 年,第 4 期,第 34—38 页。

〔9〕彭学,情报功效的定量分析,情报科学,1982 年,第 1 期,第 2—12 页。

〔10〕贝弗里奇,W. I. B. ,《科学研究的艺术》,科学出版社,1979 年 2 月版,第 77—78 页。

〔11〕王梓坤,试谈自然科学研究的一般方法,《红旗》杂志,1979 年,第 2 期,第 55—62 页。

第八章　数学方法

目前,数学方法已经越来越成为一切科学认识不可缺少的研究手段和辅助工具。尤其是随着电子计算机的日益普及,数学与电子计算机的结合运用,已经成为包括图书情报学在内的各个学科,开展现代化科学研究的充分与必要条件。马克思主张:"一种科学只有成功地运用数学时,才算达到了真正完善的地步。"[1]按这一主张,图书情报学距此还有很大一段距离。

图书情报学领域内,一切现象、过程以及研究对象都是质和量的统一体,其质变和量变是紧密联系,互相制约的。所以在开展科学研究时,必须注意作量的考查和分析,以便更准确地认识对象的性质。认真地说,图书情报学的学术地位尚未最后确立,这就更需要启用数学研究方法。极而言之,图书情报学的前途就在于能否有效地引进并应用数学方法。在这个意义上说,数学在图书情报学中成熟运用之日,就是图书情报学大获全胜之时。图书情报学在自己的科学研究中,运用数学方法就是利用数学所提供的概念、理论和方法,对研究对象进行量的分析、描述、推导和计算,以期对图书情报学中现象、过程作出说明和判断,找出其内在的联系的数学表现形式,从而达到对事物发展变化规律性的认识。

当然,数学方法也是理性思维的一种形式,唯其重要,我们单独以一章加以介绍。

第一节　数学方法的特点和作用

一、数学方法的特点

作为一种形式化的认识方法和手段,数学方法有以下几个明显的特点:

1. 高度的抽象性。

高度的抽象性是数学方法特有的,是由数学的研究对象所决定的。恩格斯指出:"数学——一种研究思维事物(虽然它们是现实的摹写)的抽象科学。"[①]数学方法就是运用这种抽象的思想事物来分析、考查和表达现实事物的量的关系和量变规律的。数学的概念、理论的抽象性,就决定了数学方法的抽象性。例如,我们在进行任何数学运算时,运用的是抽象的数字和概念,并没有时时把它们同现实中的具体对象联系起来。正是由于这种抽象性,才使得数学方法的实际应用成为可能。例如,目前情报检索系统广泛使用的布尔检索,是应用经典数学的经典集合论来判断相关性(近年来,已开始运用模糊集合论)。检索出来的每一篇文献,或者属于切题的文献集合,或者属于非切题的文献集合,二者必居其一。形成了二值逻辑,非"真"即"假"。基于某一标识是否含于每篇文献逻辑运算(亦称布尔逻辑),来进行文献检索称布尔检索。其基本布尔运算如表 8－1 所示。

---

① 　恩格斯:《自然辩证法》,第192页。

表 8-1　基本布尔运算

条件值		运算结果值			
A	B	$\overline{A}$	$\overline{B}$	$A \cup B$	$A \cap B$
1	1	0	0	1	1
1	0	0	1	1	0
0	1	1	0	1	0
0	0	1	1	0	0

运算并未考虑现实对象的具体内容,完全以抽象的形式进行运算的。

2. 充分的精确性。

这里指数学过程的严密性和结论的确定性。数学是从纯态上研究事物的,为了使数学的推理、运算能够进行,必须对数学的对象、概念施行原则上逻辑自足的数学概述,以使概念具有充分的确定性。从确定的概念、定义出发,按照一定的逻辑法则进行推理,所得的数学结论就具有逻辑上的确定性和必然性。数学方法具有充分精确性这一特点,使一些自然语言难以叙述清晰的概念,用数学语言得以准确而精确地表达。例如,等级体系检索语言中的参见类目,用集合论的算式表述如下:

某一类(设想含元素 a、b、c)可分入两个类目(分别为集合 A 和 B),而且这两个类目分别属于不同的上位类——分别为集合 X_1,X_2:

即

$a \in A$,　　　$a \in B$……

$A \subset X_1$,　　　$B \subset X_2$;

$A \cap B = \{a、b、c\}$

则称这两个类目(A 与 B)之间有相关关系,有这种关系的类目互相称为参见类目。表达得十分精确,是自然语言难以企及的。

3. 应用的广泛性。

数学的研究对象是现实世界的空间形式和数量关系。由于图书情报学领域内任何一种过程及其运动形式，都具有一定的空间形式和数量关系，因此数学及其方程，原则上可以适用于图书情报学每个分支或环节。奈克（Nacke）曾对 589 篇情报学论文进行过统计调查。结果表明，在情报科学的不同领域中，数学方法的应用频率有很大的差异。有的应用频率很高，有的则较低。数学方法与情报各个分支或领域有 80 种可能的结合，其中 11 种结合频率（应用的）较高。其中应用最频繁的是用概率论方法处理情报学中程序编排的问题。表 8 - 2 可以看出几乎在情报活动的各个领域都可程度不等地应用数学方法[2]。

从表中看可以看出，在情报学中运用数学方法最多的是程序设计（占 26.5%），其次就是情报检索（占 16.5%）。除了应用最频繁的概率论（占 28.1%）外，微积分也是较频繁地被利用的一种方法（占 15.4%）。

4. 具有独特的合理化方法。

数学中的定理、结论都是从最基本的概念、定义或公理出发，经过严格的逻辑推理之后而得到的。这种方法由数学领域推广应用于图书情报学研究之中，便成了一种独特的公理化方法，即建立公理化体系的方法。几个著名的文献定律，都可以说具有公理化的特色。譬如，冗余是记录文字形式的文献所具有的一种普遍现象。一种编码（包括文字的成文）的信息量比它表示的对象的实际信息量更多些，那么这种码就有冗余。从文字（码）利用效率来看冗余有点浪费，但是有一定的冗余可以帮助人们阅读和理解内容，有利于发现信息处理中的错漏，也自然便于记忆。所以冗余规律是文献普遍的规律之一。衡量冗余用冗余度，冗余度是冗余信息所占的比例。

$R = 1 - (H\alpha/H_0)$

式中：$H\alpha$ 是文字信息熵；H_0 是文字无条件熵。

表8-2 数学方法在情报学中应用的频率分布（%）

情报学分支 / 数学分支	一般情报学管理	一般科学管理	研究发展科学政策与效率	系统分析、系统设计	文献结构情报传递	程序编制设计	情报加工存贮、输出	情报检索	数据库、自动化	其它	百分比	绝对值
集合论与数理统计	0.2	—	—	0.2	0.3	0.9	0.2	1.2	0.2	—	3.1	18
普通数学、代数、几何	0.9	0.2	0.3	2.0	2.2	4.6	1.7	0.9	0.2	1.2	14.1	83
组合论、概率论、信息论	0.7	0.3	0.2	2.2	2.4	11.0	2.9	6.3	0.9	1.0	28.1	166
试验设计、统计学、测度论	0.7	0.3	—	1.9	0.9	1.9	2.2	1.9	0.3	1.5	11.5	68
微积分	0.3	0.2	0.2	2.0	5.8	2.2	0.9	2.0	0.5	1.4	15.4	91
矩阵论、向量分析、图论、襄类分析	0.7	—	—	0.9	1.7	4.2	1.4	3.1	0.9	1.0	13.8	81
运筹学	0.3	—	—	5.1	1.2	0.9	1.4	6.9	0.2	0.5	10.4	61
其它	0.3	—	—	1.5	0.2	0.9	0.2	0.3	—	0.2	3.6	21
百分比	4.1	1.0	1.0	15.8	14.6	26.5	10.6	16.5	3.1	6.8		
绝对数	24	6	6	93	86	156	63	97	18	40		589

每一种语言都具有其固有的冗余度。语言的冗余度是自然形成的,汉语的冗余度为60%[3]。可以推出中文文献的冗余度亦在60%左右。我们知道中文文献的"有效成分"仅有40%左右,这就是数学公理化在图书情报学中的具体反映。

二、数学方法在科研中的作用

在图书情报学研究中,数学方法作为一种高级理性思维的形式,具有如下的作用:

1. 为科学研究提供了简明精确的形式语言和辩证思维的表现形式。

数学无论是对概念、理论的表述,还是对定理的逻辑推导证明,无论是对量、量的关系进行比较和运算,都是进行理论的概括总结,都是在某种有规则的符号系统中进行的,采用的是一套形式化的数学语言和工具。这种数学语言,不仅形式简明扼要,而且表达的内容深刻、精确。例如,我们可以用矢量来表示检索过程[4]。

我们把所有文献作为一个集合,并且用 n 个标识来标引这些文献,同时,假定这些标识之间彼此是独立的,则用此 n 个标识标引的某一篇文献 $\vec{D_i}$,可表示为 n 维矢量空间中的一个矢量 $\vec{D_i}$:

$\vec{D_i} = (a_{i1} , a_{i2} , \cdots\cdots a_{ln})$

$i = 1 , 2 , 3 , \cdots\cdots , n$

a_{ij} 的取法,最方便的是,当文献被第 j 个标识标引时,$a_{ij} = 1$,反之令 $a_{ij} = 0$。n 则是文献的数量。

这样,一个情报提问也可表示为 n 维矢量空间中的一个矢量 $\vec{Q}$:

$\vec{Q} = (q_1 , q_2 , \cdots\cdots , q_n)$

其中 $q_i , i = 1 , 2 , \cdots\cdots , n$ 的取法与 $\vec{Q_i}$ 中 a_{ij} 的取法一致。

于是,一篇文献与提问之间的关系就可用矢量 $\vec{D_i}$ 与 $\vec{Q}$ 在 n 维

矢量空间中的位置关系来表示,比如余弦系数:

$$C(\vec{D_i}, \vec{Q}) = \frac{\sum\limits_{i=1}^{n} a_{ij} Q_i}{\sqrt{\sum\limits_{j=1}^{n} a_{ij}^2 \cdot \sum\limits_{j=1}^{n} q_i^2}}$$

检索过程可以如下描述:

对给定的提问 $\vec{Q}$,为每篇文献 D_i 计算 $C(\vec{D_i}, \vec{Q})$。然后把 $C(\vec{D_i}, \vec{Q})$ 中超过某一值的文献 D_i 作为命中文献,按值 $C(\vec{D_i}, \vec{Q})$ 的大小排列输出,因而完成检索过程。

同理,我们可用函数表示这些量之间的依赖关系,用函数的微商表示各种量的变化速率,用微分方程描绘图书情报学中的动态过程,研究关系的变化和变化的关系等。也一定同我们在上面列举的矢量描述检索过程一样,都是用简明的数学公式或方程式表达。从中我们看到数学简法、严谨地表示了检索过程和规律,也以简法、严谨的符号表现了思维和推理的过程和规律。使用数学语言还能使定义和概念更加精确化和定量化,使人们能够比较具体地掌握物质运动的各种数量关系。如果仅仅用日常的自然语言,是难以进行深入的理论研究的。

2. 为科学研究提供了定量分析和理论计算的方法。

数学方法的应用往往是一门科学从描述性学科发展成为"精密"学科的杠杆和桥梁。图书情报学目前正经历着这种转变,只有大量地运用新的数学方法,才能提高科研成果的质量,才能使其成为"精密"的学科。特别是电子计算机应用普及的今天,数学作为一个强而有力的研究工具,它的作用表现在提供定量分析和理论计算的方法是十分明显的。例如,相关词辅助表目前已引起广泛的注意和应用,美国国立医学图书馆(NLM)联机系统就启用了这种辅助表的编制就是由数学方法提供的定量分析与理论计算方法。目前,大多按下式来计算词的相关强度:

$$r_{ab} = n_{ab} \Big/ \sqrt{n_a \cdot n_b}$$

式中：n_a，n_b 分别为包含 a、b 关词的文献数。

n_{ab} 为共同含有 a、b 的文献数（共同出现的频次）。

例如，有 7 篇文献，用于它们标引的关键词有 6 个（a—f），如表 8 - 3 所示。

表 8 - 3　文献与其标引用关键词

文献号＼关键词	a	b	c	d	e	f
1	0		0			
2		0	0			
3	0			0	0	
4			0			0
5		0				
6	0		0		0	
7				0	0	

关键词共同出现的频次如表 8—4 所示，相关强度 r 计算如表 8 - 5 所示。

表 8 - 4　共同出现的频次

	a	b	c	d	e	f
a	(3)*	0	2	1	2	0
b		(2)	1	0	0	0
c			(4)	0	1	1
d				(2)	1	0
e					(3)	0
f						(1)

＊为该关键词标引的次数

196

表 8 - 5　相关强度 r

	a	b	c	d	e	f
a	×	0	0.58	0.41	0.67	0
b		×	0.35	0	0	0
c			×	0	0.29	0.50
d				×	0.82	0
e					×	0
f						×

从表 8 - 5 可见,关键词 a 与 e 相关强度最强。据此,可将对某一关键词相关的词,按相关强度 r 大小排序,编制辅助表。如以所有的关键词为对象,必然要进行大量的计算。当采用电子计算机时,这种计算的难度便大大减少了。如果没有数学提供的定量分析与计算方法,词与词的相关强度便很难表达清楚。

3. 为科学研究提供了逻辑推理和科学抽象工具。

数学中的每个命题、公式之所以能够确立,是因为其被严格的逻辑所证明的。数学的推理必须遵循形式逻辑的基本法则,以保证从确定的概念、定义出发所导出的结论,具有逻辑上的必然性和可靠性。就是说,数学方法为科学研究提供了逻辑推理和逻辑证明的有力工具。自然科学史表明,许多重要的科学理论,就是根据自然科学提供的已知原理,以及数学的运算和变换法则,经过严格的逻辑推导和证明之后获得的。与图书情报学甚为有关的信息论,它的发展、成熟,就是应用数学方法提供逻辑推理和科学抽象工具的一个范例。

"信息量"一直是争论不休的学术问题,在 1948 年香农(Shannon C·)的著名论文《通讯的数学原理》发表后[5]才得到统一的解决。香农提出了信息的概念,并且用概率来定义信息量,信息量的单位(bit)及演算关系(加法)。但是,现在不依据概率的信息定义受到了广泛的注意[6]。其实香农的工作是继 1928 年哈特莱（HartleyR. V. L. ）的研究基础上发展而来的。哈特莱的思考方法是,应当排除情报意义上的内容,信息是符号便有 K^N 排列方式,接受该系统的信息量以对数 H = Nlogk 来表示。香农在上式基础上引进了概率观点,考虑混入噪音,将接收到个别消息的信息量定义为:

接受信息量 $= I = \log_a \dfrac{〔后验概率〕}{〔先验概率〕}$

当通讯中无噪音时,消息不会发生改变,后验概率为 1,则

$I = -\log_a〔先验概率〕$

同时,数学还可以帮助人们克服物质和人的感官上的局限,去探索、把握客观规律。图书情报学中有许多过程不能观察,如果不借助于现代数学工具和方法,想取得对人的微观领域的规律性的认识,简直是不可能的。

4. 为总结科学理论和创立新的学科分支提供了新手段。

数学方法不仅用于概括经验材料使之上升到科学理论体系,而且可以用来总结、发展科学理论。数学公理化方法便是进行科学总结的一种有效方法。运用这种方法可以将某种科学理论按逻辑顺序加以综合整理,使之系统化、公理化。情报学领域内的一个重要的分支——情报检索,就是在数学方法的帮助下,才逐渐系统化和公理化的。

科学史证明,数学方法对于打破旧的学科体系、分界界限和分类方法,创立新的学科理论,也是一种有力的武器。例如,本世纪五十年代末期之后,发展起来一门学科——。数量分类学。它就是应用数学方法和电子计算机来解决生物分类问题的新学科,它为生物分类提供了科学的方法,使生物分类学从定性发展到定量的水平。目前,数量分类学在动物分类、植物分类以及微生物分类中,得到了广泛的应用。文献的分类也可望在数学工具的支持下,

有新的突破。

5. 为科学研究提供了一种崭新的科学认识途径和实验方法——"数学实验"。

数学实验是介于古典演绎法和古典实验法之间的一种研究方法。这种研究方法在电子计算机出现以后，得到了更为广泛的应用。例如，国家情报系统的设计和比较的研究，是多因素的复杂系统的研究，采用数学实验往往会更为方便。由于有了可靠的计算机模拟，以往还是十分复杂而耗资巨大的那些情报系统实验，将可能由数学实验来取而代之。人们可以首先在计算机上完成理论值的计算，然后把实验数据与理论值作比较，从而对数学模型进行校正、检验和评价。数学实验的出现，不仅产生了一种崭新的实验方法，而且开辟了一条科学认识的新途径，具有重要的方法论、认识论的意义。

总之，数学作为方法是人们认识、改造世界的"辩证的辅助工具与表现方式"[①]。它以形式化的数学语言，抽象地反映物质运动的规律，它既是认识的一种方法、工具，又是一种独特符号语言，一种精确的表现手段。

第二节　数学方法在科研中的运用

数学方法在图书情报学研究中的实际运用，没有什么固定不变的"模式"，它受着图书情报学与数学本身的发展水平所限制，数学方法的运用也就是浮动变化的。但是，大体上不外乎表现出这样几种情况：

1. 运用数学分析、处理和概括有关图书情报学中研究对象的

---

① 　恩格斯：《自然辩证法》，第3页。

实验材料、经验和规律，从中建立起唯象的（以实验现象解释实验现象）、半唯象的模型理论，或者提取出基本规律。例如，几个著名的文献计量定律的建立，就是如此。

2. 从基本定律或模型理论出发，利用数学演算或数学模拟的方法，有时结合着若干实验材料，分析与解决不同条件下的具体问题。例如，建立模糊数学模型，解决情报服务效果的评价问题[7]。

3. 运用数学方法整理、概括科学研究的理论成果，使之系统化、规范化或公理化。例如，利用我国近年来激光文献的统计数据，求解出随着时间增长的回归方程，以此预测今后几年来我国激光文献的生产情况[8]。

4. 为适应我国图书情报学的发展，需要创造新的数学工具和方法，以便用精确的数学语言表达其内在规律，促使其深入发展。

前三种情况属于运用已有的数学理论和方法，分析问题，解决问题。第四种情况是要发明新的数学理论和方法，解决图书情报学中具体实际问题。

下面，简单地介绍一下数学方法的实际运用。

一、提炼和运用数学模型的方法

某一对象（一般称之为"系统"）的数学模型，就是依据大量的经验材料，经过数学的处理、抽象以后，最后得到的反映对象定量关系和运动规律的数学表达方式或具体算法。它是由数学的对象构成的体系。

数学模型从不同的角度，可以作成许多分类。以运算方式而言，分为离散（或脉冲）型与连续型（或模拟型）。以模型中的参数性质，又分为时—变型与时—不变型和集中参数型与分布参数型，等等。然而从数学研究的基本对象数与形来说，数学模型不外分为以下三类：数量关系的模型，逻辑关系模型，混合关系模型。

一般来说，提炼与运用数学模型的程序如下：

200

1. 建立数学模型。

建立模型的前提和基础是,对事物有着一般性的理解,要应用已有的相关科研成果。在新的领域内,提炼模型的难度就更大,通常需要对考察对象有广博的知识和较深入的理解。在建立数学模型时,①要根据有关的科学理论确定一些基本的量,以反映系统的量的规定性。如科技文献情报源,这是一个动态系统,一般需要确定的一些基本量,如:文献数量、增长速度、时间,引文量等。②针对所要解决的特定问题,分析这个系统的矛盾,抓住主要矛盾,突出重要的因素和关系进行研究。③分析各种量的关系,哪些量是常量,哪些量是变量,哪些是已知的,哪些是待求的。在搞清楚系统的基本量的基础上,还要对有关的量作进一步简化,抽象为数学的对象。然后才形成一个待解决的数学问题。

2. 估计参数。

根据一定时期的实际统计资料,运用数理统计方法,估计出方程式中的各个参数

3. 验证理论模型。

根据实际统计观察资料,运用数理统计学的统计假设,检验原理,验证已估计的参数值的模型所包括的变量(有哪些变量),变量的结合方式(方程的具体形式)和变量的结合程度(参数的具体数值),能否代表客观情况。从而判断"理论模型"是否正确地反映了客观现实。

4. 预测和决策。

预测和决策是密切相关的,也是建立数学模型的最终目的。只有当数学模型求得的数学解,能对所要研究的问题作出合乎实际的说明,能作出科学的预见与判断时,运用数学方法的目的才算真正达到。

我们在上面所介绍的是,一种数量关系的数学模型提炼和运用的原则说明。其实对于不同的图书情报学现象,人们将采用不

同的数学工具,建立不同的数学模型。如为了描述必然现象,其数学工具一般是方程式,通常出现的有代数方程、微分方程、积分方程和差分方程等,通过方程式可以从已知数据推出未知现象的性质来。例如,对于情报系统常采用微分方程来描述。处理带有偶然性因素的过程,采用的数学工具一般是概率论和数理统计,通过分析、计算,可以看出现象发生的总趋势和各种情况出现的概率等。在模型研究中人们发现,虽然客观事实有不同性质的发展、变化过程,但有时一类事物却可以用同一形式的数学形式来描述,这说明它们有着共同的量的变化规律。

下面,我们举一个实例展开介绍一下。

自从 1665 年世界上出现期刊以来,科技期刊已成为科技情报记录的主要载体。期刊有其正规发行的渠道、订阅制度与办法。期刊得到社会响应是不同的,一份期刊征得多少用户可以说是评价期刊价值的非常重要的指标。同一个领域里的期刊,由于质量不一,其订户肯定是不等的。一般地说,一种期刊能赢得多少订户,是其先进性、信息性、实用性的综合检验。一种期刊究竟含有多少订户,这是个带有不确定性的问题,所采用数学工具应以概率论和数理统计为主。根据中国图书进出口总公司所编《国外报刊目录》(第 5 版)所载,我国 1982 年引进国外"出版发行事业、图书馆事业、情报学、文献学"(即 375 类)期刊 148 种,订户为 184 家(次)。最高的一种期刊拥有 53 家订户,最少的为 1 家。期刊的订户量是否有规律呢?

首先,建立模型。

寻找上述规律、要先行统计有关资料。期刊的被订购过程与有些自然过程不同,它不可能在人为的控制条件下,使过程反复重演,或者依人工的办法把过程的主要因素分开,从而研究各因素的依赖关系。但是,期刊的订户规律可用数学和数据统计方法来体现这个倒推过程,即用数学模型来描述期刊订户的总趋势。表 8

-6是不同订户量的期刊订户数量表,依表 X 与 Y 数据作图(从略),可知曲线的形状为指数函数曲线,根据"对事物有着一般性的理解",数学模型应为 $\hat{y} = ae^{bx}$ 这就是我们根据已有的资料,建立起来数学模型。

接下来是估计参数。

$$\hat{y} = ae^{bx} \quad \cdots\cdots\cdots\cdots\cdots\cdots\cdots\cdots\cdots\cdots\cdots\cdots\cdots (1)$$

对(1)式两边取对数,将其化作直线式:

$$1ny = 1na + bx \quad \cdots\cdots\cdots\cdots\cdots\cdots\cdots\cdots\cdots\cdots (2)$$

(2)式可以写作:

$$y' = A + bx \quad \cdots\cdots\cdots\cdots\cdots\cdots\cdots\cdots\cdots\cdots\cdots (3)$$

令 $1ny = y'$,$1na = A$。

(3)式是线性方程式。当令 $a = e^A$,

则:

$$y = e^{A+bX} = ae^{bX}$$

表 8-6　不同订户量期刊的订户数量

组别 (户/刊)	简化组中 值 X	订户数量 (%)Y	$Y^1(1ny)$	X^2	Y^{12}	XY^1
0~6	3	60	4.0943	9	16.7632	12.2829
7~14	11	19	2.9444	121	8.6694	32.3884
15~21	18	10	2.3025	324	5.3015	41.4450
22~28	25	5	1.6094	625	2.5901	40.2350
29~35	32	3	1.0906	1024	1.1896	34.8992
36~42	39	~1	0	1521	0	0
43~49	46	~1	0	2116	0	0
>50	53	~1	0	2809	0	0
Σ	227	100	12.0412	8549	34.5138	161.2505

$n = 8$,则:

$$\overline{X} = \frac{1}{n}\sum_{i=1}^{n} \qquad X_i = 28.37$$

$$\overline{Y} = \frac{1}{n} \sum_{i=1}^{n} \qquad Y_i = 1.50$$

$$\sum_{i=1}^{n} (X_i - \overline{X})^2 = \sum_{i=1}^{n} X_i^2 - (\sum_{i=1}^{n} X_i)^2 / n$$
$$= 2107.87$$

$$\sum_{i=1}^{n} (Y_i - \overline{Y})^2 = \sum_{i=1}^{n} Y_i^2 - (\sum_{i=1}^{n} Y_i)^2 / n = 16.39$$

$$\sum_{i=1}^{n} (X_i - \overline{X})(Y_i - \overline{Y}) = \sum_{i=1}^{n} X_i Y_i - \sum_{i=1}^{n} X_i \cdot \sum_{i=1}^{n} Y_i / n = -179.61$$

因此，

$$\hat{b} = \frac{\sum_{i=1}^{n} (X_i - \overline{X})(Y_i - \overline{Y})}{\sum_{i=1}^{n} (X_i - \overline{X})^2} = \frac{-179.61}{2107.98}$$

$$= -0.086$$

$$\hat{a} = \overline{y} - \hat{b}\overline{x} = 1.50 + 0.086 \times 28.34 = 3.94$$

$$\hat{y} = e^{3.94 - 0.086x} = 51.41 e^{-0.086x} \cdots\cdots\cdots\cdots\cdots\cdots\cdots (4)$$

尚须检验：

①相关性检验

计算相关系数 R：

$$R = \frac{\sum_{i=1}^{n} (X_i - \overline{X})(Y_i - \overline{Y})}{\sqrt{\sum_{i=1}^{n} (X_i - \overline{X})^2 \cdot \sum_{i=1}^{n} (Y_i - \overline{Y})^2}}$$

$$= \frac{-179.61}{\sqrt{210778.7 \times 16.39}} = -0.97$$

相关系数 R 很大，说明 $1ny = 1na + bx$ 的线性关系是很显著的，亦即期刊与订户量呈指数函数的关系。

②拟合优度检验

为了衡量实测值与理论值的偏差，还应进行拟合优度检验，亦即为 X 检验：

$$X^2 = \frac{(o - E)^2}{E}$$

具体数据如表 8 - 7 所示。

$\Sigma X^2 = 11.62$

取 = 0.05, 自由度 8 - 1 = 7,

得 $X_{0.05}^2(7) = 14.067$。

表 8 - 7　实测值与计算值的对比

组别(户/刊)	实测值 O (订户量,%)	计算值 E	$(o - E)^2/E$
0 - 6	60	39.84	10.20
7 - 14	19	20.18	0.07
15 - 21	10	11.13	0.12
22 - 28	5	6.14	0.21
29 - 35	3	3.38	0.04
36 - 42	1	1.86	0.40
43 - 49	1	1.03	0.02
>50	1	0.56	0.56

由于 $X^2 = 11.62 < X_{0.05}^2(7) = 14.067$,所以期刊的订户数量理论值与实际值一致性是极显著的。

我们将(4)式拿来对照我国目前 375 类期刊订购的情况,有良好的吻合,而且,也可以预测未来几年的这类期刊订户的趋势[9]。

二、关于公理化方法

公理化方法,是从少数的原始概念和不证自明的合理出发,运用逻辑推理建立理论体系的方法。这种方法对正经历从经验上升到理论的图书情报学更有意义。在科学研究中,这种方法的主要作用是:

1. 公理化方法对于概括和整理已有的科学知识,建立科学的理论体系是一种有效的手段。

科学的历史经验表明,牛顿从少数几条公理出发,按照数学的逻辑推理,把力学的其余定律推导出来。热力学的奠基人之一克劳修斯也是使用公理化力法,把热现象的成果加以逻辑的整理和概括,写成了一部热力学的奠基著作《热的机械运动理论》。可见当一门科学积累了相当丰富的经验,就需要按照逻辑顺序加以综合整理,使之上升为一种理论体系时,则公理化方法的必要与可能性是十分明显的。目前,这对图书情报学来说是一条必由之路。布鲁克斯的情报学定量方法的建立,可以说就是带有公理化的色彩。

布鲁克斯非常重视情报学的定量研究。他指出:"情报学如果不实现定量化,它将是一堆支离破碎的技艺,而不会成为科学。"为此,布鲁克斯提出对数透视原理[11]。其实,这一基本原理,早已为欧几里得所知并表示为:

$$Z = K/X \quad\cdots\cdots\cdots\cdots\cdots\cdots\cdots\cdots\cdots\cdots\cdots\cdots\cdots\cdots (1)$$

式中,K 为在单位距离进行观察时,被观察对象各边的长度;X 为被观察对象与观察者之间的距离,即物理距离;Z 为在此距离上观察该对象的同一侧面时,其各边的表现长度。

布鲁克斯推理如下:如果将 K 代以线元 dx,即视线上物理长度的微分,则由距离 X 处观察时,该线元的表现长度为:

$$dz = dx/x \quad\cdots\cdots\cdots\cdots\cdots\cdots\cdots\cdots\cdots\cdots\cdots\cdots\cdots (2)$$

将(2)式积分,可得

$$Z = \log X \quad\cdots\cdots\cdots\cdots\cdots\cdots\cdots\cdots\cdots\cdots\cdots\cdots\cdots (3)$$

这就是说,对数的表现距离与其物理的对数成正比。

进而,对于三维世界,布鲁克斯设想了一个抽象的信息空间:

$$\rho I = 4\pi\rho \cdot \log \frac{a+n}{a} \quad\cdots\cdots\cdots\cdots\cdots\cdots\cdots\cdots (4)$$

式中,ρ 为 ρI 的密度。

显然,(4)式与布拉德福定律表达式(5)完全一致:

$$R(n) = k \ \log \cdot \frac{a+n}{n} \quad\cdots\cdots\cdots\cdots\cdots\cdots\cdots\cdots\cdots\cdots\cdots \quad (5)$$

布鲁克斯提出情报学定量方法的基本点是对数规律:"如果我们的感觉机构按着某种对数规则工作,即为我们所有的神经系统,包括脑神经都可能按某种对数方式工作。"[12]当然,这一主张与19世纪德国著名心理学家韦伯(Weber)和弗希纳(Fechner)经验法则:对物理刺激的主观反应,在一个相当广的可感刺激范围,对刺激感觉是与施加刺激之物理量的对物成正比的。即:

$$S = k \log R \quad\cdots\cdots\cdots\cdots\cdots\cdots\cdots\cdots\cdots\cdots\cdots\cdots \quad (6)$$

是一致的。

布鲁克斯的情报学定量方法是不是完整准确那可又当别论。我们在上面典型地加以介绍,意在说明布鲁克斯的定量理论体系,恰恰是导源于欧几里得的透视法,可以说是借助数理逻辑,才达到今天这样的情报学定量理论体系,这本身不可谓不是公理化法的成果。

2. 公理化方法对于进一步发展科学理论有着特别的意义和作用。

公理化方法以及用它建立起来的公理化体系,一旦从现实中抽象出来以后,在一定的发展阶段上就和现实相脱离,成为相对独立的东西。这时它本身就可以成为科学研究的对象,成为新科学研究的出发点。如我们在上边谈到了对数透视原理与布拉德福等级排序是完全一样的。等级排序及其分布能充分利用得到经验数据和信息,揭示人类个体行为及特点,透视原理则善于揭示物理空间与情报空间的差别,便于转换。一个实质问题的两种形式,都可能是行为和思维科学中重要的定量工具,并且已经成为神经物理学的出发点。当然,公理化方法的发展和其它科学理论发展,是相互作用、相互促进的,是大体上同步前进的。

3. 公理化方法研究的深入，为"人工智能"的开发和利用创造了有利条件。

目前，公理化方法本身已成为数理逻辑研究的一个重要内容。数理逻辑是用数学的方法研究推理过程规律的，它对公理化方法的研究，一方面使公理化方法更加形式化和精确化，另一方面又把人的某些思维形式，特别是逻辑推理形式更加公理化、符号化。这就为电子计算机模拟人脑的某些功能提供了理论根据。思维形式的公理化，可以把思维形式的数量关系转变为命题和推理格式，那么思维形式就完全可以变成一种数学运算和公式转换。对于图书情报学来说，布鲁克斯的知识组织的主张是有远景意义的。他认为应当通过关系索引把由自录耦合与同被引确定的文献网，变成知识单元直接连结的概念网，使知识体系从外部宏观结合变成内部微观结构。他主张绘制"知识地图"。在这种"地图"上，每个知识单元像一个结点或地址，处于创造它们的逻辑位置上，通过相应的关系与其它结点联结，形成一个有机整体。我们可以从知识地图上，看到知识系统的动态结构，直观地观察到知识单元在系统中如何活化情报，我们还可以看到研究者们怎样在密切的学科领域中相互影响，接受情报，构成知识，到创造新情报的动态过程。当知识地图逐渐扩大，趋于稳定时，可以作为数据库。布鲁克斯称之为"体外头脑"，从而能实现纯情报检索。显然，这种"体外头脑"的设想是有其理论意义的，但是这可绝非轻而易举。在这方面进行任何有关的尝试，都将运用数理逻辑，因而公理化方法亦将在图书情报学中得到越来越广泛的应用。

公理化方法的局限性是，用公理化方法建立起来的理论体系，还要继续接受实践的检验，以判定其真假。

第三节 数学方法的创新与发展

数学方法的应用绝不仅限于现在方法的推广和普及。对于图书情报学来说,更为重要的是,依据科学技术发展的实际需要,创造发明新的数学工具与方法。科学史证明,当一个学科发展到一定的程度,由于没有适当的数学工具的帮助而很难继续前进时,创造一种新的数学工具与方法,不仅是必要的,而往往也是可能的。17 世纪的欧洲,力学与天文学都取得了一系列的成就,而它们再要向前发展,就离不开数学的帮助,于是微积分便应运而生了。同样,发明一种新的数学工具和方法,不仅能大大促进已有的有关学科的发展和进步,而且有时能伴随产生一种新学科。例如,量子力学就是由海森堡创立了矩阵数学以后诞生的。图书情报学目前也处于关键时刻,目前其所以没有把情报学的学术边界划分清楚,学术地位尚未最后巩固,在一定意义上说与缺乏新的、有效的数学工具不无关系。情报学的前途在于创造与运用新的数学方法,有一种可喜的现象,我国图书情报界已有人自觉地引进了模糊数学,将其用于情报检索以及情报效果的评价上[7]、[13]、[14]。这是很有意义的,也是颇有前途的开端。

应当看到,特别是本世纪40 年代电子计算机出现以后,数学方法的应用发生了很多变化,出现了很多新特点:数学方法应用的广度和深度是空前的;计算机使数学方法发展到可以进行"数学实验"和机器证明的新阶段;应用数学和计算数学开辟了科学的新局面;数学方法正与其它科学方法紧密地配合,以求更有效的综合应用。上述新特点使数学方法加强了它的广泛应用性,以及在科学研究中的渗透性,使它成为所有科学的灵魂。把数学与计算机有机地结合起来,数学方法从纸和笔的手工时代进入到电子计算机这样的机器时代,使数学方法的功能无限地扩大起来。

以情报学的科学研究而言,我们不能不求助于数学方法来明确其结构和边界。另外,情报科学与其它自然科学或社会科学的具体学科有着各种各样的关系,表现出复杂的相关性。当前,情报科学正在经历着从经验阶段向理论高度发展的时期,数学能够把形成科学理论的科学方法,程度不等的体现出来。总之,数学方法的贡献在于解决情报科学中质和量的关系,从而切实地推动和促进情报科学的发展。采用公式、方程式、不等式、算子等数学语言描述情报现象与过程的状况,将会日益普及与发展。

但是,数学与数学方法不是万能的。我们不能迷恋数学模型,不能把数学提高到同哲学一样的高度。数学与自然科学、社会科学的具体学科相比同是一样的一般学科,数学的利用程度和方法,在自然科学和社会科学中,由于其研究方法的不同而不同。布鲁克斯曾指出,像物理学是自然科学的基础学科一样,情报科学是社会科学的基础学科。同自然科学是处理存在于自然界中的各种事物,即同人们的意志没有直接关系的客体迥然不同,这便增加了图书情报学运用数学方法的复杂性,也影响其准确性和适用范围。数学使我们克服主观臆断,使我们摆脱纯粹经验主义,但是有可能使我们陷入新的朦胧,特别是建立空洞的数学模型,那等于把人们引入绝对抽象的"无人"世界,这对于具有强烈社会性的情报学来说,是不得要领的。此外,应用数学方法以数学公式表达问题,搞不好往往掩盖了数学符号所论证的实质内容。有些数学化的情报理论文章,提出问题可能是实际的,由于运用数学方法不当,在繁杂的数学过程之后,结论却是数学的,甚至开头与结尾都停留在数学范围之内,这就很难不令人产生这是为数学而数学的感觉了。成功地、恰到好处地运用数学方法,在于明确抽象符号所标志的实际内容,必须把抽象符号变换为具体内容的知识语言。必须把数学语言描述和产生的概念和规律,还原为现实的、具体的内容。

一些国外学者在数学方法广为普及,人类知识数学化的今天,提醒人们:数学是一个极好的仆人,但却是一个不好的主人,它既是力量,也有危险。我们在把数学方法运用于图书情报学科研中的时候,要时刻注意到这一点。

参考文献

〔1〕积极开展科学方法的研究,哲学研究,1980 年,第 1 期(评论员文章)。

〔2〕刘达,情报学的新领域——情报计量学,情报学刊,1981 年,第 4 期,第 48—51 页。

〔3〕竺迪刚等,汉字输入与人机对话,计算机学报,1978 年,第 1 期。

〔4〕陆文刚,情报数学基础讲座(二),情报科学,1984 年,第 2 期,第 93—96 页。

〔5〕Shannon,C,E. and Weaver,W. ,《Mathematical theory of communication》,University of Illinois Press,1949。

〔6〕Gotlinger,H. W. ,《Concepts and measures of information》,CISM, Courses and lectures N29,Wien,New York,197

〔7〕李天复,科技情报效果的模糊评价法,情报学报,1983 年,第 1 期,第 22—28 页。

〔8〕王心维,根据文献统计预测激光科学在我国的发展趋势,情报学报,1983 年,第 3 期,第 230—234 页。

〔9〕王崇德,科技期刊订户的研究,图书情报知识,1983 年,第 3 期,第 7—13 页。

〔10〕Brookes. B. C. ,Letlers to the Editor,J. Inf. sci,1982,5(1),45—49.

〔11〕Brookes,B. C. ,王崇德等译,王勇校,情报学的基础(三),情报科学,1983 年,第 6 期,第 84—91 页。

〔12〕Brookes, B. C. Measurement in Information Science,J. Am. Soc. Information Sci. ,1980.31(4),248—255.

〔13〕数学理论在情报检索中的应用,情报学刊,1981 年,第 1 期,第 93 页。

〔14〕文岳雄,利用模糊集合理论评定科技情报成果,情报学报,1983 年,第 4 期,第 306—313 页。

第九章 现代科学方法

人类认识客观世界的能力是不断深化的,致使科学研究方法也不断充实与完善。随着现代科学技术的飞速发展,作为一种辩证综合的现代科学研究方法:控制论方法、信息方法、系统方法也就登上现代科学研究的舞台。控制论方法突破了以抽象分析为核心的传统方法,而要求对客观事物整体进行综合性动态研究。在这个意义上说,它是唯物辩证法在现代科学中的生动体现。但是,只有通过信息的传输,才能控制整体性的相互联系,它的前进趋势是"系统",而系统方法又是科学领域中唯物辩证法的更为全面的体现。

以下我们分别对这三种方法加以介绍。

第一节 控制论方法

控制是社会与自然界中常见的一种行为,在生物系统、思维系统、社会系统、工程技术系统以及军事系统等,都有控制的过程。人类的劳动过程也可谓是一个控制过程。于是执行机构,它操纵和使用生产机具。感觉器官是测量机构,感受并加工过程中的各种信息。人脑则是中枢控制机构,对所获取的信息,进行分析、比较,并且作出判断。在整个制造过程中,物质、能量与信息是相互联系的,互成整体,构成一个动态过程。

控制论是自动控制、电子技术、无线电通讯、神经生理学、数学逻辑、统计力学等多种科学和技术相互渗透的产物。早在 1943 年维纳等人发表了《行为、目的和目的论》一文,第一次把只有属于生物的、有目的行为赋予机器,阐明了控制论的基本思想。1948 年维纳又发表了《控制论》。五十年代后,控制论向各个领域渗透,相继出现了工程控制论、神经控制论、经济控制论、社会控制论、大系统论、智能控制论等。

一、控制的主要特征

1. 控制是一种联系与调节。

它是在一个有组织的系统中进行,根据内部外部的各种变化而进行调整,不断克服系统的不确定性,使系统保持某种特定的状态。控制的作用是在于使事物之间、系统之间、部门之间,相互作用,相互制约,克服随机因素,增进协调,追求和谐,从而达到预期的目的。在图书情报学中的一个最典型的控制,就是词表控制。词表控制鲜明地体现着控制的这一特征。

控制词表(Controlled Vocabulary)是为了便于情报检索而出现的。它的主要任务就是控制同义词,即指定标引人员和检索者所面临的几种同义表达方法的一种。从而避免系统中的同一主题内容在不同词汇之下。要想达到这种控制,就要在几个待选的词汇中,规定一个"选定词"(perfered term),并在那些用户可能用以提问系统的不同词汇之下,用(see)或者用(use)引见至这个"选定词"。另外,控制词也要区分同形异义词,即拼写一样但意义不同之词。对它们通常要用括号标注或用涵义注释来说明。控制词表再一个任务就是将语义上相关的词汇联系起来,以便进行全面检索。总之,控制词表就是用于检索标引的规范,将标引语言系统加入人为的规定而加以控制,使之产生有利检索和提问的功能。这些功能概括起来就是：

①使主题内容的表示保持一致性,避免主观分散。在输入(标引)和输出(检索)中,实现对下列词汇的控制:同义词(包括近义词)、准同义词、同形异义词等;

②通过集中语义上相关的词汇,包括词间关系和句段关系,便于进行广泛的(族性的)检索。

控制词表的编制,就是控制的体现,它对词汇实施联系与调节[1]。

2. 控制是为了降低系统熵增长的趋势。

对于一个系统来说,总是存在着一些不确定性因素,致使系统难以稳定地保持或达到所需要的状态。为了使系统稳定地保持或达到所需要的状态,必须对系统施加一定作用,克服系统的组织性降低的自然趋势(亦即熵增加的趋势)。正如维纳所说:一个闭合系统,总是存在着组织度降低的自然趋势,也就是存在着熵增加的趋势。美国学者 M·斯普鲁斯从控制论角度提出:"图书馆员们,请注意熵!"她不无分析地指出,在任何一个给定时间内,一本书可能会有五种状态:①在正确的排架位置上;②被借走③在不恰当的排架位置上;④乱放在馆内某处的桌子上;⑤丢失。根据熵的定律可知,图书馆的日常工作也是不可逆的。首先,我们考虑保持书架"有秩序"的日常工作状态,当一位读者从书架上拿了一本书或其它一件资料到阅览桌前阅读时,这个系统的组织改变了,一本书从状态 1 变到状态 4。不管状态 1 到状态 4,或者再由状态 4 回到状态 1,都要外加能量才行。因此图书的正确排架状态的维护,就是要减少熵增大的趋势,就是图书馆有序状态的控制。如果不加控制,图书状态无疑要混乱不堪,最终便成了毫无用处的乱纸堆。

3. 控制过程就是信息处理和交换。

控制是靠信息传输来实现的,任何一个信息过程的各个阶段,如信息获取、加工处理、信息输出、指令执行,都是由人或人通过一定的机构来控制的。其本质都是信息的处理、加工和变换。以上三点就是控制的主要特征。

对控制与控制技术的研究,对控制方法的提炼,就构成了一门崭新的学科——控制论。

二、控制论方法的基本特点

1. 通过信息的能动过程,实现人们事先对系统所规定的功能目标。

控制论方法的这一特点,就是把人的行为、目的以生理基础,即大脑及神经活动与电子、机械运动联系起来。突破了无机界与有机界的界限,突破了控制工程与通讯工程的学科界限。揭示生物有机体、机器和社会等不同物质运动形态的信息联系。维纳把动物的目的行为赋予机器,将动物和机器某些机制加以类比,从而抓住了一切通讯与控制系统中所共有的特征。正如维纳所说:"控制论的目的在于制造一种语言和技术,使我们有效地研究一般的控制和通讯问题,同时也寻找一套恰当的思想和技术,以使通讯和控制问题的各种特殊表现都能借助一定的概念加以分类。"[3] 简单地说,控制方法就是通过信息处理的能动过程,解决控制与被控制的矛盾,使系统运行处于最佳状态或保持系统的稳定性,借以实现人们事先对系统所规定的功能目标。

由图 9-1 可见,任何控制系统都可以看成是,由施控和被控两大部分组成。控制系统和控制过程的基本矛盾就是施控系统和被控系统的矛盾,这就是说,新的信息不断输入到施控系统,感受机构接到信息后,传给中枢机构进行加工处理,通过执行机构输出控制信号到被控系统。被控系统引起反应又继续发生新的信号,返传给施控系统。如此循环往返。但每次循环都不是简单的重复,而是有新的信息内容,使得控制作用更加向预定目标迈进。例

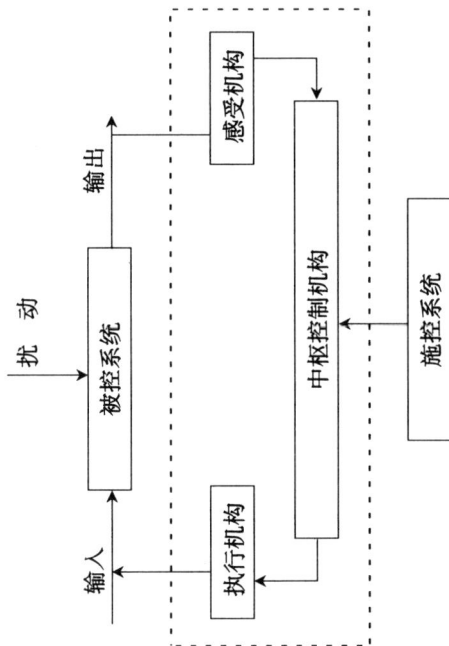

图9-1　控制系统原理

如,我们可从控制论的方法来研究情报系统的科学管理。一个情报系统好像一个简单的调节回路,它是由资料收集、文献工作、情报服务和领导等环节组成的。这个系统的任务是从繁多的情报源中选出用户所需要的情报。调节者(领导工作)通过校正值(即信息)来调节情报系统。例如每当用户的需求发生变化,情报系统的各个功能部分都应随之而改变。在情报文献工作任务发生变化与增减时,我们就要考虑这些变化对整个系统的影响。只有在对情报系统进行全面考察的基础上,才能使情报流动畅通无阻。图9-2与图9-1的原则是一致的。只有把四种信息——干扰参数、调节参数、管理参数、调整参数加工处理好,变换好并输入施控系统,那么这一情报系统就会日益有效,就会准确地为用户服务。

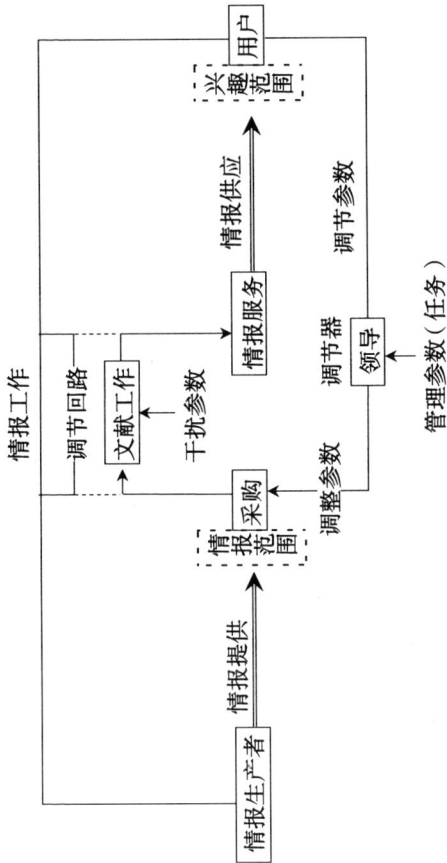

图9-2　情报系统的控制图

2. 功能模拟。

功能模拟是控制论方法的另一基本特点。控制论可以说是在

217

类比和模拟基础上发展起来的,维纳等人创造控制论的目的,就是想解决机器怎样才能模仿人体运动的功能。维纳称赞道:"把生命的机体和机器作类比工作,可能是当代最大的贡献"。维纳不落窠臼的是,他立足于现代科学的基础上,既看到了人—机器系统的同一性,又看到两者之间的差别,运用了功能模拟法,也就是被人称为控制论的"黑箱"方法。这种方法不是首先去涉及复杂系统内部结构和相互作用的大量细节,而只是从整体行为上的等效性,来描述和把握系统。这在研究图书、情报系统时,是特别有用的。在控制论方法的帮助下,70年代以来电子算计机的技术功能模拟又进入了机助设计、系统模拟和机器人研究阶段。电子计算机技术的高速发展与广泛应用,是同目前日益受到重视的模式识别研究相辅相成的。电子计算机有把所存贮的数据同特定的信息相互关联的能力,从而使电子计算机能成为一种十分有用的分析工具。据此,人们对称之为"专家系统"(Expert System)的研究,产生了极大的兴趣。"专家系统"是人工智能的研究成果,对其定义尚莫衷一是。一种观点认为,"专家系统"就是收录某一特定的知识体系的电子计算机系统,这种系统能模拟人的大脑思维方式,表达和加工、处理知识。"专家系统"是由一个知识库(knowloge base)和构成软件系统的"推理发动机"(Inference engine)组成。"知识库"包括事实数据库和规则数据库。"推理发动机"专门负责执行逻辑步骤的运算,把用户的提问与"知识库"中的事实和规则数据加以联系,检索出事实后,把"答案"告诉用户。目前,这种"专家系统"在图书情报学中已有所应用[5]。

自1980年起,应用于书目文献检索的、安有智能前端处理装置的"专家系统"相继出现,其中有富兰克林研究院研究试验室生产的"联机数据库检索辅机系统"(OL SAM)和"化学文摘检索终端"(CAST)。后者在检索过程中能自动根据一个主机检索的效果,就其中的一部分重新组成另一个新的检索方案,输入到另一个主机中进行检索。此外,还有通用电话公司生产的 PAPERCHASE 和 FRED 两种系统。

PAPERCHASE 安装在波士顿的一家医学图书馆里,存贮有 40 万条参考文献(文库的文摘和原文存贮在内),它的特点是便于检索,用户完全可以自己完成检索操作,无需经过专门培训或提请馆内工作人员代办,这就大大降低了检索费用。参考文献条目按反纪年的次序显示,用户首先看到最新文献的信息;在检索过程中,该系统每隔一段时间就监督用户的检索方案,并提供改进的建议[6]。

三、控制论方法在科研中的作用

控制论方法在科研中有如下三个作用。

1. 从功能角度入手,揭示客观事物的联系。

世界的统一性在于它的物质性。世界作为一个运动、发展和变化的整体,各种物质之间都存在着一定形式的联系,辩证法就是研究这种联系的科学。控制论方法正是从功能的角度找到这种联系,并通过信息变化和反馈作用,把这种联系变成了现实。它打破了动物和机器的界限,也打破了通讯和控制的界限,从而能够把各种不同学科领域和各种截然不同的系统沟通起来,连成一个有机联系的整体,进行有效的控制,以取得重大的突破。情报学与许多学科和现代技术有密切关系,如何加速并有效地开展情报学的科学研究,吸收相关学科的先进理论与方法是异常重要的,而控制论方法正是一种新颖、有效的研究方法。

2. 实现反馈,排除干扰。

系统在运行过程中,不可避免地要受到各种因素的干扰,使被控量与给定值之间产生偏差信号。但是,控制论方法可以通过信息反馈,对偏差信号加以变换处理,使被控做相应的运动,进而达到消除或减少偏差的目的。这样,不管外界怎么干扰,我们总会有办法消除干扰,保证系统的正常运行,实现预期的目标。这在图书馆的科学管理研究中,是一个非常有效的方法。来自读者的反映信息,发自图书馆各部门工作状况的信息,如能实行反馈,便能找到图书馆工作的改进方向。由于实行反馈便减少了盲目性,增强了自觉性,使图书馆工作不断趋近预定的目标。

3. 辩证综合,整体研究。

控制论方法,不是从事物的个别联系上,而是从事物的总体联系上进行的研究;不是寻找事物的个别原因及其产生的某种结果,而是揭示事物变化、发展的总画面;不是只注意局部的最优化,无视整体的目标,而是从整体着眼,部分入手,综合考虑,统一规划。

第二节　信息方法

信息就是泛指我们所说的消息、情报、指令、数据、信号等有关周围环境的知识。我们感官随时都在接受各种信息,如语言、文字、图像、颜色、声音、自然景物等等。可以说,我们是生活在信息的海洋之中。

本世纪以来,由于科学技术的飞速发展,社会生产、生活方式的巨变,全世界有许多科学家从不同的学科、不同的角度和方面,对信息问题进行了深入的探讨。在这方面有独特贡献的要数美国的维纳与香农。维纳不仅独立地与香农一样地给出了测量信息量的公式,而且还给信息下了定义:"信息是我们适应外部世界并且使这种适应为外部世界所感知到的过程中,同外部世界进行交换的内容总称。"既然是"适应"、"交换,"这就比消息具有更深刻的含义。

一、信息的属性

1. 信息与结构密切有关。

信息与结构是有着密切联系的,结构不同,信息亦不同,结构决定着信息。如 d、o、g 三个字母,既可排列成为 dog——狗,也可排列成 god——上帝,结构不同给出的信息就完全不同。任何事物或系统,不管其具体形态如何,只要它的物质和能量在空间结构和时间顺序出现了分布不均匀的情况,就有信息产生,即信息反映了任何事物或系统在时间空间运动的过程中,所表现出的组织程度或有序程度。因此,维纳说信息本身就是一种模式和组织形式,并且指出消息集合所带来的信息,就是组织程度的量度。

2. 信息价值和有效性的相对性。

同样一个消息对于出自不同的信源和具有不同分辨力的接受者来说,其信息量及其所产生作用的大小和效果是不同的;同一个消息对于不同的系统或同一系统所具有的不同目标,其信息的量度也是不一样的。所以,不能切断信源到接收者之间的整个联系,把信息当成一种独立的存在物。

3. 信息与"熵"密切相关。

"熵"是系统内无序程度的物理量,而信息是有序程度的物理量。所以在信息中用"熵"的量来刻划对象的不确定程度,并用收到信号后"熵"的减少来衡量不确定性的减少,从而作为"信息量"的数值量度。若有一随机现象,它全部可能的情况共有 n 种:x_1,x_2……x_n。各种情况(x)出现的概率分别为 $P(x_1)$,$P(x_2)$,……$P(x_n)$。显然对 x 出现的不肯定性决定于各 $P(x)$ 取什么值和 n 的大小。因而,不肯定程度是 n 与 $P(x)$ 的函数,用 H 表示不确定程度,则每个消息中的平均信息量为:

$$H = -K \sum_{i=1}^{n} P_i LnP_i$$

221

式中，n 为随机现象所有可能出现的情况，Pi 为每一种情况出现的概率，K 为常数，当 log2 时，K = 1。不确定程度 H 确定，就可以将信息定义为：信息是消除的熵。以上可以看出信息量完全是统计量，因而可称为统计信息或概率信息。

4. 信息与能量、物质辩证地统一。

同一个信息，可以用不同的物质、能量传递；不同的物质、能量也可以传递同一个信息。我们不能把信息机械地归结为物质和能量，信息没有载体不行，但信息又不能与载体混为一谈。获取信息要有能量，但消耗的能量与信息量却无关。如此种种，都说明既承认信息是以物质、能量为载体，又不可否认信息与物质、能量的本质区别，这样才有可能把一切不同的事物，撇开其物质、能量和具体内容，抽象出信息这个共同的格式，仅从组织形式和量的方面广泛地进行研究，得出过去无法得到的结论。

香农的信息论与我们所从事的语义情报活动，还是不能合而为一的。譬如，信息论认为对消息的确定性愈大，信息量愈小；一个人预先的知识将减少信息中的信息量。在情报学中通过语义的研究表明，预先的知识可增加信息中的信息量，所以图书情报学中不能照搬信息论，只是以之作为工具和手段，在科学研究中见机加以应用。

二、信息方法的基本特点

所谓信息方法，就是运用信息的观点，把系统的过程当作信息转换的过程。通过对信息流程的分析和处理，以达到对某个复杂运动过程的规律性的认识。它不同于传统的经验方法，不割断系统的关联，也不是机械的综合，而是一种直接从整体出发，用联系的、转化的观点综合系统的研究方法。它虽然与控制论方法有密切的联系，也是控制论方法的一个附属手段，但是它也有其独立应用的独立价值。

它的基本特点是:用信息概念,作为分析和处理问题的基础,它完全撇开对象的具体运动形态,把系统所有的运动抽象为一个信息变换过程。如图9-3所示。

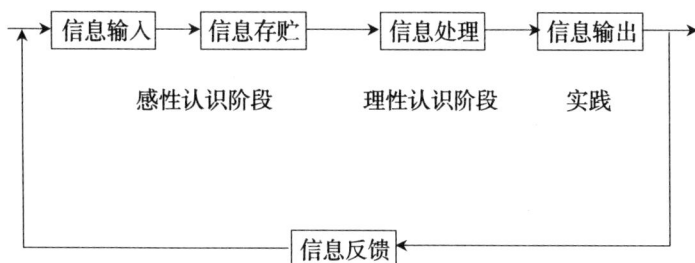

图9-3 信息流程图

由于信息流的正常流动,特别是反馈信息的存在,才能使系统按预定目标实现。维纳始终着眼于信息,把人作用于外界的行为,归结为信息和信息的反馈过程。在他看来,"任何组织所以能够保持自身的内部稳定性是由于它具有取得、使用、保持和传递信息的方法。"[7]人们把系统输送出去的信息,作用于被控对象后产生的结果再输送回来,并对信息的再输出发生影响的过程叫反馈。把应用反馈的概念去分析和处理问题的方法称反馈方法。这种方法,从哲学上来说,就是促成矛盾转化的条件,从而促使其转化。从科学上来说,就是保证系统按预定目标实现最优控制手段。例如,文献[8]讨论了管理决策的图书馆系统的信息流程。其中有拒借信息的反馈,读者满意程度信息反馈,新环境变化信息反馈,唯其它们的实施,才使系统得以逐渐修正,实现预定目标(见图9-4)。

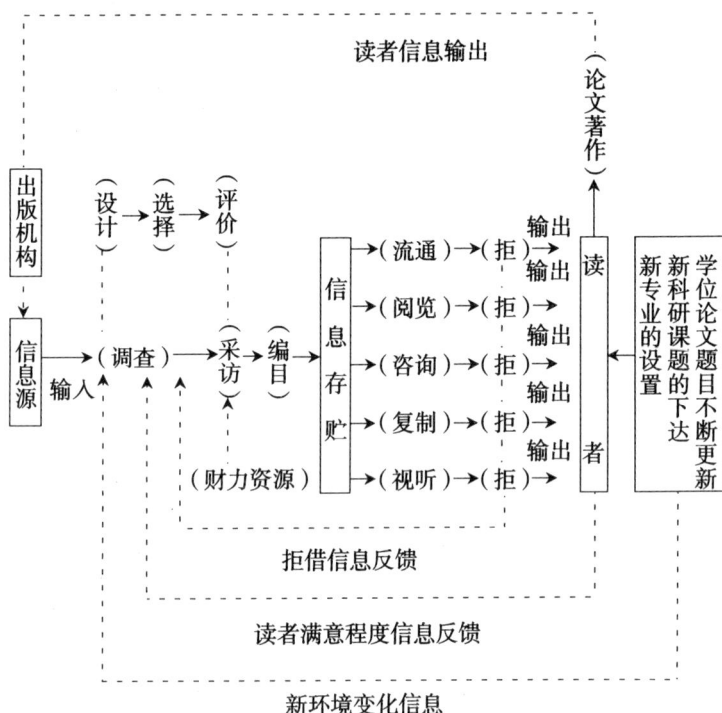

图9-4 图书馆信息反馈系统

三、信息方法在科研中的作用

随着电子计算机的普遍应用,社会将进入高度发展的信息化时代,现在人们不仅可以用信息方法解决某一个学科的问题,而且可以把一切有组织的系统和过程抽象为信息变换的过程,广泛地应用到研究控制、系统、热熵、能量、智能、化学自稳态、测量、预测和科学学等方面。图书情报学与信息论有着天然的关系,采用信息方法进行图书情报学的科学研究,那将是更有意义的。它的主要作用是：

1. 信息概念的普遍性，使信息方法可用于揭示事物的共同属性。

由于信息过程存在于一切组织系统中，信息量的变化能够反映出系统的兴衰，信息质的特征亦能反映系统的目标、功能，因此对任何有组织的系统都可以使用信息方法。根据其信息的接受、存贮、加工处理、传递和变换过程的相似性，揭示出它们的共同属性。例如，现代图书馆与情报中心的争论，可以说是一个全球性问题，无论过去和现在，情报中心与图书馆是有明显的差别。情报中心不是着眼于实物以及传递成果的文献本身，而是着眼于该文献是否含有有关的专业情报。因此，情报工作不像书目工作那样是为了查索文献，而是为了查索文献内容（事实），并将这些作为情报主动地加以报道。图书馆主要是与数据的载体打交道，并告诉用户它拥有什么（重点是成册的）。情报中心主要和数据打交道，并告诉用户该用些什么——它本身并不一定有相应的载体。尽管它们有如此的原则区别[9]，但以信息观点来看，它们还有许多共同的属性，详见表9-1。

2. 信息概念的综合性，使信息方法可用于提高系统的可靠性。

信息既以物质、能量为载体，但又能摆脱物质、能量的局限。人们在应用信息方法时，可以不考虑物质、能量、具体形态，而始终基于系统信息的变换；不是对系统内部元件（或部分）一个一个地进行分析解剖后，再机械地加以综合，而是直接从整体出发，用信息观点进行综合考虑；不是在系统内部研究个别原因和个别结果的对应关系，而是研究个别原因和个别结果的对应关系；不是非把系统内部的情况完全弄清了再动手不可，而是应用"黑箱"理论进行简化，只要找到总的信息联系，就可以通过信息的变换处理，选择系统元件装置的总的组合形式，提高系统的可靠性。例如，福洛特（Voigt O）对情报过程进行了综合考察，根据信息加工与变换，

表9-1 图书馆与情报中心的比较

信息程序	特 征	图书馆	情报中心
信息输入	载 体	一定要有	不一定,但要存有数据各类,特
	主要文献类型	单本文献	别是非单本的
	搜集方式	购买、交换、赠送	购买、交换、赠送
信息加工	系统制作	系统制作	系统制作,尤其是机读的
	文 摘	不大作,按主题分类	大量进行
信息存贮	贮 存	传统的一级目录卡片(现在已部分采用电子方法存贮)	一级目录卡片、穿孔卡片、光电设备、电子数据处理
	分 类	字顺目录、分类目录和字典式目录	专题分类法或综合分类法,特别是适于电子数据处理的主题词表
传递信息	主 动	馆藏目录	提供资料目录和主题
	被动 回答咨询	提供资料目录	提供资料目录和主题词目录
	被动 利 用	在馆内阅读或外借	主要通过通讯工具
	针对用户需要	有针对性	有很强的针对性
信息加工设备	穿孔卡片和穿孔纸带	很少使用	经常使用
	电子数据设备	大型图书馆正在开始使用	采用先进的电子数据处理设备
	复制技术	简单的复印机	广泛使用现代化大量复印设备以及缩微技术

把情报传递过程归结如图9-5。

拿到含有 I 情报的文献 D_i 之后,情报工作者将其中的实际概念 S(关键词)与检索字典 K(关键词或叙词表)进行比较,其目的是进行信息的加工与转换,然后制成带有代替信息 i' 的替代文献 D'_i。从 D_i 到 D'_i 就是一种信息加工、转换过程。而在检索(R)过程中,经检索人员的加工,将问题 F 与检索字典 K 进行比较,从而提出(形成)一个替代问题 F'。通过替代问题 F' 和替代文献 D'_i

Di   F

S   K   R

D′i′   F′

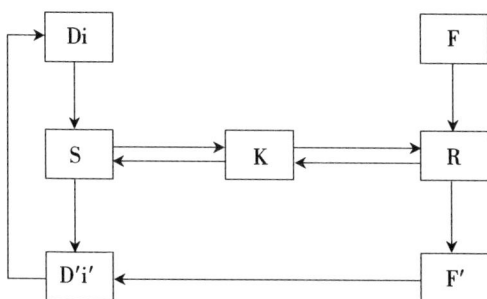

图9-5 文献传递过程

进行比较后,检索人员便能找到 D'_i。随着替代情报的形成和替代文献的提出……信息便从日常用语这种形式转换由分类资料来确定的系统语言(情报语言)的另一形式。在这一过程中,通常总会损失一些信息……不过这种情况如同一种能量形式转换为另一种能量形式时一样,总会有所损失的。以信息观点研究情报传递过程,不纠缠具体细节,完全信息化。情报传递过程的关键是 $D_i \to D'_i$ 和 $F \to F'$,应力求不要损失信息,以确保该情报系统的可靠性。

3. 信息概念的灵活性,使信息方法可用于揭示事物的规律性。

信息,特别是有关事物及过程知识的信息,可以灵活地表示出来,即可以符号化,也可以物化。目前,社会信息一定要反映着概念,可以说没有无信息的概念和无概念的信息。由于概念可由多种角度来多重反映,信息的载体又可以多样化,所以用信息方法可以揭示任何事物存在着的规律性。例如,无论说话或著文,都是为了表达概念,同时都要示以对方。这种思想交流工作必须仰仗物质——语言或文字,也就是说作为信源的说话人或作者要通过语言或通过文字的组织——编码等一系列过程来实现,不管所交流的思想多么复杂,从信息观点来看,这两种情况下的思想交流,都

227

可以通过信息的运动状况和环节,来揭示其规律性。详如图 9－6 所示。

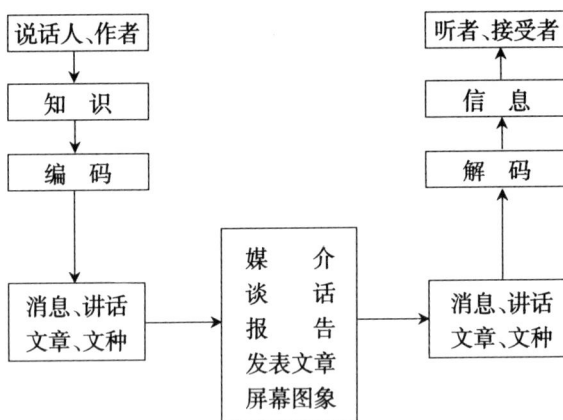

图9-6　思想交流的规律

4. 信息的主观特性,使信息方法应用范围扩大和多样化。

信息是以主观形式反映客观内容的过程。根据不同的要求,在进行科学研究时,人们可以依主观愿望,采取不同方式,将事物无限多的质的特征,转化为不同形式的信息。例如,在通讯编码中,"icy"一字可以是英文,也可以是中文的"冰冷的",更可以是日文"つめたい"的对应。但是根据主观的需要可用如下方式来表现:

①按英文字母顺序可以表示为:

9　3　25(按英文 26 个字母顺序编码)

②按中文三角编号可以表示为[10]:

323300　328331　302861

③按 JIS(日本工业标准)代码可表示为:

01001001　01100011　01111001

228

可见,信息既被客观"Icy"结构特征的多方面所决定,也随着主体意图的多方面(冰冷的、9　3　25 等)而转移。这种"词构变换"的结果,使信息方法应用的范围更为扩大和多样化。

5. 信息的形式化、相似性,使信息方法可用于突破研究对象的局限性。

为了揭示客观规律,对各种不同的物质系统,都可以撇开具体内容,就其单纯的形式和关系,应用量的信息(等于"不确定性"的排除)定量地研究系统的一些平均结果,并给予形式化的表达。例如:

控制系统可表示为:

$$H(x) \geq H(d)$$

意为必要变异度≥干扰不确定性。

组织系统可表示为:

$$H \frac{dHm}{dt} \geq Hm \frac{dH}{dt}$$

意为减熵率≥增熵率。

非平衡热力学系统可表示为:

$$ds = dis + des$$

意为总熵 = 增熵 + 负熵流

这些形式化的表达式,简单明确地揭示了系统的本质。如 ds 表达了现实的系统(一般都是非平衡态,开放系统)存在着内部增熵与外部负熵流的对立统一关系,des 作为负熵流是现实系统中绝不可少的东西,因为系统与环境、系统与系统、子系统之间存在着一一对立的变换关系,这种同构变换实际上也就是信息的传输过程,必须用信息的方法分析。

再从相似性的关系来看,由于信息等于热熵,即 $\triangle S = I$,据此不仅可以处理类似热力学系统那样的具有大量的随机变化的系统,而且可以引出类似的关系。如知识熵,科学活动中的能——努力,经济上的熵——花费等,通过这些随机关系、相对关系、模糊关系的分析,即可得出量的信息、相对信息、模糊信息等概念,从而可以用信息方法研究现实系统的变化过程。

文献[11]正是利用信息形式化与相似性的特点,应用信息方法创造性地研究了情报系统。情报系统有两个主要特征:其一,情报系统是一个开放系统,它与外界不断有物质、能量和信息的交换。人类增长知识,大批人力、物力、财力的投入是系统源源不断的输入;对外提供的各种情报是系统的输出。正是由于情报系统的开放性,它才有可能形成有序结构而被利用。其二,情报系统是一个随机服务系统。社会对情报的需求从客观上看完全是一种随机过程,不同的人在不同的时刻可能随时提出不同的情报需求。据此,"情报熵"这个概念在情报学的文献中大量地出现。随机系统可用下式进行评定:

$$H(X \cdot Y) + I(X \cdot P) = \log N$$

其中,H 为系统的平均情报熵;I 为系统的情报量;N 为系统的状态数。

该式表明,对情报系统的某一确定状态,H 与 I 之和为常数,即 H 越大(越混乱无序),I 减少(信息越少),功能越低。

对照公式:ds = dis + des

不可逆过程的熵产生 dis 使系统走向混乱。系统内部熵产生 dis 的具体来源是:文献数量剧增,专业内容的交叉和相关;科学语言语种的增加和其间的障碍,无用情报所占比例上升以及由于情报机构体系的不合理而造成的混乱等,这一切使系统趋于杂乱无章,很容易呈无序状态。所谓"情报污染"就是一种形象的描述。另外,人类所处的情报环境发生了巨大的变化。其变化可以从两个角度加以度量,其一是用情报密度,情报环境中的情报密度越来越大;二是用情报环境构成的情报系统的情报熵,系统内部的熵值越来越大。人类采取的对策之一——专职情报工作产生正是为了在情报密度越来越大的情报环境中阻止这种熵增加的趋势。

整体情报工作对系统而言是输入负熵流,负熵流 des 包括:投入的人流与物流,分类、编目、整理、文摘、二次文献、检索、工具书、计算机检索及终端、数据库建立、通讯网络的运用……等。正是由于这些负熵流的输入,才使系统的总熵减少,有序程度增加,形成适应外界随机需要的有序结构。

当前,人们对信息的利用和掌握信息方法的水平,在某种意义上已成为社会发展速度的一个标志。有一切理由指望信息方法将日益完善和成熟。

第三节 系统方法

一、系统及其特性

所谓"系统"就是由相互联系、互相制约的若干部分,按一定的规则组成的,具有一定功能的整体。就其本质来说,系统是"过程的复合体"。它的功能是接受信息、能量、物质并根据时间的程序产生信息、能量、物质。如图 9 - 7 所示。

通过物质、能量、信息的运转,构成系统的有规律状态,运转的越快,越有规律,越能显示出系统的生命力。按照贝塔兰菲(Bertalanffy)的观点,一般系统论的基本原理是关于等级秩序的原理,他指出:"等级秩序的一般理论显然将是一般系统论主要支柱"。所谓等级秩序指的是结构和功能的等级秩序,而在现实性上结构和功能是不能截然分开的。实际上,结构是部分之秩序,功能是过程之秩序。因此结构和功能本质是统一的。贝塔兰菲指出:"归根到底,结构(即部分的秩序)和功能(过程的秩序)也许完全是一回事,在物理世界中物质分解为能量的活动,而在生物世界

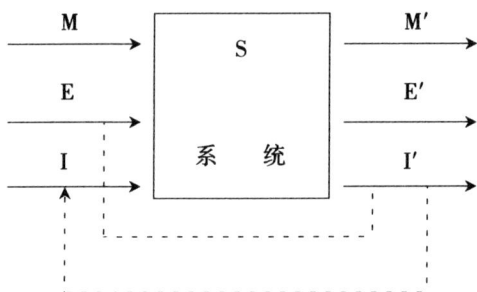

图9-7　系统原理图

的结构就是过程流的表现"。

　　系统存在着一些相互关联和相关作用的变量成分,所以系统中的因果关系并不一定都是简单的或线性的。而这些关系又都经受着变动,也引起系统经受着变动。所以研究一个系统既要研究它的变量,更要把它作为一个动态的事物来研究其过程和行为。因此,系统不是既成事物的复合体,而是过程的复合体。因复合的程度不同,可分为简单的系统和复杂的系统。不管系统怎样复杂,我们可以根据系统的特性对系统进行研究。这些特性是:

　　1. 复杂系统具有共性。

　　复杂系统中的某一个人、设备或过程可以各具特性,但作为整个系统却有其共性的一面。抓住共性就可进行研究,任何复杂系统都具有功能共性,找出其共性是研究系统的第一步。例如,由部门和区域性的一些情报中心和情报机构,组成国家的复杂情报系统。由于地理位置、社会需要、现时目的和远景目标、人员与经费等各种因素影响,这类情报系统的规模不等,复杂程度各异。采用系统方法对其开展研究,就是先要找出它们的共性。[12] 它们的功能共性是:存贮功能、处理功能、输出功能、控制功能。只有按其共

232

性功能去研究国家情报系统,才是研究的捷径。

2. 复杂系统所具有的协调性。

系统的各个组成部分之间存在着密切的联系和相互作用,任何一个环节的变化和故障都要影响其它环节甚至整体,所以要特别注意复杂系统之间的协调。例如,对那些提出某一方面问题的一群用户,提供最佳情报服务的物质上和概念上的系统,就是文献工作系统。该系统的一个组成部分——文献复制。这部分工作包括:直接复制、缩微复制、缩微胶卷放大复制、图像再现、复印、排版和印刷等环节。如果"文献复制"工作薄弱乃至失灵,那么文献工作系统纵然输入(文献)正常,但系统的功能也会减弱甚至消失,因为输出(数据)无法体现。所以各系统的各部分如无整体协调,系统将不能达到预期目标。

3. 复杂系统都有阶层性和次元性。

由于系统的阶层性和次元性,可以按其功能、工质(工序、物质)流动的情况,顺着时空的秩序把它一级一级地分成多级系统,最低一级的系统可以分解为设备、元件以及人员等单元。这使我们可以掌握组成这组的主要单元及其特点,以便研究各单位的相互联系,进行系统的分析。例如,图9-8是从作者到用户的情报系统图。由该图可见这个复杂的情报系统功能与时空先后顺序,可以划分为三个层次:一次来源,二次服务,三次服务。这三个层次既是独立的,又是互相搭界和承接的。我们就可以用系统方法研究它们之间联系的必然性。

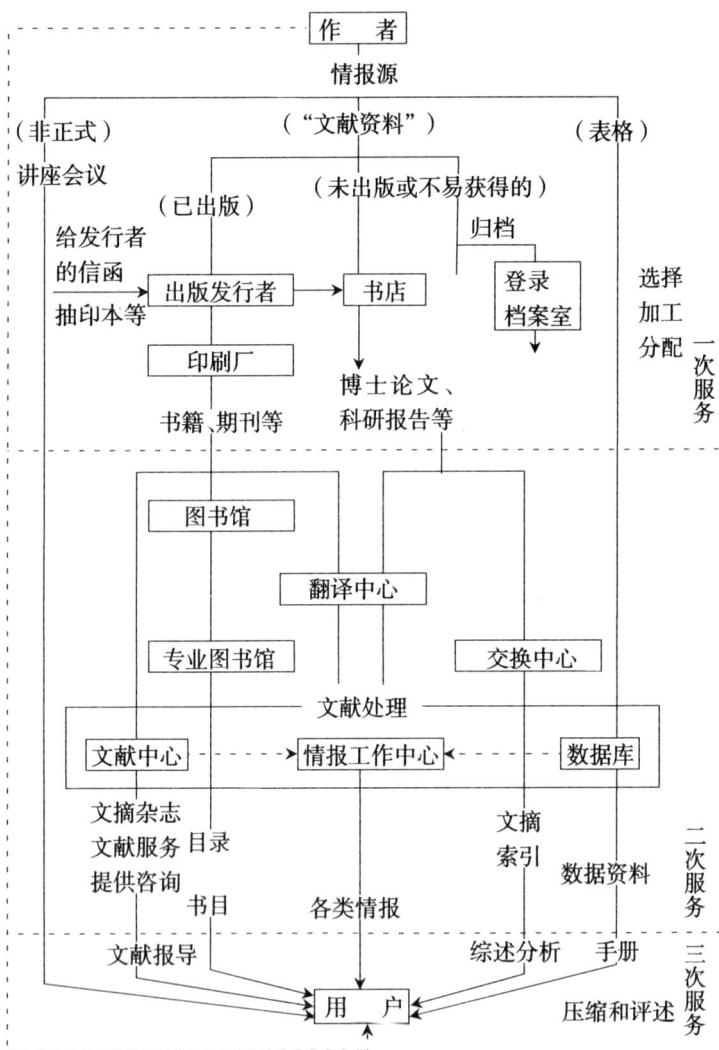

图9-8 从作者到用户的情报系统示意图

4. 从系统最优化进行分析。

系统愈复杂,最优化的难度就愈大,但效果也愈显著。为此就要从众多目标中,抓住主要矛盾,正确地权衡和确定系统的目标函数,这关系到整个系统工作的效果与成败。

二、系统方法的步骤和基本特点

所谓系统方法,就是把对象放在系统的形式中加以考察的一种方法。具体来说,就是从系统的观点出发,始终着重从整体与部分之间,整体与外部环境的相互联系、相互作用、相互制约的关系中综合地、精确地考察对象,以达到最佳地处理问题的一种方法。

系统方法一般按下面的几个步骤来展开:

第一步,研究并制定系统的总目标,一切都要围绕这个总目标去考虑;

第二步,为实现这个总目标要设计出切实可行的方案;

第三步,根据设计出来的方案制作模型,以模拟系统的实际情况;

第四步,根据模型的数据进行方案比较,选出最佳方案;

第五步,确定系统结构的组成及相互关系。

下面我们对图书馆工作,试以系统方法加以研究,意在示范[13]。

首先,我们制定图书馆总目标是,努力提高图书资料的最佳利用。为此我们提出一个指标——标准利用率。当然,最好将这个指标能加以量化才好。

为了实现这一目标,必须提高图书实际利用率,减少图书的不流通量。防止图书毁坏、遗失,极力减少拒借率。这些都是围绕上述总目标而制定的方案。

这样,便可以如下地建模。

①本年实际利用率 Q

235

按一年 12 个月计算,若一本书在本年内借出时间为 i 个月,则该书的本年利用 i/12。设 Q_i 表示在本年内借出时间共计为 i 个月以内的各种书的总册数$(0 < i \leqslant 12)$,则:

$$Q = \frac{1}{12}Q_1 + \frac{2}{12}Q_2 + \cdots\cdots + \frac{12}{12}Q_{12}$$

$$= \sum_{i=1}^{12} \frac{1}{12}Q_i$$

②本年不利用率 S

如上,若图书在本年内的实际利用率为:

$$Q = \sum_{i=1}^{12} \frac{i}{12}Q_i$$

那么本年不利用率即为:

$$S = \frac{11}{12}Q_1 + \frac{10}{12}Q_2 + \cdots\cdots + \frac{1}{12}Q_{11}$$

$$= \sum_{i=1}^{12} \frac{12-i}{12}Q_i (Q_i \text{和} i \text{的定义与①相同,并且}$$

$\sum_{i=1}^{12} Q_i$ 是本年内首借出过的书的总数量)。

③本年内没借过的书的数量用 P 来表示。

④R 表示由于报废等原因不能借阅的书的总册数。

⑤本年的相对利用率 N

$$N = \frac{Q}{Q + S + P + R}$$

$$= \frac{\sum_{i=1}^{12} \frac{i}{12}Q_i}{A + \sum_{i=1}^{12} \frac{12-i}{12}Q_i + P + R} \cdots\cdots(1)$$

⑥M 表示本年的拒借率。当然 M 的值越小越好,即 M^{-1} 越大越好。

这样,可以定义标准利用率 H 为:

$$H = \frac{M^{-1} + N}{2} = \frac{1}{2}(M^{-1} + \frac{\sum\limits_{i=1}^{12}\frac{i}{12}Q_i}{Q + \sum\limits_{i=1}^{12}\frac{12-i}{12}Q_i + P + R})\cdots\cdots(2)$$

以上我们建立了关于描绘图书馆工作的一个简单的数字模型。

接着我们将根据模型提供的数据,进行多方案比较。假如最终确定当 $Q = A, S = B, P = C, R = D, M = E$ 时,H 达到最佳值,即确定了最佳方案。实际工作中将采取有益于此的步骤,处理好图书馆各组成部分及其相互关系。譬如,为增大标准利用率 H 值,从(2)式可以看出:必须设法增大 N 值,而使 M 值尽量减少。对于(1)式,分子、分母中都含有 Q 项,但分子中的量 Q 与 N 成正比关系,所以我们可以尽量增大 Q 值以便使 N 增大。为了努力提高 Q 值,图书馆的藏书必须符合以下的原则:

1. 馆藏的结构必须很好地对应本馆的读者覆盖面;

2. 馆藏种类应齐全,数量充分;

3. 反映本馆馆藏的各种目录及检索手段齐全且先进。

还可以继续对其它各值进行讨论。据此确定图书采购、加工、藏书、检索、流通等各部门工作原则及相互关系,以保证图书馆总目标的实现。

系统方法具有以下的特点:

1. 整体性。

系统方法从整体的目标出发,研究各组成部分的相互联系,相互结合和相互制约的规律。也就是从整体着眼,部分入手,统筹考虑,各方协调,以期达到整体化。例如,上例中为实现最佳标准利用率的总目标,应从整体着眼,在各个环节上都采取措施,统筹兼顾,各方协调,才能达到整体的优化。

2. 综合性。

系统方法其实就是通过辩证分析而高度综合的方法。使各学科、各技术领域相互配合，从而达到整体系统的最优化，这就是当代科学技术一个重要趋势。现代科学技术的综合就是创造。情报科学对各相关学科理论与方法的成功移植与综合，就会大大促进自身的发展。在这个意义上说，系统方法是图书情报学诸方法中执牛耳者。

3. 辩证性。

由于系统方法的综合性，必然也就带来了系统方法的辩证性。系统方法的辩证性是体现在建立"系统"时，第一要做到主观的辩证统一。一方面由于系统本身是客观存在着的，另一方面人对系统的认识是辩证综合的结果。否则就发现不了这种客观存在，因此也谈不上对"系统"进行研究。第二在具体利用系统方法时，一步也不能离开辩证的思维，时刻注意处理好部分与整体，内在与外在，必然与偶然的辩证关系，才能保证系统协调和有序的运行。

三、系统方法在科研中的应用

人们在实际自觉与不自觉应用系统方法时，业已积累了不少经验，但是尚未精心加以总结。因而我国图书情报学的系统分析专题研究的成果并不算多。我们下面介绍的具体应用，肯定是不够全面、不够典型的。

系统方法目前主要用于以下课题的科学研究中：图书馆、情报中心组织系统分析，图书馆、情报中心设备系统分析，图书馆、情报中心经费计划编制，图书馆、情报中心的科学管理等方面。具体方法是：

1. 过程分析[14]。

通过过程分析为我们提供一种完成任务的捷径。它建立在非常简单的概念基础上，并在分析过程中按下面问题的回答来取舍。这些问题则是分析人员常用的字眼：什么？ 在哪里？ 什么时候？

怎么样？为什么？通常方式是：

①确定所研究的这个过程所需要达到的目的；

②找出这个过程的各项工作，并一一罗列出来；

③取第一项工作开始分析：

a. 这个工作需要吗？

b. 若不需要，则转至 d。

c. 若需要，则把这个工作列出来，按 d 来进行。

d. 这是最后一项工作吗？

e. 若不是最后一项工作，则回转到③（从下一项工作开始）。

④取第一项工作中的第一步开始：

a. 这一步需要吗？

b. 若不需要，则把这一点删除，然后转移到④，并进行这项工作的下一步。

c. 若需要，则把这一步罗列出来。

d. 这是这项工作的最后一步吗？

e. 若不是，则转回到④，并进行这项工作的下一步。

f. 不是，则转到④，并进行下一项工作的第一步（开始）。

g. 若是，则转到⑤。

通过①—④的分析，需要的工作和需要的步骤都罗列出来，不需要的工作和不需要的步骤删除。然后继续分析。

⑤从罗列的第一项需要的工作中的第一个需要步骤开始：

a. 这一步能以最少的代价（即最小的人力、物力和最低的费用消耗）完成吗？

b. 否，则：

甲、分析这一步，

乙、找出别的替代方案或方式，

丙、直到问题得到解决，

丁、进行下一项（即 c）。

c. 这是这项（需要的）工作的最后一步吗？

d. 若是，则 f。

e. 否，则转回到⑤，并对这项工作的下步进行讨论。

f. 这是最后一项工作吗？

g. 若是，则继续进行（即转到⑥）。

⑥通过以上层层分析而罗列出的各项工作，各个步骤及各种最好的替代方案，则可设计一个新的系统结构。这个系统结构中的每一项工作，每一个步骤都是系统中必不可少的，而且每一项工作，每一个步骤的解决方案都是最佳的。

2. 图表技术。

这是通过利用图形的方法联系我们整个处理过程的各个工作环节，以便系统分析人员能又快又精确地了解系统的整个过程的开始与结束，常见的有 PERT（计划协调技术），GERT（随机性计划协调技术）。下面我们简单介绍一下 PERT：

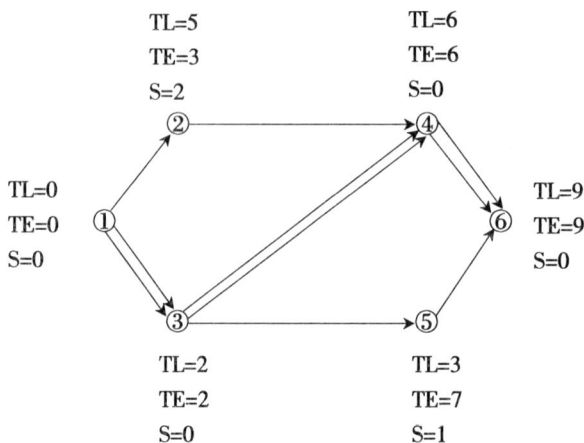

应用这种方法，首先按照整个工程方案执行的逻辑顺序，从方

案开始到结束画出 PERT 网络图;接着确定网络图中每个行动所需要的时间,然后通过简单计算、分析、计划执行中的问题,从而采取相应的措施,以便达到预期的总目标。

图中圆圈代表事件,事件之间的箭头代表行动,行动所需的时间写在箭头旁边,对每个事件用三个时间标志:

TE——估计事件最早发生的时间,

TL——容许事件最迟发生的时间,

$S = TL - TE$ 表示事件容许推迟的最大时。

将 $S = 0$ 的事件(不容缓,不许耽搁)用双线联接,这条线即为"关键线"或主要矛盾线,在执行计划时必须按照主要矛盾线来安排人力、物力、抓紧完成主要矛盾线上各个事件,有利于整个计划的完成。利用 PERT 法可以研究图书情报活动的计划管理,根据图表可以计算出工作的预计最早实现日期和完成每项任务的时间,也可以计算开始或结束每项任务的最近日期,从而合理地安排人力、物力和时间。

被人称之为"彻底改变了世界科学图景和当代科学家的思维方式"的控制论、信息论、系统论的诞生,空前地丰富了科学研究方法,使人们能横跨宏观和微观层次,全面、整体、动态地考察、认识客观事物和规律。图书情报学领域的科学研究受益于此的影响,将会日益深刻地显示出来。

70 年代兴起的耗散结构论、协同论和突变论是现代研究方法的重大突破和发展,标志着现代科学技术已经进入综合化的重要阶段。较之 40 年代的信息论、控制论、系统论而言,这三者被称之为"新三论",目前已成为社会科学方法论中令人瞩目的课题。有一切迹象表明,"新三论"在图书情报学的科研中亦将大显身手。

参考文献

〔1〕兰开斯特,F. W. 著,陈光祚等译,情报检索系统——特性、试验与评价,书目文献出版社,北京,1984 年。

〔2〕斯普鲁斯,M. 著,王卫译,图书馆员们:请注意熵! 图书馆学研究,1984 年,第 4 期,第 68—70 页。

〔3〕《维纳著作选》,上海译文出版社,1978 年版,第 3 页。

〔4〕同上,第 35 页

〔5〕Clarke, A. 等,Exprt systems and Library Information work,Journal of Libraryanship,1983,vol15,No4。

〔6〕蔡曙光,"专家系统"的发展及其在图书情报工作中的应用,图书情报工作,1984 年,第 3 期,第 38—41 页。

〔7〕维纳,《控制论》,科学出版社 1962 年版,第 160 页。

〔8〕陈金海,管理决策在高校图书馆信息传递中的应用,高校图书馆工作,1984 年,第 1 期,第 23—25 页。

〔9〕赖齐本,K. C. 等著,丰新枚等译,实用情报文献工作基础,科学技术文献出版社,1983 年,北京,第 25 页。

〔10〕胡立人等,三角编号数字化中汇编,系统出版社,台北,1980 年。

〔11〕卢泰宏,论情报和情报系统的作用机理,情报科学,1982 年,第 2 期,第 15—21 页。

〔12〕华勋基,图书情报系统初步研究,情报科学,1981 年,第 5 期,第 79—83 页。

〔13〕罗式胜,系统工程在图书情报管理中的应用,情报学刊,1981 年,第 4 期,第 68—72 页。

〔14〕罗式胜,图书馆系统分析,图书情报工作,1982 年,第 4 期,第 9—14 页。

第十章　哲学方法

　　采用哲学方法进行图书情报学科学研究的实践正日益增多，使人看到这种方法的奇效性和巨大的力量。图书情报学的某些研究课题几乎可以说都属于哲学方法的范畴。

　　例如，研究情报的价值，就要不可避免地与知识的价值联系起来，知识的价值归根结底是一个哲学命题。知识的价值在哲学中表现得最为明显，它在哲学中是作为伦理的、美学的和认识的价值论和人类发展的途径和趋向的理论出现的。因为，知识不仅是人的抽象理论活动的结果，也是人的价值立场和价值观点的表现。

　　所谓哲学方法，就是运用哲学的原则来解决具体的科学问题。所谓哲学原则也就是哲学的基本问题，其一是本体论的问题；其二是认识论的问题。也就是说，物质是意识的本源，因而也是认识的源泉，人是能够认识世界的，这个认识不是一次完成的，而是认识对认识对象永远而没有止境地接近。马克思主义哲学的核心唯物辩证法是认识与改造世界的方法，具有丰富而深刻的方法论意义，所以哲学方法的运用，也可以说是唯物辩证法的运用。

　　下面，我们对哲学方法作一些简单的讨论。

第一节　哲学方法的特点和功能

哲学方法与从前各章所介绍的方法有着本质的不同,我们试分析一下它的几个特点和性能。

一、哲学方法的特点

哲学方法有以下三个与众不同的特点[1]。

1. 高度的抽象性。

讲到哲学方法的抽象性,应当与数学方法的抽象性加以区别。哲学方法与数学方法的抽象性是不无相似之处的,但本质上来看,数学的抽象是具体内容的形式抽象。一律用数学语言——形和数来表征,其抽象的结果仍停留在物质世界。只是用比例、集合、函数、算子来代表而已,对象的物理意义与数学形式有严格的对应。哲学方法的抽象却不然,一律上升到哲学的高度,从处于支配地位的最高层次,来研究具体问题,其时已脱离开常识概念的水平。运用哲学方法时,具体的科学内容隐遁了,用哲学的语言将具体科学内容和概念抽象为哲学范畴。

例如,一本流通中的图书,书上面有经过图书馆工作者加工的标签。读者看到的是标引的结果:分类号(如果采用等级体系分类语言的话)和索书号。至于分类法和分类表的总体对读者是无关紧要的,大可不必追究。但是图书馆工作者就不同了,他们看到的是赖以进行图书分类的分类表,并且经过反复地实践,可以达到运用自如的地步。纵然他们能熟记分类表,但是分类表背后所蕴藏的科学知识,也是他们无法看到的,如果研究编制分类表所需的知识,就可以超然于图书馆学的范围,进入到集合论、语言学、逻辑学等基础学科。对图书分类法的背景理论进行认识论、方法论和实践价值的探讨,就进入到最抽象的哲学领域,这时使用的就是专门的哲学语言了。当然,图书分类法的基础是概念的逻辑划分,而逻辑学本身就是哲学的一个内容。所以,运用哲学方法来研究分类方法,与其它方法不同之处,是要在抽象的逻辑学高度来加以研究。

2. 强烈的间接性。

哲学是在科学认识活动和实践活动背后起作用的间接知识。诚然,间接性是理性认识的共性,但是哲学的间接性更为强烈。这是因为现代科学的突飞猛进,知识结构日益复杂化,哲学的间接性空前地增加了。哲学不可能也没有必要在科学成果和物质产品中直接显露痕迹,它能间接地影响人们的哲学反思。黑格尔说:"极端重要的一个认识,就在于认清和把握住我们所考察的反思的规定的这个本性……不认识这一点,在哲学中就寸步难行。"①古希腊哲学家柏拉图说,哲学乃是一种洞见,"对真理的洞见"。显然,直接的感性材料和背后的真理之间不存在逻辑的联系,要"洞见真理",就要依靠哲学的间接性和个人的智慧了。例如,文献计量学要研究偶然现象、随机现象。这时哲学方法的间接作用就显露出来了。对随机现象从定性的描述过渡到定量的分析,在具体手段上要运用概率论和数理统计来处理,哲学方法的间接作用是它有助于人们的哲学反思,它所提供的富有启迪的思想方法则是,要以辩证法、逻辑和认识论一致的思想,来分析偶然与必然这一对范畴。在事物的联系与发展过程中,必然性和偶然性是同时存在的。不管是在自然现象中,还是在社会现象中,必然性是通过大量偶然性表现出来的。有些现象就其个别看来是无规则的、随机的、偶然的,但却没在脱离必然性的偶然性。黑格尔说,科学"是认识无数经验的个体中稳定的尺度和一般的东西。是研究似乎显得没有秩

---

① 罗素:《西方哲学史》,上卷,第 165 页。

序的无限多样的偶然性中的必然性、规律。"①在哲学方法的间接指导下,人们可以通过偶然现象、随机现象的研究,揭示出事物内容隐藏着的必然规律性,更好地运用概率论和由此产生的数理统计技术。这里也可以看出具体科学方法——概率论和数理统计回答具体的定量问题,而哲学方法则从必然和偶然的高度,去深刻地揭示客观规律[2]。

3. 深刻的本质性。

哲学方法最能深刻地反映客观事物的本质的联系,辩证唯物主义认为客观世界是一个普遍联系的统一整体,一切事物互相联系,互相依存,互相渗透,互相作用,正是这些相互作用构成了物理的运动。唯物辩证法通过事物的联系,揭示事物的本质,所以我们认识客观世界也必须从事物的相互联系上去把握。正如恩格斯所说:"辩证法在考察事物及其在头脑中的反映时,本质上是从它们的联系,它们的连结,它们的运动,它们的产生和消失两方面去考察的。"②文献[3]采用哲学方法批评了仅从精神(知识)方面去研究、认识情报和定义情报的缺欠,主张宇宙统一于其物质性,情报概念也应统一于其物质性。这就接触到了问题的本质。物质与精神之间的相互作用的过程,诚如毛泽东所指出的那样:"一个正确的认识,往往需要由物质到精神,由精神到物质,即由实践到认识,由认识到实践这样多次反复,才能完成,这就是马克思主义的认识论,就是辩证的唯物论。"③由于物质与精神的相互作用,往返循环,形成了一个由物质到精神,由精神到物质,即由实践到认识,由认识到实践的闭合循环系统。在这个闭合循环系统中,人们对事物的研究、认识产生的是直接经验,对主观精神的研究、认识产生

① 《黑格尔全集》,第 1 卷,第 24 页。
② 《马克思恩格斯选集》,第 3 卷,第 62 页。
③ 《毛主席的五篇哲学著作》,第 227—228 页

的是间接经验。这里,物质与精神就是反复循环,相互作用,相互影响,相互制约的,每循环一周,就相互提高一步。由于物质与精神两者对人类的社会实践活动都是有信息和反馈作用,又是人类实践、认识、反映的一对不可缺少的有机联系的客体。因此,物质与精神两个范畴都应该包括在情报概念之内,成为情报概念的组成要素。情报概念也统一于其物质性。物质和精神是对人类产生信息和反馈作用的有机整体。因此,在人类的实践活动中,不可能没有物质,也不可能没有精神。一个完整的科学的情报概念应该包括物质和精神两种范畴在内。

二、哲学方法的功能

从方法论的角度来看,哲学方法的功能主要是[4]:

1. 认识功能。

具体学科也有认识功能,但与哲学的认识功能有本质的区别。其它具体科学的认识功能在于提供具体知识;哲学的认识功能则提供为获取这些具体知识所需要的世界观和方法论的知识。首先,它提供关于世界的本源、本质,关于支配任何运动和发展那些一般规律性的知识,从而为具体科学奠定世界观基础。其次,它为具体科学提供最一般的概念。如规律、矛盾、质和量、同一和差别、本质和现象、原因和结果、内容和形式等,从而为具体科学的认识提供一般的指导原则和方法论武器。总之,它并不能给各门具体科学所研究的问题,提供现成的,对口径的答案,而是以正确的思维理论和寻求具体答案的方法来武装一切科学。应当特别提出的是,哲学的认识功能在于它可以解决具体科学的认识无法解决的问题。例如,物质的运动形式,时间与空间的无限性,事物运动变化的原因,事物发展的一般形态等,从而在为具体科学提供世界观和方法论的同时,与具体科学一起,共同构成人类知识的整体,形成对客观世界的相对完整的认识。

2.启迪功能。

哲学的功能如果只是总结过去和认识现在,那肯定是不充分的。哲学高于其它科学的另一个重要功能是启迪。每当社会发展到一个转折关头,时代的要求总是要先通过总结意识形态表现出来。尽管其它科学也具有某些启迪功能,但是,与哲学相比,社会意识的其它形式的启迪作用都有着很大局限。它们只能从某一个特定的方面给人们以启迪教育。只有反映客观世界发展的最一般规律的哲学,这种社会意识形式才能深入到社会现象的本质中去,再以理论的形式反映出来。历史经验证明,哲学总是在历史的重要关头,充当先导,把人们引上正确的轨道。例如,当前的第五次产业革命,就将因新技术广泛地用于生产上去,引起整个经济的社会形态变化[5]。其哲学的先声则是系统论、控制论、信息论揭示出自然、社会和思维领域中一系列现象的共同规律,提出了重大的哲学问题和新颖的范畴。哲学又反转来为人们在整体上、联系上、相互作用和发展上,为认识客观物质世界提供了新工具、新概念。

3.批判功能。

科学发展史雄辩地证明,没有哲学的干预,旧思想、旧观念往往会借助历史的惰力顽强地表现自己,或者以新的形式保存下来。人们只有掌握哲学这把锋利的解剖刀,才能以深刻的洞察力和严密的思维力征服一切陈规陋习,为新思想的确立、巩固和发展开辟道路。例如,与图书情报学有密切关系的是当代英国哲学家波普的"三个世界"理论。按照波普的观点,"世界3"作为人类精神产物,它是既不属于物质,也不属于精神的,是实在的自主的实体。它虽然是人类主观思想的产物,但它一经创造出来,就具有充分的自主性,就能在自身的范围内自我发展。它不依赖于人而独立存在,它像物质的东西一样,在时间上是永恒的。显然,这种"无时间限制的世界3",是一种先验的永恒的东西。这表明波普的"世界3"颇类似于柏拉图的"观念世界"或黑格尔的"绝对精神",是相当突出的客观唯心论的概念。同时波普也非常赞赏黑格尔,他说,他的"世界3"同黑格尔的"绝对精神"概念更相似,因为他的"世界3"是独立于"世界1"和"世界2"而自身实现其发展的。正如黑格尔的"绝对精神"不依赖于物质世界和人类主观意识以纯粹概念形式实现其发展一样。当然,波普对世界本源的回答,并不像黑格尔和柏拉图那样直接主张先验的精神或理念是世界的本源,波普的唯心论是以"多元论的实在论"的面貌而出现的。这就是哲学批判功能对"世界3"理论的分析与批判。

4. 预见功能。

科学是以探索未知世界为己任的。因此,对未知领域的预见是科学生命力和力量的重要标志。各门具体科学在自身知识积累,向高一级的理论形态转化过程中,能够借助假说的形式做出一些预见。然而一般说来,预见则主要是哲学的功能。这不仅是具体科学在自身发展过程中必须运用哲学思想,而且更重要的是因具体科学的眼界比较狭窄,有碍其提出整体性的长远性的科学预见。哲学通过对事物发展的一般规律的揭示,来高瞻远瞩地推断具体发展的方向和一般趋势,作出明确的预见,推动人们认识的向前发展。

第二节　哲学方法在科研中的应用

哲学方法在图书情报学科研中的应用,目前还是零散而不系统的,许多研究人员是自觉或不自觉地使用哲学方法,有的则是哲学方法与其它方法一并使用。

一、情报学基础研究的哲学学派

在苏联,情报学基础研究有三大学派,与米哈依洛夫的实用派、施里奥德的符号派并驾齐驱的是,以乌勒舒拉为首的哲学学派。其基本思想方法就是从哲学的角度来研究情报,理解情报,并把它的概念与唯物辩证法结合起来。这一哲学学派已有二十余年的历史。可以说是运用马列主义唯物辩证法一些基本观点、方法来研究社会的情报现象。在马克思列宁主义的哲学中,事物具有两种一般属性:变化性与反映性。理解一个事物就是以反映事物的变化为基础的。这样,情报与控制的理论不仅仅是为测量"反映"提供了方法,而且也认为从数量上讨论"反映"提供了方法。情报与"反映"之间的联系立即得到了苏联哲学家们的承认。乌勒舒拉把情报理论与哲学观点紧密结合起来,又把哲学观点与整个世界对情报的理解结合起来,通过大量的调查研究,他认为要想切合实际地讨论情报,关键在于要把它看作是事物的一般属性,尤其要以情报与"变化"和"反映"的哲学范畴上的相互关系,以及情报与其它范畴和相近范畴(如结构、对称性)之间的相关关系上去研究情报。按此理解,情报就不是固定不变的,而且是相当灵活的,并且能够把这些概念与哲学联系起来。乌勒舒拉的基本观点在于:情报是物质的基本属性,是意识的基本属性,情报通过"变化"与"反映"的相互关系把物质和意识联系起来。他把科学知识定义为反映的结果,把科学情报定义为科学知识的一部分——特别是变化与差异的那一部分。乌勒舒拉的研究是哲学方法的典型应用,也可以说这是独一无二的。人们感兴趣的是,这种情报学的研究,与哲学挂起钩来,并以此为基础,进行理论的说明。同时,也进一步为描述科学情报的属性提供了一种统一的、严密的、逻辑的方法[6]。

二、图书情报的"中介世界"理论[7]

列宁说:"一切都是互为中介(vermittcit)连成一体,通过转化而联系的。"①按照列宁的意思，"中介"乃是能联系并能促成转化的中间环节。"中介世界"虽然指那种把物质世界和精神世界联系在一起，并且能促其相互转化的中间过渡性的存在，中介世界一般都具有物质的载体，同时包含人类知识的信息。因此中介世界是一个既有物质成分，又有精神成分的复合体，文献[7]就是基于这种观点来研究图书、情报在认识过程中的作用的。

文献[7]首先论证了图书、情报是一种典型的"中介世界"，然后分析了"中介世界"在整个科学劳动中所起的作用。在科学劳动的调研阶段，图书、情报这种"中介世界"，的作用是将不同时代的科学大脑联系起来，人们通过调研活动，把前人遗留下来的综合知识变成现在科学家所需要的专业知识，把凝固的知识，把历史性的知识，一句话，把以图书、情报为载体的"中介世界"，变成以科学家头脑为载体的"中介世界"。在创造阶段，精神世界和物质世界都像由"中介世界"围成的真空管的两极那样，不断地放电，不断地相互作用，闪出真理的火花来。在科学交流阶段，这实际上是智力的放大阶段，"中介世界"在这里充当了智力放大的有力工具。在再次教育阶段，图书、情报的"中介世界"，在这里充当了知识传递的载体。总之，图书、情报那样的"中介世界"在整个科学劳动过程中起着巨大作用，"中介世界"是科学劳动的出发点，也是科学劳动的归宿。

由于图书、情报的"中介世界"进入认识过程，使科学劳动变成图书、情报调控的"三体论"认识模式。所谓"三体论"认识模式，就是包括"物质世界—中介世界—精神世界"，形如三极管。科学劳动之所以是创造性劳动，关键在于有图书、情报这种"中介世界"的调控作用，它使人类的认识活动，真正脱离那种"一无图纸，二无资料"的简单模式，代之以复杂的科学知识结构直接参与的高级活动方式,即所谓"三极管"模式。取消了图书、情报,也就取消了创造性科学劳动;取消了图书、情报工作,也就破坏了一个国家的科学能力。文献[7]是国内近年来运用哲学方法较好的代表,被文献[8]赞誉为"领异标新二月花"。

三、科学哲学概念的应用

科学哲学是研究科学知识发展中的合理性,有关知识的结构以及科学推理的逻辑形式与规则的科学。它是一个独立的学科,也是哲学的一个重要的分支。文献[9]运用科学哲学中一个著名概念"范式",来研究了情报学理论建设问题。"范式"是美国著名哲学家托马斯·库恩在1962年提出来的。所谓"范式"就是一个学派的科学家所能接受的理论。[10]也就是指在一定历史时期中,科学集团所一致同意、共同具备的科学理论和科学方法的总依据和总基础。库恩认为一个学科的"范式"建立,是科学成熟的一种标志,表明进入了常规科学的阶段。但是情报科学的出现,是近几十年的事情,用科学哲学的"范式"尺度来衡量,情报学还远未形成可以普遍接受的"范式"。还是处于各学派互相争持的状态,其主要方式是批评、议论,而不是解决疑难的原始科学的阶段。因而文献[10]呼吁人们不要对"情报概念"展开本质主义的讨论,不要陷入思辨的境地。强调了科学哲学和科学史对各门学科的启发和借鉴作用,在情报学理论的创建与发展中,应当更多地接受科学哲学和科学史的"教训",更多地吸收科学哲学和科学史的"营养",使其更好地、更快地成熟起来。

四、批判与洋为中用

在现代社会生活中,人们看到的是科学知识惊人的增长和大量的积累。知识物化过程加快,从而使人类一切领域的创造性劳动,都不能不紧紧地依赖人类所创造出来的知识。但是,在浩如烟海的记录知识的面前,人们变得似乎连招架之功也没有了。致使"出版物污染","情报爆炸","情报节育"的理论和呼吁接踵而来。这种令人不胜其烦的局面,似乎除了自然界以外,还有人们自己创造的,与人类意识活动联系着的客观对象存在,在情报界就有"第二资源论"之说。波普的"世界3"理论就是在这样背景下出现的,文献[11]指出,波普在认识上将物质与精神的现实存在,从其存在形式上划分为本体上相互独立的三种绝对存在,又把它拔高到宇宙做根本哲学概括的高度。虽然波普的"世界3"的客观独立性是建立在人们的感觉基础上,它概括了一些社会现象,具有一定的合理性。但是,就其严格的哲学意义而言,则暴露出其不够严谨的一面,对此我们应批判地继承,做好洋为中用。例如,按"世界3"理论,只有把主观知识物化,形成客观知识——记录下来的知识才能传播和流传,而科学情报的主要形式正是这种记录下来的知识。图书情报学的重要研究对象就是这些记录知识及其管理。

但是,不能用波普的理论概括整个情报现象与过程。作为社会交流形式的情报,一定要有可被人们直接感知的外部形态,这构成情报学研究的主要方面,这种表达人们认识成果的外在形式,也是情报使用者接触、感知的外部形态,这是情报传递、吸收的前提条件。但是人类的情报过程并不是到此为止,情报的内化过程构成了情报交流的高级阶段,这是一个复杂的、多因素制约的思维过程,是一个不断改变物质形式而又保持其意识信息一致性的意识过程。因而情报的本质属于马克思所定义的社会意识的范畴。如果按世界1、2、3的划分,将世界2作为人的纯粹精神的主观状态,世界3作为独立的第三态,那么就世界2整体中的每一个具体来说,它们也是互相独立的,虽然具有范畴概念的同一性,却缺少现实的统一性,这是不合理的,也不符合意识的现实。

文献[12]也批评了"世界3"的无限自主性,因为"世界3"终究是人化的。同时文献[13]合理地强调"思维科学"和"精神财富"在情报学理论建设中的作用。

文献[11]、[12]一致强调的是,我们应当将理论的立足点牢牢地置于唯物辩证主义的基础上,批判地吸收某些理论的有益成分,搞好洋为中用,健康地发展与完善情报学的理论体系。

参考文献

[1]柳树滋,知识的增式结构和哲学的方法论功能,《科学方法论研究》,科学普及出版社,北京,1983年,第72—86页。

[2]郭金彬,试论从定性描述到定量分析,福建师大情报,1983年,第2期,第30—36页。

[3]张雄,物质、精神与情报概念,情报学刊,1984年,第3期,第11—13页。

[4]董侠,略论哲学的社会功能,吉林大学社会科学学报,1983年,第1期,第100—104页。

[5]信息情报是第五次产业革命的核心—钱学森同志谈产业革命与信息情报,情报科学技术,1985年,第2期,第2—3页。

[6]武汉大学图书馆学系,情报学研究资料汇编(二),第23—28页。

[7]赵红州,从"中介世界"看图书情报,情报学报,1982年,第1卷,第1期,第60—67页。

[8]王勇,领异标新二月花,情报科学,1985年,第2期,第31—32页。

[9]卢泰宏,从科学哲学看情报学理论的建设,情报学刊,1981年,第3期,第28—31页。

[10]江天骥,《当代西方科学哲学》,中国社会科学出版社,北京,1984年,第104—141页。

[11]杨启全、李云增,图书馆学和情报学的理论基础是辩证唯物主义,情报科学,1983年,第4期,第17—20页。

[12]钱学森,科技情报工作的科学技术,国防科技情报工作,1983年特刊。

第十一章　科学研究的步骤

图书情报学领域内的科学研究,由于课题性质,采用的研究方法,研究人员的水平和能力的多方面差异,科研步骤基本上是各行其是的。为了满足某些读者需要,本章将介绍一下图书情报学科研活动的基本步骤。这肯定是比较牵强的。同时,也将讨论科学论文的撰写,并介绍有关科学研究的参考情报源。

第一节　科学研究的基本步骤

为使科研步骤的介绍不至过于空泛,我们的讨论将以社会调查法来展开。所示的举例带有"习题"的色彩。基本步骤如图 11-1 所示,下面我们分别加以讨论。

一、课题的确定

图书情报学的科研选题的来源不外是:上级下达,外部委托。这两种课题均系任务性质的,是职务内的科学研究。此外还有,学术团体的征文,个人科研自由选题,学位论文选题等。后二种来源的课题可有一定的自主性。不管何种方式的课题确定,都是科研活动的重要开端。课题的确定决定着科研的展开与结果,如果课题选择不当,不管采用的方法多么先进,研究人员的能力如何高超,都难以取得卓有成效的成果。确定课题之际,最重要之点莫过于要讲究新颖性和独创性。当然新颖性与创造性不是一味追求离奇,而是要立足于科研前沿上有所创造,特别要注意引进相关学科新知识,科学知识的模向转移已成为当代科学研究创新的重要方向。所谓课题的新颖性是通过比较来鉴别的。为此在选定科研课题时,应概略地掌握该课题的来龙去脉和目前的动态与水平。阅读综述、述评、发展报告之类的文献是必不可少的。同时通过"展望",也可以了解国外的研究水平和动向,对确定选题的新颖性更有好处。连续开展重要研究成果中的疑难问题研究,本身就有一定程度的新颖性。其次还要注意课题的可行性,要慎重考虑课题的难度,科研周期,科研经费的提供,可利用的设备因素,从中确定一个切实可行的科研课题。

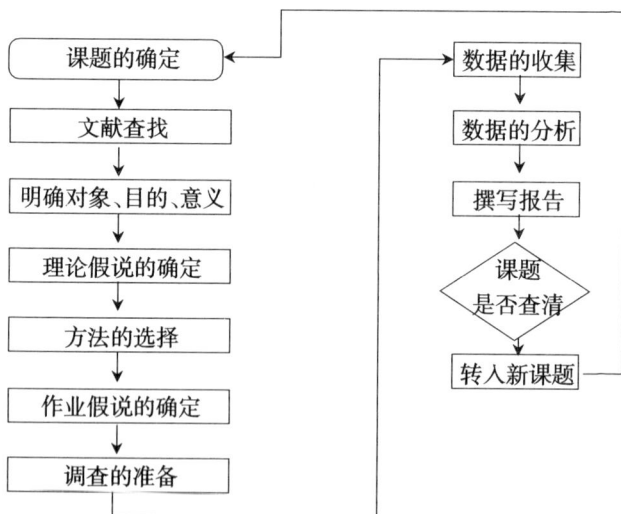

例如,用户研究这一课题,一位图书情报学研究人员感到有关科学家情报利用行为的研究,至今还是很不充分的,选择这类课题

进行科学研究是颇有现实意义的。但这类课题过于庞大,在短期内对所有科学家进行大规模的研究是难以企及的,恐怕还必须通过科学合作才能完成。因此,他一方面调查各学科领域内的科学家数量,一方面询问其他用户研究的科研人员,请教有关这类课题的历史和现状……最后选定研究的专业范围为化学。课题是《化学家的情报利用行为》。显然,在确定科研课题时,一个研究人员的预备知识是异常重要的,如果知识丰富,则选定的课题必然周到。当然,预备知识不足亦可在检索文献和提出假说时得以弥补。但是,预备知识过少,准确地选定科研课题是比较困难的。

二、文献查找

课题确定后,通过文献查找来广泛地阅读与之相关的文献,其重要作用在于,据此可查明有关研究课题的已知和未知之处,从而避免无效的重复劳动,紧紧地围绕着课题来制定假说。当然,也可以通过查找文献的收获来修正科研课题。在参阅已有的科研成果时,也应一并掌握其研究方法。有时为了便于与以前成果对比,也有意识地采取完全相同的研究方法。文献的查找并非是一次性的,它应贯彻在科研活动的始终。在科研进行中,为了查明临时性的具体问题,也要经常查找文献。至于到了撰写成果文件时,就更要核对引用文献,进行重复验证性的文献查找工作。

查找文献所利用的工具是:字典、百科全书等参考工具书,检索工具是各种文摘和索引、书目数据库等。有时也利用相关论文的引用文献作为查找文献的线索。综述性文献更是重要的情报源。图书情报学领域中有价值的情报源,我们在本章第三节继续加以较详细地介绍。

三、明确科研的对象、目的和意义

对于已确定的科研课题,如果是不尽了解又从未进行过研究的项目,那么,接下来要明确:从中要调查什么(对象)? 欲查清什么(目的)? 其结果会有什么新的贡献(意义)? 如果研究的对象过多,目的不够明确,那么有必要考虑改变科研课题。

例如,通过查找文献得知,关于《化学家的情报利用行为》的研究,已有不少人进行工作,但大多数都是针对全体化学家而言的。至于理论化学家和分析化学家利用情报行为的不同,尚未引起人们充分的研究。因此,研究对象应确定为理论化学家和分析化学家,研究目的是查明两者情报利用行为的区别。这一研究的意义在于查清理论学者和实验专家情报利用行为的不同。据此,有区别地进行情报服务和实施情报保证。在建立情报系统时,亦应加以注意。

四、理论假说的确定

明确了研究对象和目的之后,收集数据并非多多益善。一方面收集没有意义的数据那是一种徒劳,另一方面如果数据多而不精,在分析时难以抓住重点。因此,要根据适量的资料和数据,对研究对象尽可能地进行详细的估测。进行估计预测时,首先要区分待说明的变数(被说明的变数)和为了说明它的变数(说明变数),然后再叙述两者之间的关系,这就是"假说的确定"。一般说来,假说的确定可以分为两个阶段,先是确定理论假说,其后是确定作业假说。所谓理论假说,无非就是对说明变数和被说明变数关系的某种预断。此时说明变数不能进行测量也未尝不可。

例如,化学家情报利用行为这一问题,被说明变数是理论化学家和分析化学家,说明变数是情报利用行为。但是,"情报利用行为"未免过于笼统,所以应加以分解以求得更为具体。也就是分成:"利用情报的新颖性","情报源"等,利用这些变数来进行理论假说的确定。其假说中的一部分如:

1.分析化学家比理论化学家更要求获得最新的情报;

258

2.分析化学家比理论化学家更多地需要直接交流的情报。

五、研究方法的选择

确定了研究对象,又明确了研究问题,然后就是如何进行研究的问题了,也就是选择研究方法的问题。

选择研究方法应予考虑的最重要一点是,研究对象的性质。譬如,考察科技人员之间的情报交流方法,可以考虑是:直接观察交流行为的直接观察法,个别访问的方法,引文分析方法等。究竟选择什么方法,必须根据课题的要求,过去的研究状况以及研究经费来综合考虑,选择一个较为理想的方法。当然已选定的方法既不是唯一的,也并非是绝好的。图书情报学的研究方法,其严密性都是相对的。所谓严密就是确保可重复的再现性,即用同一种研究方法重复研究可以得到同一结果,目前适用于图书情报学科学研究的高度严密的方法并不多见。当然如前所述,图书情报学本身的复杂性,也注定了研究方法的多样性,这同样给方法的选择带来了一定的困难。

例如,有关化学家情报利用行为这一课题,社会调查法与引文分析法都不可谓不是较适宜的方法。但是,引文分析法仅限于化学家所引用的正式文献,所以引文分析不能胜任对化学家情报利用行为的全部考察。社会调查法则更是恰到好处。在社会调查法中,又以邮寄法最为适宜。这是因为调查对象分散四方,个人访问,集体座谈,发票法都难于进行。诚如我们在第四章所介绍的那样,因为邮寄法回收率相当低,所以更要讲究回答的质量,应当把调查表邮寄给那些热心的合作者。

六、作业假说的确定

在确定理论假说时,说明参数是不可测量的也未尝不可,但是为了进行实际调查研究,有必要将这些说明变数,转换为可测量的内容物。作业假说其实就是说明变数可测项目的拟定。

例如,我们在前边已确定的理论假说的基础上,确定作业假说。理论假说(1)中说明变数是"最新情报",但是应将它变成可能测量的变数。以期刊论文来说,测定每位化学家每月阅读现刊论文的时数,还要有理论化学家和分析化学家的对比。如再能进行快报和预印本的阅读频次和时数的对比就更好了,因为它们比学术性期刊传递速度更快,更新颖。

同样的,理论假说(2)中说明变数是"需要直接交流情报",如果转换为"与同行讨论的频次"就可以测量了。如果变换为"参加学会活动的频次"也是可以测量的。这样,作业假说具体可规定为:

1—a 分析化学家比理论化学家更频繁地阅读现刊的论文。

1—b 分析化学家比理论化学家更频繁地阅读快报。

1—c 分析化学家比理论化学家更频繁地阅读预印本。

2—a 分析化学家比理论化学家和"同行"讨论的次数要多。

2—b 分析化学家比理论化学家更多地参加学术会议。

七、调查的准备

调查的准备主要是指:

1. 调查项目的决定。

确定了作业假说之后,就要决定实际调查的项目。这些调查项目无论如何要包含作业假说中的说明变数。例如,说明变数——"现刊论文的阅读时数","快报利用的频次","预印本利用频次","与同行进行讨论的频次","参加学术活动的频次"都可以作为调查项目。

2. 测量级别的确定。

决定了调查项目便可以进入测量阶段。所谓测量不仅是"量"的数据调查,广义的测量也包括性别和职业等"质"的数据调查。其实这里所说的测量,就是把对象归类于什么级别,这些级别我们在第四章里已经介绍了。决定调查项目后,确定采取什么测量级别是比较困难的,如果在积累经验基础上能科学地确定测量级别,那对以后的步骤是大有好处的。

3. 调查表的制作。

调查表的制作我们在第四章已经介绍过了。例如,对化学家情报利用行为的研究,当确定采取邮寄法以及调查项目后,进而在制作调查表时,应当将已决定的测量级别体现在调查表上。譬如,对作业假说中的〔1—b〕,也就是如何测量快报经常被使用的程度。第一种情况:若提问是某一种快报与同样性格与水平的学术性期刊,哪一种经常被利用?那么采用名义级为好。第二种情况:若提问是"经常使用快报吗"?回答可能是"经常使用","基本上使用","不大使用",这样采用顺序级别为宜。第三种情况:若提问是"您一个月中阅读多少快报文章"?回答无疑是具体数字,这要采用比例级。

4. 调查对象的挑选。

调查对象的挑选视采用统计调查法或事例调查法而有所区别。如采用统计调查法应挑选对象的一部分为样本,样本的随机抽样方法已在第四章介绍过了。事例调查法是对每一个数据要逐一加以分析,并不利用统计学技术,调查对象只要注意一定的代表性即可。

如果调查对象是全国的化学家,那显然是办不到的,应当进行抽样调查。可以把化学家分为两个独立的类别,分别进行随机取样。至于采取什么具体方式来取样,尚须作具体分析。如拟采用访问法,那么首先应从指定的科研机关、高等学校按两段法取样;如拟采用邮寄法,由于误差过大,采取这种方法则欠妥。最好是在已有的"化学学会会员名录","科学院化学学部委员名单"中,使用简单随机取样法或系统随机取样法。

八、数据的收集

这里,仅以社会调查法为例来介绍一下数据的收集,对于其它方法也可据此触类旁通。

一般的情况下,没有必要收集来自所有调查对象的回答数据。固然回收数据愈多,由样本推断总体的误差就愈小。但是,回收数据再多,如果比例分布不当时,其回答偏差的危险性也在增大。也就是说,仅仅是热心合作者作了肯定性回答,冷淡的甚至是持反感的人没有回答。显然仅根据回答人的意见是难以准确推断总体的,因此,有必要提出一个适宜的回收率限度,以期尽量减少偏差。另外,就是回答的人,也可能作了所答非所问,或者有"不清楚"之类的回答。不能无视这样的回答,倒也有必要判断一下这类回答的人员是否可能带有某种情绪。收集到的数据应加以整理,整理可分为单纯整理与交叉整理,这已经在第四章中讨论过了。

九、数据分析

数据经整理后,可用图形或表格表现出来。对这些数据计算其平均值和标准差,这就是所谓描述统计。如果基于样本的平均和分散,进而试图得出总体的结论,则称之为推断统计。以样本值推测总体特性值叫做"推断",考查有关总体假说是否正确称之为"检验"。譬如对于"分析化学家比理论化学家更频繁地利用快报"的假说,即使分析化学家的样本平均值确乎如此,也不能轻易地结论全中国分析化学家均是如此。这时尚须进行平均值偏差值的检验。检验理论期望值与实际观察值是否一致,这就是所说的"X^2"检验。当然也可采用其它各种方法来检验。

收集到多变量的数据时,应采取多变量分析法。譬如想探索位于这些变量背后的潜在因素时,可利用因素分析法,当然分析方法同样也是多种多样的。进行数据分析时,常常是不局限于使用一种分析方法，最好是几种方法的综合使用。

数据分析后，就要撰写论文或报告了。

第二节　科研报告和科学论文的编写

科研报告和科学论文是科学研究成果的具体体现，它们的编写也是科研工作的最后一个程序。无论是调查研究还是理论研究如不记录以文字形式，也可以说研究工作并没有最后完成。

日常生活中，对研究报告与科学论文往往不加以严格区分，当然两者之间的界限也常常是不分明的。研究报告是为了向上级或委托单位报告研究工作的经过和进度，以及为了保存作为历史性档案而撰写的学术性工作文件。它可以是一项研究工作的最终结果报告，也可以是进展至某一阶段的阶段性报告。如果没有其它限制，可以经适当的修改送交学术刊物上发表。而刊登在学术性杂志上的文章，就是科学论文。

研究报告是呈报或存档的文件，读者对象是明确的，在内容上要求详尽。譬如，题目的来源、意义、工作进行的情况和经过，详尽的研究方法，数据处理和论证过程，以及研究工作的失误与教训等。总之，可以应有尽录。同时，它既包括研究人员本身的创造性成果，也可以比较详细地写入重复别人的工作。科学论文是向社会发表的成果，读者对象是广泛的，内容要简练，因为是给有一定水平的"同行"阅读的。不能面面俱到，对已有先例的原理、方法、结论只是一提而过，刻意叙述的是自己的创造性见解和劳动成果。不拘成就大小，不管创造性见解宏微，都可作为科学论文的题材，它所追求的是新颖性与独创性，而不管规模与数量。

目前，图书情报学的科研成果中，以研究报告居多，工作性汇报多于学术性论证。常常不能有效地删繁就简，也不善于进行科学地演绎与归纳,因而有令人乏味之感。科学论文的撰写也过于冗长,因此努力使研究报告和科学论文水平大幅度提高,是我国图书情报界研究人员的共同责任。

下面,我们对此作些具体的讨论。

一、重要意义

研究报告和科学论文撰写的重要意义是:

1. 报告和论文是一种历史性的科学记录。

进行一项科学研究,必然要付出人力、物力、时间的代价,对于所取得的成果自然应予以珍视并记录在案,使之投入广泛的社会科技情报交流系统。即便没有取得成功的科学研究,也应书写报告或论文,以告诫人们"此路不通"。有了历史性文字记载,就可以超越时间与空间地成为永久性的资料。

2. 有助于发现新的问题。

撰写书面报告,有助于检查科研工作有没有漏洞,也有助于研究人员发现新的问题。撰写研究报告和科学论文,不仅仅是对科学研究的总结,而且也有使研究工作进一步提高的作用。在撰写报告和论文时,往往会使人产生更多的联想,产生认识上的突破。

3. 有助于锻炼思维。

写作本身就是强迫自己进行全面的、深入的、系统的逻辑思维的过程。研究人员为了把自己头脑中无形的构思变成有形的文字记录,就需要反复地推敲。对那些模棱两可,似是而非的问题,可以得到经过深思熟虑的澄清和肯定,也可以滋生出新的观点和见解。总之,经过伏案深思和写作,更好地锻炼思维,使思想更加系统化和条理化。

4. 便于别人参考,促进学术交流。

把研究成果写成报告或论文,可便于其他科技人员参考,促进学术交流,有利于整个图书情报学理论与方法的发展和提高,也是促进研究人员在学术上进一步成长的良好途径。另外,报告和论文以及其它科学著作都是考核科技人员学术水平、技术水平和贡献大小的重要依据。马克思说得好,科学劳动是"部分地以今人的协作为条件,部分地又以对前人劳动的利用为条件"[①]。所以,任何一项科学研究的成果,任何一点点学术上的进步,都是进行科学劳动的重要财富,是继续开展科学研究的重要条件。

二、写作技巧

撰写一篇高质量的研究报告和科学论文,除了要有丰富的实质内容外,还要讲究写作技巧。写作技巧是写出成功之作的重要条件。

1. 写作之前,要有明确的计划和提纲。

写作之前要进行充分的准备,主要是根据文章的中心内容,列出写作的计划和提纲。写作提纲是全面构思文章的框架,具体执笔则是充实内容和细节的过程。最好还要事先安排好章节,拟定好文章的主线脉络和各章节的逻辑关系。虽然,初拟的写作计划和提纲可能还会修改与补充,但无数经验证明,写作之前拟定计划和大纲还是异常重要的。

2. 要有明确的目的性和主题思想。

研究报告、科学论文同其它科学著作一样,头等重要的是必须有明确的目的性。文章要论证的中心内容和主题思想,务须十分明确,不能够有任何的含糊不清。文章的各章节要讨论的基本内容,在整篇文章中的作用和地位,在上下文之间所处的逻辑关系,应该一清二楚。文章的整个叙述过程,都必须围绕着它的中心内容和基本思想来开展。

3. 要结构严谨,层次分明。

① 《马克思恩格斯全集》,第 25 卷,第 120 页。

撰写报告与论文时,必须依据预先拟定的写作提纲,始终坚持结构严谨,层次分明。既不能繁琐冗长,也不能浅尝辄止,一定要以把问题阐述得清楚为恰到好处。文章中出现的表格和插图,也应当注意鲜明、准确,易于阅读。表格与插图要与正文对应,并且要编号,文内出现的符号要有所交待。术语要力求规范或者是通用的。

4. 尽量运用自己的实验结果。

在撰写报告与论文时,应当优先援引自己的实验数据与资料。如果文章所论证的内容,有作者自己的实验材料,那无疑会提高作品的价值,增强说服力。

5. 要有诚实的科学态度。

对待报告和论文,作者要抱有实事求是的科学态度,切忌主观片面性。要"敏于事慎于言"。对自己的成果要有恰如其分的评价,不要抬高自己,贬低他人,不能贪天功为己有。对带有争议的问题要摆事实讲道理,不能强词夺理,更不能进行人身攻击。

6. 题目要简洁明快。

研究报告尤其是科学论文的题目,应当尽量简洁明快。既要能够反映论文所论证的中心内容,鲜明醒目,也不能搞得太繁太长,更不能文不对题。要充分选用有信息意义的词汇组成标题。特别是在今天,人们在目录、数据库、索引、参考文献题录以及直接交谈中,都只是出示文章的标题以代表内容。接受者也大都是"望题会意"。扼要地以表达文章内容为前提,处理好标题更显得十分重要了。

7. 注意文字修饰。

要正确地使用语言,因为语言是交流思想的主要工具。在努力使语言生动、鲜明、准确的同时,也要防止无端地玩弄词藻,给人以华而不实之感。撰写研究报告与科学论文同写小说与政治文章不同,宁可将够写成长文章的材料写成研究简讯,决不可将适于写简报的材料扩展成大块长文。应该毫不吝惜地删去那些可有可无的字句和段落。

8. 要善于征求与听取别人的意见。

要主动征求周围同志的意见,懂得运用集体的智慧,消除文章中的隐患,堵塞漏洞。特别要注意听取老一辈科学家的指导,也不能无视水平不如自己人的意见。听取别人意见时,要坚持"以自己为主"的原则,仔细分析决定取舍,因为最了解本人文章的自然还是作者自己。

三、体裁结构

研究报告和科学论文的体裁结构往往是不拘一格的,各人都有自己的爱好和习惯写法。形式取决于内容,究竟报告与论文的体裁结构怎么样,还是要依据内容的需要来量体裁衣。可以说这方面无范例可循。下面我们介绍的是报告和论文的常见组成部分。

1. 标题。

如上所述,它是文章内容的简洁代表。

2. 著者。

除了作者的姓氏外,还应标注作者的服务单位或通讯地址。对作者如另有所说明时,可用"*"引见在本页的下角。

3. 摘要。

它是正文全部内容的概要,位于标题与正文之间,是作者本人撰写的作者文摘。

4. 前言。

亦称序言、序论。这个部分应包括该科学研究的目的和意义,还要陈述以前研究成果的进展情况或优缺点。报告中这部分常称为"问题的提出",意在交待开展这项研究工作的背景,打算解决什么问题,也要解释一下这一研究工作在图书情报学的理论与方法中的实际意义。

5. 文献述评。

对以往有关文献的解释和评价,其目的是交待这一课题的来龙去脉,指出存在哪些成就与不足,顺理成章地引出这次科学研究的关键以及所要解决的问题,因此往往独立成章节。不要罗列已有的文献要点,贵在评论。在研究报告中,除了有文献评述外,还应列举出所知道的这项工作的历史和现状。

6. 方法。

在这部分中,作者要详细叙述采用的研究方法,以能达到他人能如法重复。对一般人人皆知的方法可以省略,对于易查找和同于教科书的方法,指出参照线索即可。如系理论研究,则应该明确地阐述立论的前提和依据,以及主要数学演算与方法。

7. 结果与讨论。

这是整个报告和论文的中心。应简要地汇总研究成果,可以运用图表,但不宜过多,不要加入主观臆断,随便出现诸如"我想……"等字样。

讨论的内容主要是该论文所报道的研究结果的意义,可能存在的问题,诸如理论价值和实际应用等。如果是理论研究,应把得出的理论结果或结论,与实验、调查结果客观地进行比较,说明理论与实验、调查事实材料的符合程度。如果不相符合,则应解释其原因,并且指出对于今后发展和未来事物的可能性预见。

8. 结论。

这是整个科学研究的结晶,也是全文画龙点睛之处。在这里应将所得到的结果以及讨论,归纳为满足了序言中的要求,实现了研究目的的结语。特别是规定有假说的情况下,更应明确地提出证明。结论有时亦被称为结语,结论或结语只能逻辑地来自以前各部分内容,不能无中生有,或者突然出现。

9. 引用文献。

引用文献的著录原则要遵守有关标准或刊物的规定。一般分为两种：一种是按顺序列出与正文对应的引证文献；另一种是无需依顺序与正文对应，只是集中罗列出来。前者意在出示引证，后者是正文的补充读物。图书情报学的报告与论文，目前以后者为多见。其缺点是不便查核，难以断定它与正文的相关性。不管是哪一种引用文献，都应以公开发表文献为主（个别例外），已得到刊物用稿通知的文献，应注明"待发表"。

10. 附录。

为了使研究报告和科学论文的正文结构简练精干，常常把详细的原始数据和实验、调查记录，以及较为繁琐的数学公式或推导，以附录的形式放入整个论文的最后，以资个别读者利用和查证。另外，当文稿已经投寄杂志编辑部后，临时又有新的资料必须补充，也可以不必改写原文，而以附录的形式加以补充或修正，届时一齐刊出。

总之，研究报告和科学论文的主要构成，如以上所述的十个部分（有时尚有"致谢"部分）。至于具体到一篇论文倒不一定面面俱到地罗列出十部分，但其内容与要求，撰写报告和论文时应当充分地顾及到，应当尽可能地体现在报告和论文中。

图书情报学的科研总结形式是多样化的。科学论文也可以说是多样化的，数量居多的是一些论说文。这些论说文的书面形式和撰写原则，与社会科学中的论说文是一致的。本书就不预备多加讨论了。

第三节　主要情报源

开展图书情报学研究时，借鉴、继承、参考是不可少的。作为本书的结尾，我们再向读者介绍一下图书情报学的主要参考情报源。

一、期刊类

图书情报学以及与之有关的期刊,目前数量已十分繁多,有重要参考价值的是:

(一)图书馆学方面。

1. 图书馆季刊(Library Quarterly,375B04,ISSN0024—2519)。

1931 年创刊,系由芝加哥大学出版社期刊部出版。季刊,120页,20 开本。主要发表图书馆管理等方面的研究论述。

2. 图书馆趋势(Library trends,375B63,ISSN0024—2594)。

1952 年创刊,伊利诺大学出版社出版。季刊,100 页,25 开本。主要刊载有关美国各类型图书馆的管理与服务工作等方面的论述,每期一个专题。

3. 图书馆事业杂志(Journal of Librarianship,375C72,ISSN0022—2232)。

1969 年创刊,英国图书馆协会出版公司出版,季刊,86 页,25开本。主要发表有关图书馆业务和情报资料工作方面的研究论述。

4. 图书馆界(The Library World,375D56,ISSN0040—9669)。

1947 年创刊,日本图书馆研究会出版。双月刊,40 页,10 开本。系研究图书馆学以及交流图书馆工作经验的刊物。

5. 苏联图书馆学(Советское библиотековедения,375P70923,ISSN0134—6695)。

1952 年创刊,双月刊,120 页,25 开本。主要刊载有关苏联图书馆工作,包括机械化、自动化、设备等方面问题的文章和消息报导。

(二)情报学方面。

6. 美国情报科学会志(Journal of the American Society for Infor-

mation Science,375B02,ISSN0002－8321）。

1950 年创刊,原名为美国文献工作(American Documenta-tion),由美国情报科学学会编辑,双月刊,100 页,12 开本。主要刊载有关研究语言自动化处理,图书馆自动化管理,计算机检索,网络与联机,情报资料的预算,采购和出版等方面的研究论文。

7. 英国专门图书馆与情报机构协会会报(Aslib proceedings,375C01,ISSN0001—253X)。

1949 年创刊,英国专门图书馆和情报机构协会出版,月刊。刊载有关文献的分类、收藏、检索、情报加工以及书目工作等方面的研究论述,

8. 文献工作杂志(Journal of Documentation,375C02,ISSN0022—0418)。

季刊,英国专门图书馆与情报机构协会出版。主要刊载有关文献收集、分类、处理、传播以及计算机等方面的研究论述。

9. 情报科学杂志——原理与实践(Journal of Information Science:Principles & Practice,ISSN 0165—5515)。

1979 年创刊,原名情报科学家(The Information Scientist),北荷兰出版公司出版,每年 10 期,44 页,16 开本。该刊主要登载情报科学,包括知识及其交流,情报来源,情报组织,情报检索,情报传播,情报管理,机械化以及与情报科学有关的数学、语言学和经济学等方面的研究论文。

10. 科学计量学(Scientometrics,713AF54,ISSN0138—9130)。

1978 年创刊,由匈牙利出版发行。双月刊,80 页,18 开本。刊载有关应用数学统计方法分析研究科学特征,科学发展以及科学内部结构等方面问题的文章、简讯和书评。

11. 科学的社会研究 (Social Studies of Science, 500C81, ISSN0306——3127)。

1971 年创刊,原名为科学研究(Science Studies),英国塞杰出

版公司出版、季刊，162页，25开本。主要登载有关科学与技术的社会性研究方面的论述、札记和简讯。

12.情报管理（375D60 ISSN0021—7298）。

1958年创刊，由日本科技情报中心编辑出版。月刊，70页，16开本。主要内容为研究科技情报管理、处理和检索等方面的问题。经常以实例介绍日本在科技情报工作方面的新进展。

13.ドクメンテーシヨン研究（文献工作研究，375D52，ISSN0012—5180）。

1950年创刊，由日本文献工作协会编辑出版。月刊，40页，16开本。刊载有关文献与情报处理技术的理论与实践问题，包括管理、设备、检索、新技术应用等方面的论述和文献介绍。

14.科技情报，第1辑：情报工作的组织与方法（Научно Техническая Информация，Серия1：Организация и Методика информационной работы，375p0639，ISSN 0547—0019）。

1961年创刊，全苏科技情报研究所编辑，月刊，32页，12开本。主要登载有关苏联科技情报工作的职能、组织和情报源等方面的文章。

（三）专门图书馆方面。

15.专门图书馆（Special Libraries，375B07，ISSN0038—6728）。

1910年创刊，美国专门图书馆协会编辑。季刊，120页，18开本。主要登载有关情报资料的收集、采购、计算机化、存储与检索、缩微化等图书业务方面的文章。

16.大学与研究机构图书馆（College & Research Libraries，375B03，ISSN0010—0870）。

1939年创刊，由美国大学与研究机构图书馆协会编辑出版。双月刊，100页，25开本。主要登载美国大学和研究机构图书馆的采购、编目、流通、管理等方面的问题论述和经验介绍，以及书评与图书馆界动态报导。

17. 医学图书馆协会通报（Bulletin of Medical Library Association, 375B116, ISSN0025——7358）。

1911 年创刊，由美国医学图书馆协会编辑出版。季刊，100 页，18 开本。主要刊载美国医学图书馆的管理、咨询及采购等方面的文章，报道该会的会务与活动。

18. 化学情报与计算机科学杂志（Journal of Chemical Information & Computer Sciences, 540B52, ISSN0095—2338）。

1961 年创刊，原名为化学文献工作（Journal of Chemical Information Documentation），由美国化学学会编辑出版，季刊。主要登载有关化学情报工作以及计算机在情报存贮和检索等方面的研究论文。报道计算机可读磁带和联机检索系统的发展。

19. 图书馆资料与技术服务（Library Resources & Technical Services, 375B61, ISSN0024—2527）。

1957 年创刊，由美国图书馆协会的资料与技术服务部出版。季刊，120 页，25 开本。主要登载有关图书馆资料采购、编目、分类、管理、服务工作自动化等方面的文章。

（四）机械化与联机检索方面。

20. 联机评论（On—line Review, 738C131, ISSN0309—314X）

1977 年创刊，由英国学习出版社出版，双月刊，116 页，18 开本。刊载有关计算机检索系统方面的技术论文、新闻简讯和文献题录。

21. 情报技术与图书馆（Information Technology & Libraries, 375B08, ISSN0730——9295）。

1982 年创刊，原名为《图书馆自动化》（Journal of Library Automation），由美国图书馆协会编辑。季刊，120 页，25 开木。主要登载有关图书馆与情报技术。包括通讯技术、计算机化情报处理、数据管理、声像技术、图书馆网络、存储与检索系统等方面的研究论述。

二、检索工具

图书情报学是一个综合学术领域,其文献也必然散布在多种学科的刊物上。其检索工具也很多,各种专业的检索工具都可能摘储有关图书情报学的文献。下面介绍的是属于这个领域的几个著名检索工具。

22.图书馆研究文献(Library Literature,375B59,ISSN 0024—2373)。

1933 年创刊,由 H·W·威尔逊公司出版。双月刊(带年度累积索引),150 页,18 开本。该刊系图书馆和情报科学文献题录索引,分作者和主题两部分。包括资料采购、分类编目、视听资料、目录学、图书馆建筑、图书馆工作自动化、情报存储与检索系统、文献复制等方面文献的题录。

23.图书馆与情报科学文摘(Library & Information Science Abstracts,375C04,ISSN0024—2179)。

1969 年创刊,由英国图书馆协会出版公司出版。月刊,58 页,12 开本。它摘录 200 种期刊所发表的有关图书馆工作与情报科学方面的文献,每期文摘量约为 600 余条。

24.社会科学引文索引(Social Science Citation Index,200B76)。

1972 年创刊,美国费城科学情报研究所编辑。每年出 4 期,最后一期为年度累积索引、12 开本。它报道各国社会科学期刊文献引文的索引,年索引量为 160 万条,分为"引文索引"、"来源索引"、"轮排主题索引"和"团体索引"四个分册。

25.文摘杂志单卷本:情报学(РЖ:Информатика 375Р55937,ISSN0486—235X)。

1963 年创刊,由全苏科技情报所编辑,月刊,76 页,12 开本。收录 130 多种期刊,报道苏联内外情报科学文摘摘要。

三、三次文献

三次文献有浓缩、集中一次文献之功,加之情报密度大,是开展科学研究中不可不读的参考资料。

26. 情报科学与技术年评(Annual Review of Information Science & Technology)。

1966 年创刊,由美国情报科学学会编辑出版。每年一期,380页,25 开本。刊载情报经济学、图书馆自动化、缩微技术、检索系统和情报教育等情报科学与技术领域研究进展方面的评论。

27. 参考书指南(Guide to Reference Books,9th ed. ,1976)中的图书馆事业和图书馆资料(Librarianship and Library Resources)部分,介绍了可选用的各种参考工具书。